益昇 eHR

融入人力资源管理变革思路的 eHR

人力资源管理数据分析

刘书生 陈 莹
王美佳 刘 婷◎著

中国商业出版社

图书在版编目（CIP）数据

人力资源管理数据分析 / 刘书生等著. — 北京：
中国商业出版社，2023.1
ISBN 978-7-5208-2388-3

Ⅰ. ①人… Ⅱ. ①刘… Ⅲ. ①数据处理—应用—人力
资源管理 Ⅳ. ①F243-39

中国版本图书馆CIP数据核字（2022）第244238号

责任编辑：滕 耘

中国商业出版社出版发行
（www.zgsycb.com 100053 北京广安门内报国寺1号）
总编室：010-63180647 编辑室：010-83118925
发行部：010-83120835/8286
新华书店经销
天津中印联印务有限公司印刷
*
710毫米×1000毫米 16开 19印张 262千字
2023年1月第1版 2023年1月第1次印刷
定价：88.00元
* * * *
（如有印装质量问题可更换）

序　言

企业的人力资源管理通常都会经历以解决矛盾冲突为主的初级阶段，“人管理人”“没有一致的工作方式”“大大小小的会议”“推卸责任”“躺平”“员工离职率高”等，都是这个阶段的典型行为表现。处于这个阶段的企业，人力资源管理者没有价值体现可言，员工也很少会得到职业发展机会。

当企业管理者开始尝试制定一些基本的管理规则，并依据管理规则执行基础的人力资源管理实践时，企业的人力资源管理才被真正唤醒。进入这个阶段后，企业开始进行有效的人员配置，招募和选拔符合能力要求的人员，以确保其能够完成所分配的任务；开始制定工作目标，为组织绩效和个体绩效的衡量建立依据，并且就那些影响目标实现的绩效展开讨论，进而持续地提高绩效；企业会确保所有员工具备完成指定工作所需的技能，为其提供相关的发展机会，并按照每位员工对组织的贡献和价值提供报酬。然而，这些也只是企业吸引优秀员工的“标配”。

有远见的企业管理者会思考如何让企业成为一台“永动机”，他们将人力资源作为战略性资产进行管理。企业开始识别用来进行经营活动的各种知识、技能和流程能力，以便其作为人力资源管理实践的基础来进行培养和应用；支持员工个人发展目标，为员工提供职业机会和晋升标准，激励组织中人力资源能力的进步；开始制订关注员工未来表现的长期激励计划。

企业的人力资源管理提升还不止于此。通过实施人力资源信息管理软件系统（eHR）、建设人力资源共享服务中心（HRSSC），企业能更好地实现人力资源的量化管理，进而通过对管理数据进行分析来预测各项人力资源管理行为，并及时纠偏。这时，“永动机”就被配备了一个“自动驾驶舱”。

创世晟团队新作《人力资源管理数据分析》，配合之前陆续出版的《人力资源体系与 eHR 信息化建设》《融入人力资源管理变革思路的 eHR》《人力资源共享服务中心（HRSSC）建设》三本图书，是指引企业人力资源管理实现“永动机”+“自动驾驶舱”的全套秘籍。愿各位读者能够从中得到人力资源管理更高境界的享受。

刘书生

2022 年 7 月于天津

目 录/Contents

第一章 | 组织管理

一、组织与职位数据分析

企业在进行组织与职位分析时，应根据战略规划进行组织和部门设置，再通过部门职责分析确定职位设置。正确的组织设置是顺利开展部门职责分析、职位分析的基础（见图 1-1）。

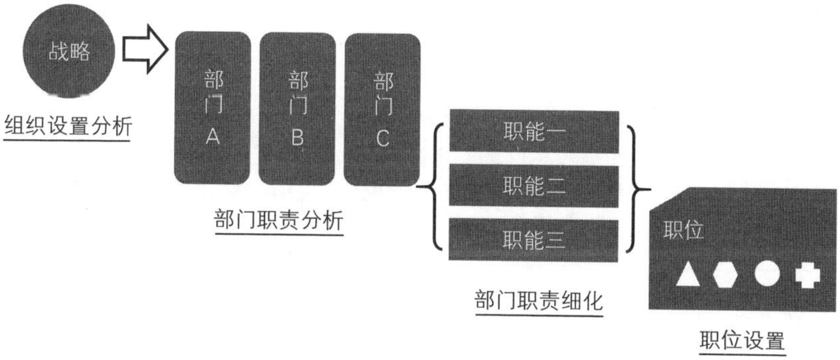

图 1-1　组织设置示意图

组织与职位数据分析中涉及的报表主要包括：组织统计表、职位序列统计表、职位管理幅度和管理层次统计表。

（一）组织统计表

【**功能**】对指定组织、指定时间点，各层级的组织节点数量进行统计分析。同时，可以通过指定一个或多个字段值自定义统计分析数据范围，如是否为法人机构、是否为虚拟组织、成熟度系数等。

【数据来源】益昇 eHR—组织管理—组织列表

具体参见表 1-1。

表 1-1 组织列表

组织 ID	组织名称	组织编码	上级组织	成本中心	是否为法人机构	是否为虚组织
OR1001571	C	OR1001571	A	C	否	否
OR1001574	F	OR1001574	A	F	否	否
OR1001616	A	OR1001616	A	B	是	否
OR1001619	E	OR1001619	A	F	否	否
OR1001618	D	OR1001618	A	F	否	否

组织 ID	最高职位	最高负责人	在职人数	编制人数	职能数	组织成熟度系数	版本生效日期
OR1001571	T07C01 财务经理	刘某丽	14	14	5	1	2020-05-02
OR1001574	T09F01 生产总监	李某煜	357	380	7	1	2020-05-02
OR1001616	T11A01 总经理	杨某志	13	13	6	1	2021-11-24
OR1001619	T07E02 研发工程师	陈某婷	9	10	7	1	2021-11-23
OR1001618	T09D02 设计总监	张某闽	27	30	7	1	2021-11-23

【数据解读】在指定组织节点的下级组织中，第一个层级的组织称为“一级组织”，第二个层级的组织称为“二级组织”，依次类推。通过对各层级组织数量的统计，可以从一定层面反映出组织结构的设计方向。一级组织、二级组织、三级组织的数量逐级递增，呈现出金字塔状的组织结构，通常被称为金字塔型组织结构。这是一种通过比较狭窄的管理幅度和较多的管理层次设计，使部门和层级严格划分的组织结构形态，也是一种相对传统的组织结构设计方式。组织数量集中在一级组织和二级组织的组织结构，通常被称为扁平化组织结构。这种组织结构形式改变了金字塔型组织结构中的企业上下级组织和领导者之间的纵向联系方式，是一种通过减少

管理层次建立的紧凑式组织结构。

组织设置应该与组织所处的发展阶段相适应，企业应根据组织生命周期发展阶段确定重点管控的方面。在刚刚进入市场的阶段，企业应重点管控产品研究与开发、市场销售等相关职能。在成长阶段，企业收入与利润稳步增加，应重点管控市场销售等相关职能。在提升阶段，企业要占据一定的市场地位，而若内部管理尚未跟上，应重点管控人力资源、财务等相关职能。在稳定阶段，企业管理模式成熟而规范，市场地位显著，应重点管控市场销售、财务、人力资源、产品研究与开发等相关职能。在成熟阶段，企业收入与利润稳定，成长停滞，应重点管控财务等相关职能。

【统计分析示例】如表 1–2 所示，A 组织为稳定阶段的传统生产制造企业，下设一级组织 3 个、二级组织 9 个、三级组织 17 个，组织数量逐渐递增，是典型的金字塔型组织结构。B 组织为快速发展阶段的软件企业，下设一级组织 9 个、二级组织 20 个，为扁平组织结构，通过精简管理层以实现企业对外界环境变化快速做出反应。

表 1–2 组织数量统计表

组织名称	一级组织	二级组织	三级组织	四级组织	五级组织	合计
A	3	9	17	0	0	29
B	9	20	0	0	0	29
合计	12	29	17	0	0	58

（二）职位序列统计表

【功能】对不同职位级别、不同专业方向所设置的职位数量进行统计分析。同时，可以通过指定一个或多个字段值自定义统计分析数据范围，如职位级别段、职位级别、职位系列等。

【数据来源】益昇 eHR—职位序列表（见表 1–3）。

表 1-3 职位序列表

职位编号	职位名称	职位系列	职位级别
T11A01	总经理	经营管理类	高层
T10M01	餐饮总监	餐饮类	高层
T10H01	客服总监	客户服务类	高层
T10G01	销售总监	市场及销售管理类	高层

【数据解读】职位级别是对员工在技能等级、管理等级、薪酬等级方面上下变动的通道。职位系列是指职位所属的专业领域。

当企业中某些专业方向的职位数量相对较多时，说明该专业方向的分工更趋于细化。比如，几乎所有的企业都会设置“财务管理”这个专业方向，但会计师事务所在财务管理方向所设置的职位数通常比较多，因为其分工更加细化。

通过职位级别的统计分析可以反映出企业对于不同专业方向的职业发展规划。比如，研发型企业对于“研发与开发”这个专业方向，在各职位级别均设置了职位，说明该专业方向的职位在企业中有着广阔的晋升空间。而有些专业方向，可能仅在部分职位级别设置了职位。比如，厨师在大部分企业中属于后勤保障岗位，通常职位层级较低且晋升通道有限，但在餐饮企业中，厨师的发展通道则会比较长。

【统计分析示例】如表 1-4 所示，某组织的职位系列包括：A—经营管理类、B—财务管理类、C—行政保障类、D—研究与开发类、E—生产类。

共设置 9 个职位级别，即 T01—T09，具体划分为基层职位 T01—T05、中层管理职位 T06—T07、高层管理职位 T08—T09，三个职位级别段。

通过不同职位系列设定的职位数量对比，A—经营管理类的职位主要集中在高层职位，设置的职位数量为 7 个，其他职位系列的职位则主要集中在基层、中层。

表 1-4 职位序列统计表

职位级别	A—经营管理类	B—财务管理类	C—行政保障类	D—研发与开发类	E—生产类
T09	1	0	0	0	0
T08	2	0	0	0	0
T07	4	1	1	1	6
T06	0	2	2	3	5
T05	0	2	4	2	36
T04	0	4	6	5	187
T03	0	2	8	12	118
T02	0	0	0	0	93
T01	0	1	1	1	1
职位合计	7	12	22	24	446

（三）职位管理幅度和管理层次统计表

【功能】对指定组织、指定时间点，职位的管理幅度和管理层次进行统计分析。同时，可以通过指定一个或多个字段值自定义统计分析数据范围，如职位级别、职位系列等。

【数据来源】益昇 eHR—组织管理—汇报关系列表（见表 1–5）。

表 1-5 汇报关系列表

职位 ID	职位名称	职位编号	所属组织	汇报上级职位编号	汇报上级职位名称
PO001375	行政文员	T02B07	B	T05B01	行政主管
PO001367	财务文员	T02C01	D	T05D02	财务主管
PO001364	质量文员	T02E01	E	T07E01	质量经理
PO001362	QA 专员	T03E02	E	T07E01	质量经理
PO001342	成本会计	T04C01	C	T06C01	财务副经理

续表

职位 ID	汇报上级职位所属组织	在职人数	编制人数	职责数	成本中心	信息完整度
PO001375	B	4	4	7	B	100%
PO001367	D	2	2	6	D	95%
PO001364	E	1	3	5	E	85%
PO001362	E	8	10	5	E	90%
PO001342	C	2	2	6	C	100%

【数据解读】管理幅度是指一名管理者直接、有效地管理下级的人数。管理层级是指组织内纵向设置的部门等级、管理等级的数量。管理幅度主要受到管理者综合能力、下属人员成熟度、工作标准化程度、信息管理系统覆盖度、工作环境稳定性等因素的影响。管理幅度越大，则需要管理者综合能力越强、下属人员成熟度越高、工作标准化程度越高、信息管理覆盖度越高、工作环境稳定性越高。管理层级主要受到组织规模、管理幅度因素的影响。通常组织规模越大，管理层级越多、管理幅度相对越小；组织规模越小，管理层级越少、管理幅度相对越大。

随着企业规模的增大，需要协调与决策的事务将会不断增多，但是管理者的时间和精力是有限的，这一矛盾将促使企业增加管理层级并进行更多的授权，这也相应增加了组织运作的刚性，降低了其灵活性。

【统计分析示例】如表 1-6 所示，A 组织内，总经理的直接汇报下级职位有财务总监、人力行政总监、生产总监、技术研发总监、销售总监，其管理幅度为 5。总经理全面管理公司业务，管理权责纵向延伸至企业各层级，涉及总监级、经理（车间主任）级、主管级、班（组）长、技工级、普工级等，其管理层级为 6。

表 1-6　管理幅度、管理层级统计表

所属组织	职位编号	职位名称	管理幅度	管理层级
A	T09C02	总经理	5	6
	T07C02	生产总监	10	4
	T03D01	行政专员	1	1
合计	—	—	4	1

二、任职资格数据分析

任职资格体系是对职位所需的知识技能、能力素质进行定义和分级，通过建立学习地图指引员工的培养和测评工作，同时将其结果应用于职位级别晋升、薪酬调整等各项人力资源管理工作。

任职资格知识技能源于对职位所包含工作项的分析。由部门工作职责分解到职位工作职责，进而细化为职位的工作项，最后根据工作项分析出所需的知识技能项。

任职资格能力素质是将工作中有卓越绩效者与一般表现者区分开来的个人潜在价值观、自我概念、个性特质、动机等，是决定个体行为及表现的关键因素。

任职资格数据分析中涉及的报表主要包括：知识技能统计表、知识技能矩阵、知识技能达成统计表、能力素质统计表、能力素质矩阵。

（一）知识技能统计表

【功能】对指定组织的任职资格知识技能认证类型进行统计分析。同时，可以通过指定一个或多个字段值自定义统计分析数据范围，如认证类型等，包括内部认证、外部认证。

【数据来源】益昇 eHR—组织管理—任职资格知识技能认证。

具体参见表 1-7。

表 1-7 任职资格知识技能认证表

知识技能	知识技能等级认证	认证类型
office 办公软件	office 办公软件一级	内部认证
office 办公软件	office 办公软件二级	内部认证
商务英语	商务英语二级	外部认证
商务英语	商务英语三级	外部认证

【数据解读】任职资格标准建立以后，将员工的实际工作表现与任职资格要求进行对比，评价员工所达到的任职资格等级，即为任职资格等级认证。任职资格等级认证划分为内部认证与外部认证，国家职业资格相关的知识技能采用外部认证的方式，其他知识技能采用内部认证的方式。通常情况下，内部知识技能等级认证级别的数字越小代表难度越高。内部认证种类越多，说明企业内的任职资格知识技能体系、培训体系与测评体系越完备。外部认证种类越多，说明组织所涉及的行业规范越完备。

【统计分析示例】如表 1-8 所示，A 组织为翻译机构，知识技能外部认证数量为 5，主要为各语种专业等级认证，无内部认证。所有职位的任职资格知识技能要求都有对应的职业资格，故以采用外部认证的方式为主。

B 组织为检测机构，组织内大部分职位为质检员，任职资格知识技能要求达成 1 项英语专业等级的外部认证，达成标准化计量、质量控制及管理、实验室安全、仪器分析与操作等 4 项内部等级认证。

表 1-8 知识技能统计表

所属组织	内部认证	外部认证
A	0	5
B	4	1
合计	4	6

（二）知识技能矩阵

【功能】将指定职位所需的任职资格知识技能、教材及课程，以矩阵方式进行展现。

【数据来源】 益昇 eHR—组织管理—职位说明书—知识技能矩阵。

【数据解读】 企业在发展的过程中，会从自身所从事的各种活动、其他同行业企业的经历等方面积累大量的经验、知识和技能，进而形成企业特有的知识技能体系。知识技能矩阵是企业内各职位所需具备的知识技能组合，包括各种知识技能的难度级别要求与占比。

【统计分析示例】 如表 1-9 所示，某组织财务管理系列的相关职位需要具备的知识技能包含 office 办公软件、财务管理体系、英语。office 办公软件分为两个内部认证级别，office 办公软件一级与 office 办公软件二级；财务管理体系分为两个内部认证级别，财务管理体系一级与财务管理体系二级；英语采用外部认证的方式，分为英语四级和英语六级。

表 1-9 知识技能矩阵

任职资格		office 办公软件内部等级认证一级	office 办公软件内部等级认证二级	财务管理体系内部等级认证一级	财务管理体系内部等级认证二级	英语六级	英语四级
课程		TL000052-office 软件操作	TL000052-office 软件操作	TL000010-财务管理体系	TL000010-财务管理体系	—	—
职位	T08B01-财务经理	20%		60%			20%
	T05B01-成本会计	20%		60%			20%
	T05G01-销售会计	20%		60%		20%	
	T03G03-出纳		20%		60%		20%

（三）知识技能达成统计表

【功能】 对指定职位所需任职资格知识技能的人员达标情况进行统计分

析，包括该职位任职者中已达成该项技能的人数、该职位的在职人数，以及所有在职人员中已达成该技能的人数。

【数据来源】益昇 eHR—组织管理—职位说明书—知识技能达成。

具体参见表 1-10。

表 1-10 任职资格知识技能达成表

员工 ID	姓名	知识技能认证编号	知识技能	知识技能等级认证	认证类型
10002010	张先生	RZ00004	office 办公软件	office 办公软件内部等级认证一级	内部认证
10001780	李先生	RZ00005	office 办公软件	office 办公软件内部等级认证二级	内部认证
10002920	刘女士	RZ00006	商务英语	英语四级	内部认证

【数据解读】统计数据中字段数据显示“①/②/③”，其中三个数字的统计规则如下。

数据①对应的统计时间点为在该职位任职的员工中，应具备相应知识技能且已通过认证的人数。

数据②对应的统计时间点为在该职位任职的员工中，应具备相应知识技能的人数。

数据③对应的统计时间点为所有在职的员工中，已通过相应知识技能认证的人数。

通过对知识技能达成情况分析，可以反映企业内员工整体知识技能达标情况与企业战略发展需求的匹配性，以及企业内人才的知识结构对于企业战略实现的支撑度。

【统计分析示例】某组织为国际贸易企业，外贸部员工的英语技能水平将直接影响企业的业务开拓。

企业内具备英语四级的员工 231 名。其中，报关专员、外贸内勤两个职位的任职资格要求具备英语四级，报关专员 7 名任职者中有 6 名具备英语四级，外贸内勤 4 名任职者中 4 名任职者均具备英语四级。

企业内具备专业英语八级的员工 89 名。其中，外贸经理、外贸主管两个职位的任职资格要求具备专业英语八级，外贸经理有 1 名任职者且已具备英语八级，外贸主管的 14 名任职者中仅有 2 名具备专业英语八级。

经统计归总，该企业任职资格知识技能达成分析表如表 1-11 所示。

表 1-11　该企业任职资格知识技能达成分析表

职位序列	RZ00001-office 办公软件内部等级认证一级	RZ00002-office 办公软件内部等级认证二级	RZ00007-产品知识内部等级认证一级	RZ00008-产品知识内部等级认证二级	RZ00006-专员英语八级	RZ00005-英语四级
T08D01-外贸经理	1/1/67	0/0/173	1/1/8	0/0/17	1/1/89	0/0/231
T05D01-报关专员	1/7/67	0/0/173	2/7/8	0/0/17	0/0/89	6/7/231
T05D01-外贸主管	2/14/67	0/0/173	4/14/8	0/0/17	2/14/89	0/0/231
T03D03-外贸内勤	0/0/67	3/4/173	0/0/8	0/4/17	0/0/89	4/4/231

（四）能力素质统计表

【功能】对指定组织的任职资格能力素质类型进行统计分析。同时，可以通过指定一个或多个字段值自定义统计分析数据范围，如指标类型等，包括核心能力素质、基本能力素质、独特能力素质。

【数据来源】益昇 eHR—组织管理—任职资格能力素质指标。

具体参见表 1-12。

表 1-12 任职资格能力素质指标表

能力素质指标名称	能力素质指标类型	指标分级定义1级	指标分级定义2级	指标分级定义3级	指标分级定义4级
时间管理	基本能力素质	通常不能分清工作的先后次序，常常分心到错误的方向，会因浪费时间而达不到效率	基本能按工作的重要性和紧急程度分清工作的先后次序，偶尔会分心于没有实质结果的工作上	能按先后次序、承诺判断各项工作完成的重要性，善于按照工作的复杂程度分配工作时间	总能够迅速、准确地判断出各项工作完成的重要性，并能按先后次序、承诺恰当地分配时间
督导能力	核心能力素质	对下属的工作没有较好地督导，导致下属工作困难重重，很少做工作总结	能够较好地督导下属的工作并给予一定指导，定期进行工作总结	让下属明确地知道自己的任务和时限，计划周密并及时进行跟踪	积极地对下属的工作提供指导和支持，并要求其及时反馈，给予下属有效对策
组织能力	独特能力素质	在上级的支持与指导下，能够克服一定的政策与资源限制，带领一个小组完成既定的工作任务	善于获取上级与周围同事的支持，整合可利用资源，合理分工、建立明确目标，带领一个团队高效地完成任务	能够有效协调公司与外部的关系，通过组织设置、资源分配等手段，带领部门或跨部门工作团队完成工作任务	创造性地利用外部资源，通过重构公司的组织、团队等措施，克服各种困难、障碍，带领全公司完成经营目标

【数据解读】在能力素质指标类型中，核心能力素质是关系到企业生存与发展的能力素质，是企业文化的表现，体现组织所公认的行为方式。基本能力素质是指在企业内多个角色都需要的能力素质，但要求程度有所不同。独特能力素质是指某个特定职位所需要的能力素质。

【统计分析示例】B 组织提炼出客户导向、务实创新、市场导向、成本意识 4 个核心能力素质；学习能力、责任意识、团队合作、沟通协调 4 个基本能力素质。核心能力素质与基本能力素质是企业内全体员工的行为准则。A 组织为销售企业，除了核心能力素质、基本能力素质外，还要求员工具备市场分析能力与谈判能力两个独特能力素质。

表 1–13 为这两个组织的任职资格能力素质指标统计表。

表 1–13 任职资格能力素质指标统计表

所属组织	核心能力素质	基本能力素质	独特能力素质
A	4	4	2
B	4	4	0
合计	8	8	2

（五）能力素质矩阵

【功能】将指定职位所需任职资格能力素质，以矩阵方式展现出来。

【数据来源】益昇 eHR—组织管理—职位说明书—能力素质矩阵。

【数据解读】企业中各职位所需的能力素质组合即为能力素质矩阵。

【统计分析示例】

如表 1–14 所示，在某组织中，对于总经理这类把握宏观的经营管理类的职位，能力素质包括：战略规划能力、品牌运作及企业定位能力、资源获取能力、资源整合能力、价值链管理能力、关键核心竞争优势和能力。对于生产经理这类部门负责人职位，能力素质包括：企业组织运作能力、指挥控制能力、战略分解能力、综合管理能力。对于基层职能的职位，如销售合计，其能力素质包括：客户服务能力、成本管控能力、品牌策划与运作能力等。

表 1–14 任职资格能力素质矩阵表

职位序列	战略规划能力	品牌运作及企业定位能力	资源获取能力	资源整合能力	价值链管理能力	关键核心竞争优势和能力	企业组织运作能力
T09A01 总经理	√	√	√	√	√	√	
T07B01 生产经理							√
T05G01 销售会计							

续表

职位序列	指挥控制能力	战略分解能力	综合管理能力	客户服务能力	成本管控能力	品牌策划与运作能力
T09A01 总经理						
T07B01 生产经理	√	√	√			
T05G01 销售会计				√	√	√

三、编制数据分析

人力资源作为企业内部的重要资源，既要满足企业在不同阶段、不同模式下的差异化配置需求，又要兼顾人工成本控制、人员队伍稳定、人员合理流动等诸多方面，这无疑对于编制管理的科学性与合理性提出了很高的要求。

宏观定编是指按照组织中职位的类型来定义任职的人数和比例关系，通常采用人员效率分析的方法。微观定编是指按照组织中具体的职位来定义任职的人数和比例关系，更有利于有效地控制人力成本，通常采用工作量分析的方法。宏观定编和微观定编的方法既可以同时应用，也可以单独应用。

涉及的报表主要包括：部门编制使用情况分析表、职位编制使用情况分析表、职位级别编制使用情况分析表。

（一）部门编制使用情况分析表

【功能】对指定组织、指定时间点所在年度的部门编制使用情况进行统计分析。同时，可以通过指定一个或多个字段值自定义统计分析数据范围，如人员类别、职位级别、职位系列等，包括编制人数、在岗人数、差异人数。

【数据来源】益异 eHR—组织管理—部门编制、人事管理—员工履历。

【数据解读】通过各部门编制人数、在岗人数、差异人数，可以反映出部门内是否存在超编及人员配置不足的情况。差异为正数时为超编，差异为负数时为缺编。

【统计分析示例】表 1–15 分析了 A、B、C、D 四个组织的部门编制使用情况。其中，D 组织为劳动密集型企业，2022 年 1 月编制 1368 人、在岗 1132 人、缺编 236 人；2022 年 2 月编制 1368 人、在岗 1106 人、缺编 262 人。对绝大多数劳动密集型企业来说，1 月、2 月为离职高峰期，同时也是招聘的低谷期，此阶段容易产生缺编的情况。3 月开始随着农民工返城及春季招聘旺季的到来，缺编情况逐渐好转，截止到 5 月在编制需求提升到 1371 人的前提下，在岗人数也提升至 1374 人，不仅补足了用工缺口，还超编了人。

表 1–15 部门编制使用情况分析表

单位：人

所属组织	2022 年 1 月			2022 年 2 月			2022 年 3 月			2022 年 4 月			2022 年 5 月		
	编制	在岗	差异	编制	在岗	差异	编制	在岗	差异	编制	在岗	差异	编制	在岗	差异
A	46	41	–5	46	40	–6	46	39	–7	46	46	0	46	40	–6
B	282	271	–11	282	273	–9	284	281	–3	284	279	–5	285	278	–7
C	494	443	–51	494	434	–60	494	434	–60	495	445	–50	493	442	–51
D	1368	1132	–236	1368	1106	–262	1368	1155	–213	1371	1281	–90	1371	1374	3
合计	2190	1887	–303	2190	1853	–337	2192	1909	–283	2196	2051	–145	2195	2134	–61

（二）职位编制使用情况分析表

【功能】对指定组织、指定时间点所在年度的职位编制使用情况进行统计分析。同时，可以通过指定一个或多个字段值自定义统计分析数据范围，如人员类别、职位级别、职位系列等，包括编制人数、在岗人数、差异人数。

【数据来源】益异 eHR—组织管理—职位编制表、人事管理—员工履历

【数据解读】通过各部门内各职位编制人数、在岗人数、差异人数，可以反映出部门内的哪些职位存在超编或人员配置不足的情况。

【统计分析示例】某组织为珠宝加工制造企业，所设置职位属于相对小众的专业领域。其职位编制使用情况分析表如 1–16 所示。宝玉石检验员 2022 年 1 月，编制与在岗人数均为 5。2022 年 2 月，该职位离职 1 名员工，缺编 1 人，人力资源部门随即展开该职位的招募工作，但截至 2022 年 12 月，该职位仍缺编 1 人。这也从侧面反映出该职位人员的稀缺度较高，不容易寻找。

表 1–16 职位编制使用情况分析表

单位：人

职位编号	职位名称	2022 年 1 月			2022 年 2 月			……			2022 年 12 月		
		编制	在岗	差异	编制	在岗	差异	编制	在岗	差异	编制	在岗	差异
T05F01	宝玉石检验员	5	5	0	5	4	–1	5	4	–1	5	4	–1
T05F02	宝石钻石琢磨工	20	20	0	20	20	0	20	20	0	20	20	0
T05F03	贵金属首饰手工制作工	35	35	0	35	31	–4	35	35	0	35	35	0
T07F01	古玩鉴定师	2	1	–1	2	1	–1	2	1	–1	2	1	–1
合计		62	61	–1	62	56	–6	62	60	–2	62	60	–2

（三）职位级别编制使用情况分析表

【功能】对指定组织、指定时间点所在年度的各职位级别编制使用情况进行统计分析。同时，可以通过指定一个或多个字段值自定义统计分析数据范围，如人员类别、职位级别、职位系列等，包括编制人数、在岗人数、差异人数。

【数据来源】益异 eHR—组织管理—职位编制、人事管理—员工履历。

【数据解读】相对部门编制和职位编制使用情况分析，职位级别编制使用情况的分析更为宏观，通常以此作为职位级别晋升、人力资本规划等人力资源管理工作的支持性数据。

【统计分析示例】表 1–17 为 A 组织的职位级别编制使用情况分析表。

表 1-17 职位级别编制使用情况分析表

单位：人

所属组织	职位级别	2021 年 1 月			2021 年 2 月			2021 年 3 月			2021 年 4 月		
		编制	在岗	差异	编制	在岗	差异	编制	在岗	差异	编制	在岗	差异
A	T05	19	18	-1	19	18	-1	19	18	-1	19	18	-1
	T04	46	44	-2	46	43	-3	46	43	-3	46	45	-1
	T03	92	81	-11	92	81	-11	94	82	-12	94	87	-7
	T02	85	87	2	85	87	2	85	87	2	85	89	4
	T01	9	9	0	9	9	0	9	9	0	9	9	0
合计		251	239	-12	251	238	-13	253	239	-14	253	248	-5

四、人力资源管理指标分析

【功能】对指定组织、指定日期所在年度的组织管理模块人力资源管理指标进行分析，包括：年度部门编制使用率、年度职位编制使用率、职位说明书信息完整度、职位说明书覆盖率、职位知识技能达成率。

【数据来源】益异 eHR—组织管理—部门编制、组织管理—职位编制、人事管理—员工履历、组织管理—职位说明书。

【公式】

- 年度部门编制使用率 =（每月部门在职人数之和 ÷12）÷（每月部门编制人数之和 ÷12）
- 年度职位编制使用率 =（每月职位在职人数之和 ÷12）÷（每月职位编制人数之和 ÷12）
- 职位说明书信息完整度 = 所有职位说明书信息完整度的平均值
- 职位说明书覆盖率 = 有工作职责的职位说明书总数 ÷ 汇报关系职位总数
- 职位知识技能达成率 = 所有职位知识技能达成率的平均值

【数据解读】

- 年度部门编制使用率、年度职位编制使用率是年度平均在职人数与年度平均编制人数的比率，可以反映出部门、职位的超编和缺编情况。

● 职位说明书信息完整率是指已撰写的所有职位说明书指定内容完整情况（信息完整度）的平均值，可以反映职位说明书的撰写质量。

● 职位说明书覆盖率是指已撰写的职位说明书占职位数量的比例，可以反映出企业对职位的职责、任职资格的分析深度。

● 职位知识技能达成率是指所有职位知识技能达成率的平均值，可以反映出企业员工对职位要求知识技能的达成情况。

【统计分析示例】表 1–18 所示为人力资源管理指标分析表（组织管理）。

表 1–18 人力资源管理指标分析表（组织管理）

单位：%

所属组织	年度部门编制使用率	年度职位编制使用率	职位说明书信息完整度	职位说明书覆盖率	职位知识技能达成率
A	88	101	38	49	55
B	97	89	18	23	35
C	88	88	66	82	85
D	83	88	21	26	30

五、数据图表示例

（一）组织与职位统计数据图表示例

具体内容参见图 1–2、图 1–3、图 1–4。

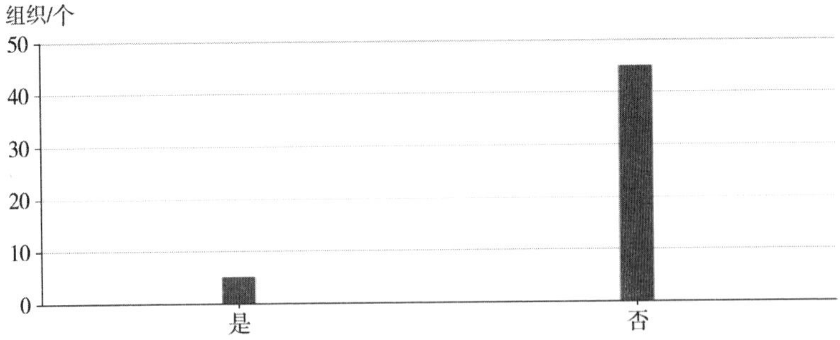

图 1–2 法人机构统计数据示例

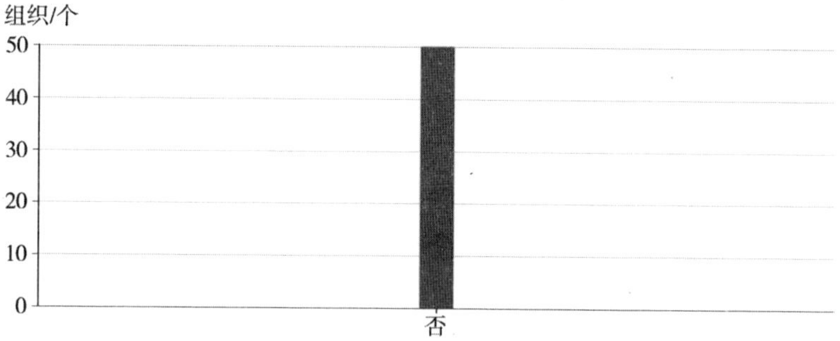

图 1-3 虚拟组织统计数据示例

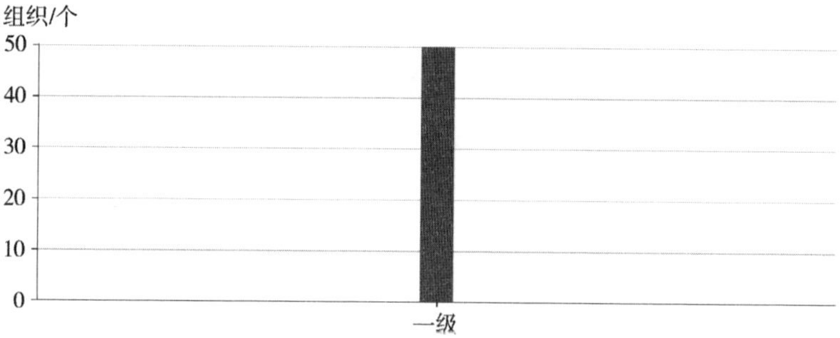

图 1-4 组织成熟度统计数据示例

（二）任职资格统计数据图表示例

具体内容参见图 1-5。

图 1-5 任职资格统计数据示例

（三）编制统计数据图表示例

具体内容参见图 1–6 至图 1–12。

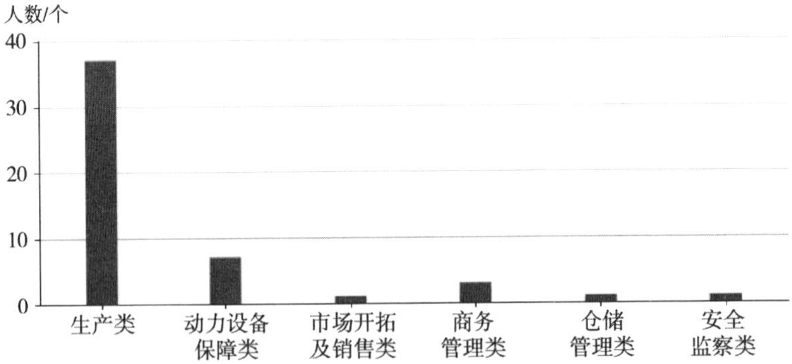

图 1–6 职位系列统计数据示例

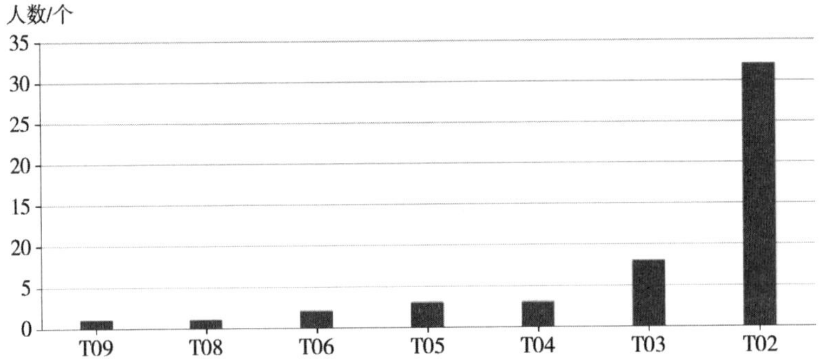

图 1–7 职位级别统计数据示例

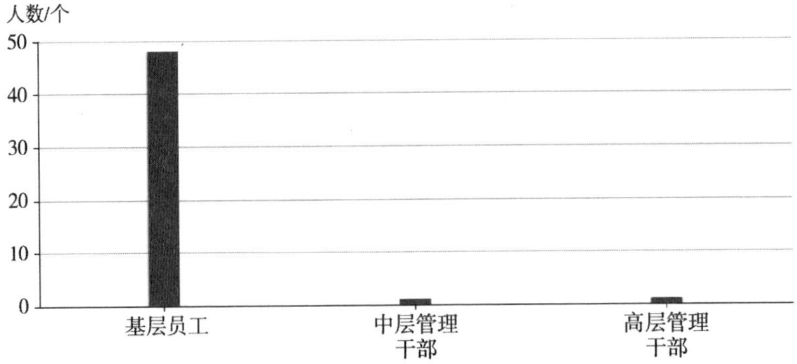

图 1–8 职位级别段统计数据示例

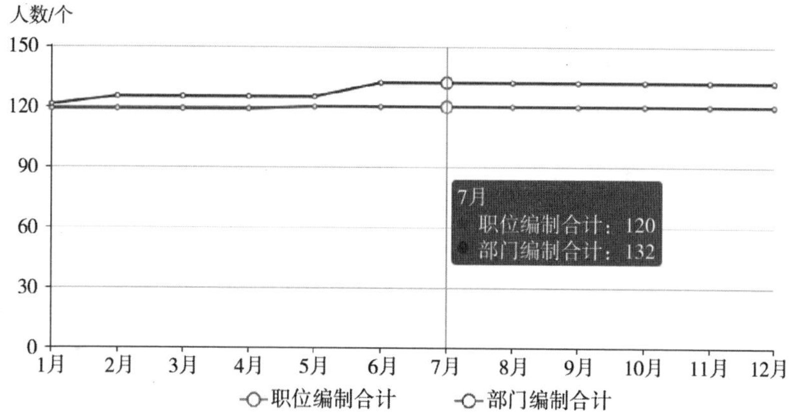

图1-9 编制合计统计数据示例

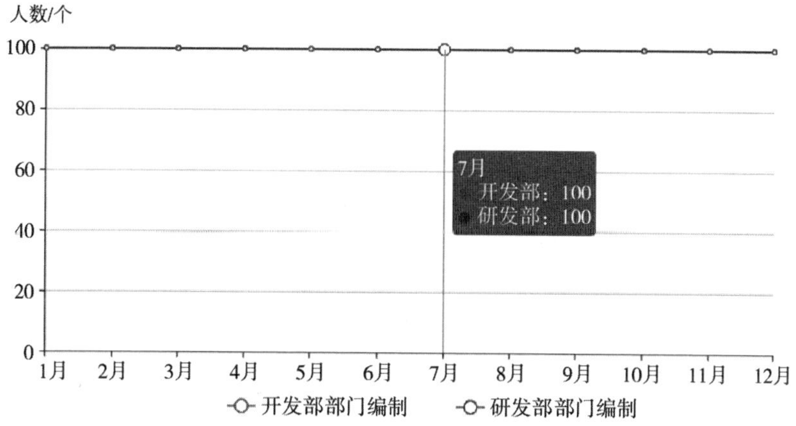

图1-10 部门编制统计数据示例

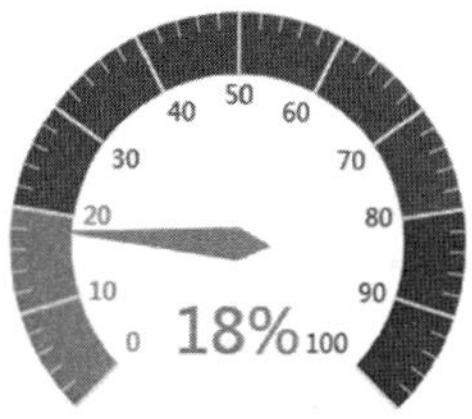

图1-11 年度部门编制统计数据示例

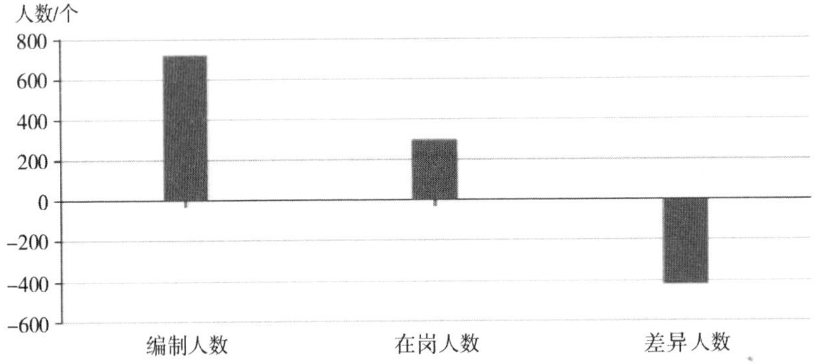

图 1-12 编制统计数据示例

六、数据看板示例

以某组织为例，6 月的相关数据如下所示，相应的示意图如图 1-13 和图 1-14。

职位级别数：9
职位系列数：5
职位数：143

平均管理幅度：7
平均管理层级：4
有汇报关系职位数：72

一级组织数：14
二级组织数：31
三级组织数：13
四级组织数：8
五级组织数：1

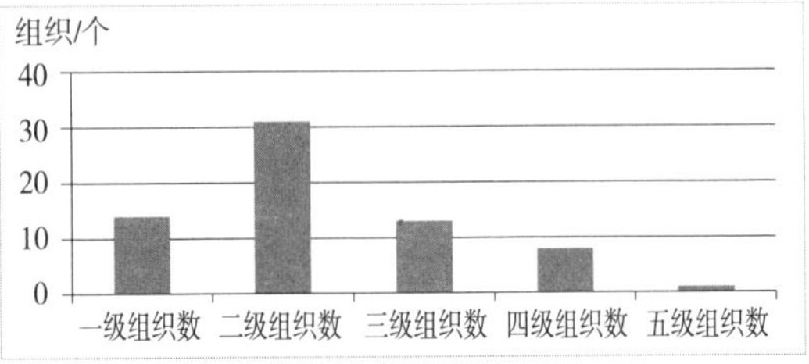

图 1-13 组织统计数据示意图

编制人数：70
在岗人数：67
差异人数：3

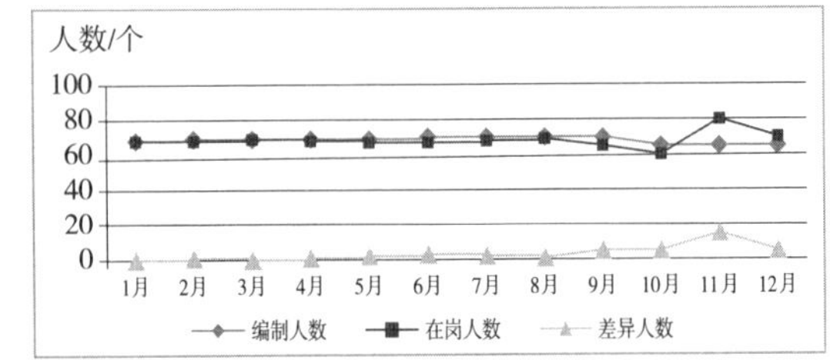

图 1-14 编制及在岗人数月度环比统计数据示意图

第二章 | 招聘管理

一、职位需求数据分析

职位需求分析是指企业在招聘员工时，对所需要的人才情况进行综合分析。在职位需求中需要明确的内容一般包括：

- 需要招聘的职位名称、人员数量。
- 主要工作职责。
- 最低任职资格要求：教育背景、工作经验、知识技能以及能力素质。
- 月薪。

职位需求数据分析涉及的报表主要包括：职位需求统计表、职位需求月度环比分析表。

（一）职位需求统计表

【功能】对指定组织（招聘组织、所属组织）、指定时间段的招聘需求进行统计分析。同时，可以通过指定一个或多个字段值自定义统计分析数据范围，如招聘人数、工作地区、职位级别、招聘类型、月薪、性别需求、婚姻要求、年龄要求、学历要求、工作年限要求、语言要求等。

【数据来源】益昇 eHR—招聘管理—职位需求。

具体参见表 2–1。

表 2-1 职位需求表

招聘职位 ID	职位名称	职位编号	招聘类型	招聘机构	招聘人数	工作地区	性别要求	婚姻要求	年龄要求（岁）
XQPO000098	行政总监	T10B01	社会招聘	A	1	天津	不限	不限	30—40
XQPO000097	财务总监	T09C01	社会招聘	A	1	天津	不限	不限	30—40
XQPO000096	保洁员	T02B01	社会招聘	B	1	天津	不限	不限	不限
XQPO000093	销售助理	T03A02	校园招聘	C	10	天津	不限	未婚	20—30

招聘职位 ID	学历要求	工作年限	职位月薪（元）	语言要求	申请日期	要求到岗日期	要求完成日期	招聘天数	人均招聘天数
XQPO000098	硕士研究生	10 年以上	20000—25000	不限	2022-02-01	2022-02-28	—	0	0
XQPO000097	大学本科	10 年以上	15000—20000	不限	2022-01-07	2022-01-28	—	0	0
XQPO000096	初中及以下	不限	3000—5000	不限	2021-12-27	2022-01-31	2022-01-21	7	0.58
XQPO000093	大学本科	不限	面议	不限	2021-11-03	2021-11-30	—	0	0

1. **招聘人数**

【功能】对指定组织（招聘组织、所属组织）、指定时间段的需求职位的招聘人数进行统计分析。

【数据来源】益昇 eHR—招聘管理—职位需求。

【数据解读】不同行业的企业在特定时期内的招聘人数会存在差异。

通常情况下，劳动密集型企业招聘职位、人员数量会超过其他行业。造成企业人员招聘需求量增加的原因，有可能是人员流失率过大带来的人员补充，或者是开展新业务所带来的人员需求，如果是因为前者，就需要分析人员流失的原因，并采取有效的方法进行改善。

【统计分析示例】表 2–2 所示为四个组织的职位需求人数分析表。

表 2–2 职位需求人数分析表

所属组织	招聘人数
A	363
B	73
C	1
D	31
合计	468

其中，A 组织的人员需求量最大，主要是由于该组织是电子零配件企业，属于劳动密集型企业，人员薪资水平相对较低，以外来人口为主，人员流动率较高。

C 组织的人员需求量最小，主要是由于该组织的业务趋于平稳发展的状态，人员较为稳定。

2. 工作地区

【功能】对指定组织（招聘组织、所属组织）、指定时间段的需求职位所在的工作地区进行统计分析。

【数据来源】益昇 eHR—招聘管理—职位需求。

【数据解读】工作地区是指招聘需求职位所在的地理位置。通过对工作地区的统计分析，可以反映出企业业务的开展区域，以及核心业务的所在区域。

【统计分析示例】如表 2–3 所示，A 组织在河南、内蒙古和天津地区均有人员招聘的需求，主要是由于该组织是一家集团公司，开展的业务主要分布在这些地区。其中，该组织在河南和内蒙古招聘的人员相对较少，主要是由于该组织在以上两个地区开展的业务比较稳定，人员流动率较小；

而天津地区属于新成立的生产型子公司，需要补充大量的车间生产员工，故人员需求最大。

B、C、D 三个组织都是在某一个特定的地区有人员招聘需求，主要是由于这些组织都是单体公司，员工集中在企业注册地办公。

表 2-3 职位需求—工作地区分析表

所属组织	不同工作地区对应的招聘人数			合计
	河南	内蒙古	天津	
A	1	1	361	363
B	0	73	0	73
C	1	0	0	1
D	0	0	31	31
合计	2	74	392	468

3. **职位级别**

【功能】对指定组织（招聘组织、所属组织）、指定时间段的需求职位所在的职位级别进行统计分析。

【数据来源】益昇 eHR—招聘管理—职位需求。

【数据解读】职位级别是对员工在技能等级、技术等级、管理等级、薪酬等级方面上下变动次序的设计。

【统计分析示例】如表 2-4 所示，A、D 两个组织共设置 9 个职位级别，其中 T01 至 T05 为基层职位级别段，T06 至 T07 为中层职位级别段，T08 至 T09 为高层职位级别段。招聘需求人数占比最大的职位级别为 T02、T03，说明组织在重点补充基层职位级别的中坚力量。

B 组织，几乎对各个职位级别都有人员需求，不同职位级别招聘的人数差异也不大，主要是由于该组织正在进行机构重组，各个职位级别的职位都出现了空缺。

表 2-4 职位需求—职位级别分析表

所属组织	不同职位级别对应的招聘人数									合计
	T01	T02	T03	T04	T05	T06	T07	T08	T09	
A	0	178	135	8	1	3	37	1	0	363
B	0	21	10	4	8	10	10	10	0	73
C	0	0	0	1	0	0	0	0	0	1
D	0	16	12	0	2	1	0	0	0	31
合计	0	215	157	13	11	14	47	11	0	468

4. 招聘类型

【功能】对指定组织（招聘组织、所属组织）、指定时间段的需求职位所属的招聘类型进行统计分析。

【数据来源】益昇 eHR—招聘管理—职位需求。

【数据解读】招聘类型一般包括：社会招聘、校园招聘。通过对招聘类型的统计分析，可以反映出企业在招聘渠道选择上的侧重点。

通常情况下，企业对于有工作经验要求的职位会采用社会招聘的方式，而对于一些有特殊专业要求、定向培养的职位，则采用校园招聘的方式。

【统计分析示例】如表 2-5 所示，在 A、B 两个组织所招聘的人员中，社会招聘的人数占绝大多数，主要是由于这两个组织是技术研发型企业，招聘的职位大多是中、高级的技术工程师，对知识技能要求较高，需要经验积累时间较长的人员。

D 组织所招聘的人员几乎都来自校园招聘，主要是由于该组织是一家航空企业，招聘的职位为空乘，需要采用与高校合作进行定向培养的方式。

表 2-5 职位需求—招聘类型分析表

所属组织	不同招聘类型对应的招聘人数		合计
	社会招聘	校园招聘	
A	348	15	363
B	70	3	73
C	1	0	1
D	1	30	31
合计	420	48	468

5. **月薪**

【功能】对指定组织（招聘组织、所属组织）、指定时间段，需求职位的月薪进行统计分析。

【数据来源】益昇 eHR—招聘管理—职位需求。

【数据解读】月薪是指所招聘职位的薪酬水平。

薪酬不仅仅是员工的劳动所得，也在一定程度上代表着员工的自身价值。如果企业所支付的薪酬具有较强的市场竞争力，就能够吸引、留住更多的高素质人才。因此，企业在进行人员招聘前，要充分调研所招聘职位的市场薪酬水平，确保给出的薪酬处于合理的范围内。

【统计分析示例】如表 2-6 所示，A、B、D 三个组织是处于相同地区的不同企业，招聘职位的月薪主要集中在 4000 元至 8000 元的范围内，主要是由于这些企业招聘的职位都集中在基层，相互之间的薪资水平差异不大。

表 2-6 职位需求—职位月薪分析表

所属组织	不同职位月薪对应的招聘人数							合计
	面议	2000—4000 元	4001—6000 元	6001—8000 元	8001—10000 元	10001—15000 元	15001—20000 元	
A	5	3	323	28	3	0	1	363
B	22	0	40	11	0	0	0	73
C	1	0	0	0	0	0	0	1
D	3	5	13	10	0	0	0	31
合计	31	8	376	49	3	0	1	468

6. 性别要求

【功能】对指定组织（招聘组织、所属组织）、指定时间段的职位需求人员的性别要求进行统计分析。

【数据来源】益昇 eHR—招聘管理—职位需求。

【数据解读】性别要求一般包括：男、女、不限。

通常情况下，企业在招聘过程中不会对应聘人员的性别进行特别的要求，但招聘负责人也应该充分考虑企业当前各部门的男女比例以及工作性质，并对其进行必要的控制。职位的性别占比没有最优原则，通常对于需要重体力劳动的职位，男性的占比会更高，而女性主要分布在行政、后勤等职能管理部门职位上。

【统计分析示例】如表 2-7 所示，B 组织在进行人员招聘时，要求应聘人员均为男性，主要是由于该组织属于物流行业，所招聘的人员需要进行货物的搬运工作，劳动强度较大。

A、C、D 三个组织在招聘过程中，只是对部分职位应聘人员的性别进行了特别要求，主要是由于这些组织所招聘的职位绝大多数劳动强度不高，无论是男性还是女性都可以胜任。

表 2-7 职位需求—性别要求分析表

所属组织	性别要求对应的招聘人数			合计
	男	女	不限	
A	62	17	284	363
B	73	0	0	73
C	0	0	1	1
D	5	4	22	31
合计	140	21	307	468

7. 婚姻要求

【功能】对指定组织（招聘组织、所属组织）、指定时间段的职位需求人员的婚姻状况要求进行统计分析。

【数据来源】益昇 eHR—招聘管理—职位需求。

【数据解读】婚姻要求一般包括：已婚、未婚、不限。

婚姻要求一般不是招聘过程中重点关注的维度，通常情况下，企业在进行人员招聘工作时，对于婚姻状况不会进行严格要求，除非由于特殊工作环境等才可能对婚姻状况提出要求。

【统计分析示例】如表 2–8 所示，A 组织在进行人员招聘时，对部分职位应聘人员的婚姻状况提出了要求，主要是由于该组织所招聘的这部分职位为项目技术顾问，需要长期出差到不同的项目现场进行技术支持，该职位更适合没有家庭负担的未婚人员。

B、C、D 三个组织对所有应聘人员的婚姻状况都未进行要求，说明这些组织在进行人员招聘时并不关注应聘人员的婚姻状况。

表 2-8 职位需求—婚姻要求分析表

所属组织	婚姻要求对应的招聘人数			合计
	已婚	未婚	不限	
A	0	24	339	363
B	0	0	73	73
C	0	0	1	1
D	0	0	31	31
合计	0	24	444	468

8. 年龄要求

【功能】对指定组织（招聘组织、所属组织）、指定时间段的职位需求人员的年龄要求进行统计分析。

【数据来源】益昇 eHR—招聘管理—职位需求。

【数据解读】年龄要求一般包括：20 岁及以下、21—30 岁、31—40 岁、41—50 岁、51 岁及以上、不限。

互联网等新兴行业在进行人员招聘时，通常会考虑年龄段在 21—30 岁的年轻员工，主要是由于该年龄段的员工无论是学习能力还是创新能力都比较强，更加适合企业的快速发展。而对于生产制造等传统行业来说，出于员工稳定性的考虑，在进行人员招聘时，通常会向年龄段在 31—40 岁的人员倾斜。

企业在进行人员招聘时，还要充分考虑当前企业在职人员的年龄结构，否则可能会造成某个年龄段的员工过于集中、年龄结构失衡等情况，进而引发团队人员学习能力和稳定性下降等问题。

【统计分析示例】如表 2-9 所示，A 组织所招聘人员的年龄段要求主要集中在 21—40 岁之间，主要是由于该组织属于新兴的电商行业，需要创新能力比较强的员工。

B 组织所招聘人员的年龄段要求主要集中在 31—40 岁和 41—50 岁，主要是由于该组织是药品研发企业，需要工作经验较丰富的人员。

表 2-9 职位需求—年龄要求分析表

所属组织	年龄要求对应的招聘人数						合计
	20 岁及以下	21—30 岁	31—40 岁	41—50 岁	51 岁及以上	不限	
A	0	174	189	0	0	0	363
B	0	3	60	10	0	0	73
C	0	1	0	0	0	0	1
D	0	5	20	5	1	0	31
合计	0	183	269	15	1	0	468

9. **学历要求**

【功能】对指定组织（招聘组织、所属组织）、指定时间段的职位需求人员的学历要求进行统计分析。

【数据来源】益异 eHR—招聘管理—职位需求。

【数据解读】学历要求是指对应聘人员最高学历的要求。一般包括：博士研究生、硕士研究生、大学本科、大学专科、中专、高中、中技、初中及以下、不限。

通常情况下，科研类、高级管理等职位对于学历的要求比较高，而对于一些基础职位，学历要求并非越高越好，要充分考虑职位的工作职责，选择合适的人员即可。

【统计分析示例】如表 2-10 所示，A 组织所招聘人员的学历要求主要集中在大学专科及以上，是由于该组织是航天技术研发企业，属于高科技型企业，聚集了许多高学历人才。

B 组织所招聘人员的学历要求主要集中在中技、高中、初中及以下，是由于该组织是电子产品组装企业，属于劳动密集型企业，招聘的职位主要集中在生产一线，只需进行流水线作业，对学历的要求较低。

表 2-10 职位需求—学历要求分析表

所属组织	学历要求对应的招聘人数									合计
	博士研究生	硕士研究生	大学本科	大学专科	中专	中技	高中	初中及以下	不限	
A	0	3	80	206	65	9	0	0	0	363
B	0	0	0	9	7	12	15	30	0	73
C	0	0	1	0	0	0	0	0	0	1
D	0	0	1	2	0	0	13	15	0	31
合计	0	3	82	217	72	21	28	45	0	468

10. 工作年限要求

【功能】对指定组织（招聘组织、所属组织）、指定时间段，职位需求人员的工作年限要求进行统计分析。

【数据来源】益昇 eHR—招聘管理—职位需求。

【数据解读】工作年限要求指对应聘人员的从业时长要求。一般包括：1 年以下、1 年以上、2 年以上、3 年以上、5 年以上、8 年以上、10 年以上、不限。

通常情况下，工作年限越长代表人员在该职位的工作经验越丰富。有些容易培养的职位，可以适当降低对工作年限的要求，但对于知识技能要求较高，需要经验积累时间较长的职位，一定要重点关注工作年限要求。

【统计分析示例】如表 2-11 所示，A、D 两个组织在进行人员招聘时，要求绝大多数的应聘人员都要具有一定的工作经验，主要是由于这些职位多为部门主管和技术工程师，都属于对知识技能要求较高的职位。

B、C 两个组织在进行人员招聘时，并未对应聘人员的工作年限做出特别要求，主要是由于该职位都是生产一线的操作岗位，比较容易通过培训弥补其知识技能上的不足。

表 2-11 职位需求—工作年限要求分析表

所属组织	工作年限要求对应的招聘人数								合计
	1 年以下	1 年以上	2 年以上	3 年以上	5 年以上	8 年以上	10 年以上	不限	
A	5	310	12	14	3	0	0	19	363
B	0	0	0	0	0	0	0	73	73
C	0	0	0	0	0	0	0	1	1
D	9	6	3	5	0	0	1	7	31
合计	14	316	15	19	3	0	1	100	468

11. 语言要求

【功能】对指定组织（招聘组织、所属组织）、指定时间段的职位需求人员的语言要求进行统计分析。

【数据来源】益昇 eHR—招聘管理—职位需求。

【数据解读】语言要求是指对应聘人员的外语能力要求。通常情况下，只有特定的职位或者有对外贸易业务的企业才会对应聘人员的语言能力提出要求。

【统计分析示例】如表 2-12 所示，D 组织几乎对所有的职位都有语言上的要求，主要是由于该组织属于外贸出口企业，主要业务区域集中在以英语、法语为母语的国家与地区。

A、B 两个组织对应聘者的语言能力均未进行要求，主要是由于这些组织的业务开展区域集中在国内。

表 2-12 职位需求—语言要求分析表

所属组织	语言要求对应的招聘人数			合计
	英语	法语	不限	
A	0	0	363	363
B	0	0	73	73
C	1	0	0	1
D	25	5	1	31
合计	26	5	437	468

（二）职位需求月度环比分析表

【功能】对指定组织（招聘组织、所属组织）、指定年度，各月份的招聘需求人数进行环比分析。同时，可以通过指定一个或多个字段值自定义统计分析数据范围，如学历要求、工作年限要求、年龄要求、工作地区、语言要求等。

【数据来源】益昇 eHR—招聘管理—职位需求。

【数据解读】通过对各月份招聘需求人数的环比分析，可以反映出企业全年招聘的淡旺季。

通常情况下，企业招聘都会有“金三银四”“金九银十”这种说法，指的就是一年中求职和招聘的两个高峰期。上半年的旺季是 3、4 月，主要是由于春节过后，很多从业者会在这个时候寻找更理想的工作；下半年的旺季是 9、10 月，一方面这正是各大企业为第二年拓展业务而大量吸纳人才的关键时期，招聘需求集中、空缺职位多；另一方面这又恰逢高校毕业生正式走上工作岗位，求职人员数量在该时期也处于激增状态。

【统计分析示例】如表 2-13 所示，A 组织在整个年度内有持续的招聘需求，但第一季度和第四季度用人需求量最大。主要是由于该组织是汽车零部件制造企业，第一季度和第四季度是汽车销售的旺季，产能扩大，因此在这两个季度中人员需求量会明显增高。

C、D 两个组织的招聘需求主要集中在 1、2 月，是由于这些组织中有部分外来务工人员，因春节返乡而辞职，需要大量补充人员保证生产。

针对这种规律性的人员需求，招聘负责人应提前进行人员的储备，避免因为人员不能及时到岗而影响企业的正常生产运营。

表 2-13 职位需求月度环比分析表

所属组织	1 月	2 月	3 月	…	10 月	11 月	12 月
A	200	363	104	…	100	200	204
B	50	73	5	…	6	10	4

续表

所属组织	1月	2月	3月	…	10月	11月	12月
C	15	1	0	…	0	1	0
D	20	31	5	…	2	5	0
合计	285	468	114	…	108	216	208

二、职位招聘情况数据分析

通过对人均招聘天数、应聘人数、简历来源等职位招聘情况数据的分析，能够检验企业招聘工作的成果和招聘方法的有效性。

职位招聘情况数据分析涉及的报表主要包括：职位招聘情况统计表、职位招聘情况月度环比分析表。

（一）职位招聘情况分析表

1. 人均招聘天数

【功能】对指定组织（招聘组织、所属组织）、指定时间段的招聘职位的人均招聘天数进行统计分析。

【数据来源】益昇 eHR—招聘管理—职位需求。

【数据解读】招聘天数是指从职位需求提出时间到完成时间之间的天数。人均招聘天数是指招聘天数与招聘需求人数的比值。填补一个职位空缺到底需要多长时间，是企业需要关注的一个重要评价指标。

通过对人均招聘天数的统计分析，可以反映出不同职位的招聘难易程度，也能间接反映出该职位候选人的稀缺程度。通常情况下，对于工作经验与知识技能要求越高的职位，招聘的难度越大，人均招聘天数也会越长。

【统计分析示例】以表 2–14 为例，B 组织所有职位的人均招聘天数均较长，主要是由于其招聘职位（高级电工、化验员）的专业性比较强，无论是对候选人工作经验要求的层面，还是行业中匹配的候选人数量的层面，招聘难度都较大。

D 组织所招聘的门卫，人均招聘天数仅为 10 天，主要是由于该职位对候选人的知识技能要求较低，符合该职位任职资格要求的应聘人员数量较多。

表 2-14 人均招聘天数分析表

所属组织	职位编号	职位名称	人均招聘天数
A	T02K01	项目助理	78
A	T03E12	水处理工程师	42
B	T03E10	高级电工	160
B	T03E06	化验员	162
C	T03E16	生产内勤	36
D	H03D03	门卫	10

2. 应聘人数

【**功能**】对指定组织（招聘组织、所属组织）、指定时间段的招聘职位的应聘人数进行统计分析。

【**数据来源**】益昇 eHR—招聘管理—人才库—应聘记录。

具体如表 2-15 所示。

表 2-15 应聘记录表

简历 ID	简历来源	性别	婚姻状况	学历	简历状态	招聘职位 ID
JL00000903	现场招聘会	女	已婚	大学本科	新投递	XQPO000094
JL00000902	智联导入	男	已婚	大学本科	待筛选	XQPO000089
JL00000901	前程无忧	女	未婚	硕士研究生	待测评	XQPO000053

续表

简历 ID	职位编号	职位名称	招聘机构	开始日期	简历状态
JL00000903	T09C01	财务副总监	A	2022-04-02	待测评
JL00000902	T10H01	客服总监	A	2022-03-05	待筛选
JL00000901	T05B01	行政主管	B	2022-03-01	新投递

【数据解读】通常情况下，在相同的时间段内的应聘人数越多，代表该职位在招聘过程中受众面越广，与之匹配的候选人越多。

【统计分析示例】以表 2-16 为例，D 组织的销售助理职位的应聘人数高达 60 人，主要是由于该组织招聘的为实习生，符合条件的应届毕业生人数较多。

而 B 组织的高级电工职位的应聘人数只有 1 人，主要是由于该职位的任职资格要求过高，能够与之匹配的候选人寥寥无几。在这种情况下，B 组织的招聘负责人也有必要评估该职位的任职资格要求是否合理。

表 2-16　应聘人数分析表

所属组织	职位编号	职位名称	应聘人数
A	T02K01	项目助理	12
A	T03E12	水处理工程师	18
B	T03E10	高级电工	1
B	T03E06	化验员	30
C	T03E16	生产内勤	20
D	H03D03	销售助理（实习）	60
合计			141

3. 简历来源

【功能】对指定组织（招聘组织、所属组织）、指定时间段，不同来源应聘人员简历数量进行统计分析。

【数据来源】益昇 eHR—招聘管理—人才库—应聘记录。

【数据解读】简历来源即企业所选用的招聘渠道。一般包括：内部推荐、网络招聘、人才中介机构、现场招聘会、校园招聘会等。

通过对简历来源的统计分析，可以反映不同招聘渠道在特定时期内的招聘效果。不同招聘渠道对应的受众的群体范围有所不同，因此给企业带来的招聘效果也不尽相同。

【统计分析示例】如表 2–17 所示，在 A、B 两个组织中，项目经理、水处理工程师和化验员等职位的简历主要来源于招聘网站；而在 C 组织中，操作工等基础职位的简历主要来源于现场招聘会、校园招聘会或者人才中介机构。

在进行招聘渠道选择时，该渠道是否聚集了职位所需要的受众群体是企业应重点考虑的方面，只有选择了合适的招聘渠道，才能带来理想的招聘效果。

表 2-17 简历来源分析表

所属组织	职位名称	简历来源					合计
		现场招聘会	人才中介机构	校园招聘会	内部推荐	网络招聘	
A	项目助理	0	0	0	1	11	12
A	水处理工程师	2	0	0	0	16	18
B	高级电工	1	0	0	0	0	1
B	化验员	5	5	0	0	10	20
C	生产内勤	5	10	5	0	5	25
C	操作工	7	10	0	0	0	17
合计		20	25	5	1	42	93

4. 性别

【功能】对指定组织（招聘组织、所属组织）、指定时间段的应聘人员的性别进行统计分析。

【数据来源】益昇 eHR—招聘管理—人才库—应聘记录。

【数据解读】参考本章第一部分“职位需求—性别要求”分析维度。

5. **婚姻状况**

【**功能**】对指定组织（招聘组织、所属组织）、指定时间段的应聘人员的婚姻状况进行统计分析。

【**数据来源**】益昇 eHR—招聘管理—人才库—应聘记录。

【**数据解读**】参考本章第一部分“职位需求—婚姻要求”分析维度。

6. **学历**

【**功能**】对指定组织（招聘组织、所属组织）、指定时间段的应聘人员的学历情况进行统计分析。

【**数据来源**】益昇 eHR—招聘管理—人才库—应聘记录。

【**数据解读**】参考本章第一部分“职位需求—学历要求”分析维度。

7. **不同简历状态分布人次、漏斗图**

【**功能**】对指定组织（招聘组织、所属组织）、指定时间段的不同简历状态的应聘人员人次数和各状态转化率进行统计分析。

【**数据来源**】益昇 eHR—招聘管理—人才库—应聘记录。

【**数据解读**】简历状态一般包括：新投递、待筛选、筛选不通过、待测评、测评不通过、拟录用、放弃录用、待入职、已入职。

新投递状态是指初次进入人才库中的应聘人次数；待筛选状态是指应聘人员中符合职位需求，可以进行职位推荐的人次数；筛选不通过状态是指应聘人员中不符合职位需求的人次数；待测评状态是指应聘人员中能够参加结构化面试等测评的人次数；测评不通过状态是指待测评人员中测评不通过的人次数；拟录用状态是指待测评人员中测评通过的人次数；放弃录用状态是指在拟录用的人员中，个人放弃入职的人次数；待入职状态是指在拟录用的人员中，完成录用条件洽谈和背景调查的人次数；已入职状态是指待入职人员中，已办理入职手续的人次数。

通过对待测评状态转化为拟录用状态比例的统计分析，可以反映出招聘负责人与用人部门对简历筛选标准上的差异。如果转化率较高，说明招聘负责人与用人部门负责人对招聘职位任职资格的理解是基本一致的；相反，如果转化率较低，招聘负责人需要及时和用人部门负责人进行充分沟通，以保证招聘工作的成效性。

通过对拟录用状态转化为待入职状态比例的统计分析，可以反映出企业所提供的薪资福利等各项录用条件与应聘人员心理预期的差异，如果转化率较低，就需要分析候选人放弃入职的具体原因，并进行必要的调整。

【统计分析示例】如表 2-18 所示，A 组织招聘电气工程师和机械工程师职位，待筛选与待测评状态的人次数差异性较小，主要是由于在进行职位发布之前，部门负责人对该职位的任职资格提出了明确的要求，招聘负责人参考该招聘需求进行人员招聘时，有明确的简历筛选标准，向用人部门推荐的候选人质量较高。其中，机械工程师职位，拟录用和待入职人次数差异较大，主要是由于该职位的薪资范围低于同行业的薪资标准，不具备市场竞争性。

在 B 组织所招聘的职位中，所有职位的待筛选与待测评状态的人次数差异都较大，主要是由于该组织所招聘的职位都是生产车间的工作人员，部门负责人在进行职位需求申请时，只对应聘人员的工作年限提出了要求，招聘负责人没有获取到全面、真实的职位需求。

表 2-18 简历状态分布人次分析表

所属组织	职位名称	简历状态分布人次								
		新投递	待筛选	筛选不通过	待测评	测评不通过	拟录用	放弃录用	待入职	已入职
A	电气工程师	12	12	2	10	3	7	2	5	5
A	机械工程师	20	18	3	15	5	10	8	2	1
B	高级电工	1	1	1	0	0	0	0	0	0
B	检验员	30	30	27	3	1	2	1	1	1
B	生产内勤	20	16	1	5	5	0	0	0	0
B	数控操作工	60	40	35	5	2	3	0	3	1
合计		143	117	69	38	16	22	11	11	8

简历状态分布人次转化流程如图 2–1 所示。

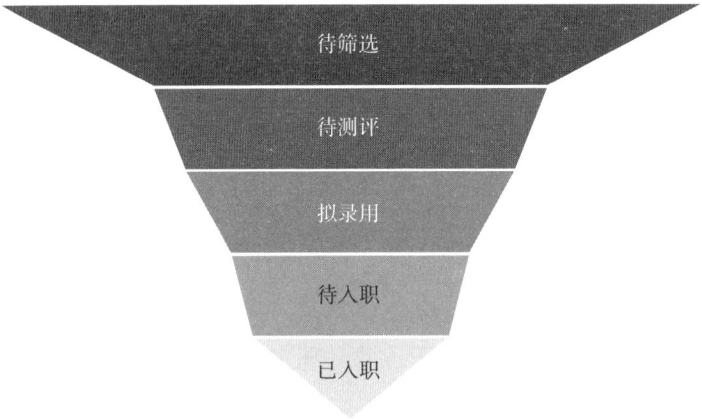

图 2–1　简历状态分布人次转化流程示意图

（二）职位招聘情况月度环比分析表

【功能】对指定职位、指定年度的各月份简历投递人数进行环比分析。同时，可以通过指定一个或多个字段值自定义统计分析数据范围，如性别、婚姻状况、学历、简历状态、简历来源等。

【数据来源】益昇 eHR—招聘管理—人才库—应聘记录。

【数据解读】通过对各月份简历投递人数的环比分析，可以反映出企业在全年各阶段应聘人数的波动情况和招聘的淡旺季。

【统计分析示例】如表 2–19 所示，在 A、B、C、D 四个组织中，所有职位在整个年度内均有人员进行简历的投递，但主要集中在第一、四季度，即这两个季度为人员招聘的旺季。

其中，C 组织的生产内勤和 D 组织的操作工职位的应聘的人数相对较多，主要是由于这两个职位任职资格要求较低，主要从事重复性的工作，不需要较高的学历和经验。

表 2-19 职位招聘情况月度环比分析表

所属组织	职位名称	1月	2月	3月	…	10月	11月	12月
A	水处理工程师	80	60	50	…	30	40	20
B	药品研发总监	45	56	50	…	60	70	75
C	生产内勤	150	200	200	…	180	160	300
D	操作工	300	260	260	…	280	290	340
合计		575	576	560	…	550	560	735

三、招聘渠道效果数据分析

能在最短的时间内，以最低的成本，招到符合条件的人员，就说明该招聘渠道是有效的。通过对招聘渠道的招聘人数和招聘费用进行对比分析，可以使企业找到满足实际需求、具有成本优势和群体针对性的招聘渠道。

招聘渠道效果数据分析涉及的报表主要为招聘渠道效果分析表。具体包括招聘费用、每份简历获取费用、人均招聘费用等维度。

（一）招聘费用

【功能】对指定招聘渠道、指定时间段的招聘费用支出进行统计分析。同时，可以通过指定一个或多个字段值自定义统计分析数据范围，如性别、学历、简历状态、简历来源、职位级别、职位系列等。

【数据来源】益昇 eHR—招聘管理—招聘渠道—招聘费用。

具体参见表 2-20。

表 2-20 招聘渠道—招聘费用表

渠道名称	渠道类型	支付日期	招聘费用（元）
校园招聘会	招聘会	2021-01-07	3800
A 招聘网	招聘网站	2021-01-09	6800
B 招聘网	招聘网站	2021-01-15	4500

【数据解读】通过对招聘渠道费用的统计分析，可以反映出企业选择招聘渠道的倾向性。在互联网时代背景下，网络招聘已经成为众多企业最常用的招聘渠道，企业投入费用也相对比较高。

【统计分析示例】如表 2–21 所示，在某组织所使用的招聘渠道中，网络招聘平台的费用总体较高，主要是由于网络招聘不受地域限制，是大多数求职者的聚集地，能获取的简历数量较多。

猎头推荐的费用仅次于网络招聘平台，主要是由于该企业有高层职位的招聘需求，更适合通过猎头推荐候选人。

校园招聘会和现场招聘会投入的费用最少，主要是由于受到新冠肺炎疫情影响，线下招聘活动较少。

表 2–21 招聘渠道费用分析表

渠道名称	招聘费用（元）
校园招聘会	1800
A 招聘网	8800
B 招聘网	8500
现场招聘会	2000
猎头推荐	12000
合计	33100

（二）每份简历获取费用

【功能】对指定招聘渠道、指定时间段，获取每份简历的费用进行统计分析。

【公式】每份简历获取费用 = 招聘总费用 ÷ 新投递人数

【数据来源】益异 eHR—招聘管理—招聘渠道—招聘费用、益异 eHR—招聘管理—人才库—应聘记录。

【数据解读】每份简历获取费用是指特定时间段内招聘渠道总费用支出

与新投递人数的比值。通过对每份简历获取费用的统计分析，可以反映出每种招聘渠道的成本效用情况，为企业选择最为经济的招聘渠道提供有效的数据支撑。

【统计分析示例】如表 2-22 所示，在某组织所使用的招聘渠道中，校园招聘会渠道的每份简历获取费用最低，主要是由于校园招聘面对的群体是即将毕业的大学生，可以一次性获取很多符合职位要求的简历。

A 招聘网和 B 招聘网都属于网络招聘平台，而 B 招聘网的简历获取费用是 A 招聘网的 3 倍左右，存在明显的差异。对于这种情况，招聘负责人有必要对费用较高的招聘渠道重新进行评估。

表 2-22 每份简历获取费用分析表

渠道名称	每份简历获取费用（元）
校园招聘会	18
A 招聘网	29.3
B 招聘网	85
现场招聘会	100
猎头推荐	1200
合计	1432.3

（三）人均招聘费用

【功能】对指定渠道、指定时间段的人均招聘费用进行统计分析。

【公式】人均招聘费用 = 招聘总费用 ÷ 已入职人数

【数据来源】益昇 eHR—招聘管理—招聘渠道—招聘费用、益昇 eHR—招聘管理—人才库—应聘记录。

【数据解读】人均招聘费用是指特定时间段内招聘渠道总费用支出与已入职人数的比值。与每份简历获取费用相比，该费用更侧重于反映从招聘渠道获取候选人的匹配度和质量。

【统计分析示例】如表 2-23 所示，在某组织所使用的招聘渠道中，A 招聘网的人均招聘费用是最低的，主要是由于该招聘网是面向全国招聘的网络平台，获取的简历数量较多，且简历质量较高。

B 招聘网的人均招聘费用与 A 招聘网相比较高，主要是由于该招聘网是地方的网络招聘平台，由于地域限制，能够获取的简历数量较少。

现场招聘会作为传统的招聘渠道，其人均招聘费用较高，主要是由于通过该渠道获取的有效简历的数量较少。

猎头推荐是该组织众多招聘渠道中人均招聘费用最高的，是由于猎头公司主要针对的是企业高层管理者和核心技术人员，通常按照候选人年薪的 20% 至 30% 收取费用。

表 2-23 人均招聘费用分析表

渠道名称	人均招聘费用（元）
A 招聘网	220
B 招聘网	850
现场招聘会	1000
猎头推荐	12000
合计	14070

四、人力资源管理指标分析

【功能】对指定组织（招聘组织、所属组织）、指定日期所在年度的招聘管理模块人力资源管理指标进行统计分析，包括：年度招聘需求完成率、年度招聘需求到位率、年度招聘面试率、年度面试录用率、年度招聘录用率、年度录用入职率、年度招聘入职率、年度应聘比率、年度招聘总成本效用、简历信息完整度。

【数据来源】益昇 eHR—招聘管理—招聘需求、益昇 eHR—招聘管理—

人才库—应聘记录、益异 eHR—招聘管理—招聘渠道—招聘费用、益异 eHR—招聘管理—人才库。

【公式】

- 年度招聘需求完成率 = 年度录用人数 ÷ 年度招聘需求人数
- 年度招聘需求到位率 = 年度入职人数 ÷ 年度招聘需求人数
- 年度招聘面试率 = 年度参加面试人数 ÷ 年度简历投递人数
- 年度面试录用率 = 年度录用人数 ÷ 年度面试人数
- 年度招聘录用率 = 年度录用人数 ÷ 年度简历投递人数
- 年度录用入职率 = 年度入职人数 ÷ 年度拟录用人数
- 年度招聘入职率 = 年度入职人数 ÷ 年度简历数
- 年度应聘比率 = 年度简历投递人数 ÷ 年度招聘需求人数
- 年度招聘总成本效用 = 年度录用人数 ÷ 年度招聘总成本
- 简历信息完整度 = 所有简历信息完整度的平均值

【数据解读】

- 年度招聘需求完成率、年度需求到位率分别是指年度录用人数、入职人数与招聘需求人数的比率，可以反映出企业的招聘需求完成情况。

- 年度招聘面试率是指年度参加面试人数与简历投递人数的比率，可以反映出应聘人员与职位的初步匹配情况。

- 年度面试录用率是指年度录用人数与面试人数的比率，可以反映出应聘人员的面试通过情况。

- 年度招聘录用率、年度招聘入职率分别是指年度录用人数、入职人数与简历投递人数的比率，可以反映出应聘人员与职位的最终匹配情况。

- 年度录用入职率是指年度入职人数与拟录用人数的比率，可以反映出由于应聘人员个人原因或企业录用条件与应聘人员心理预期的差距造成的人员流失情况。

- 年度应聘比率是指年度简历投递人数与招聘需求人数的比率，可以反映出招聘职位的受众群体范围。

● 年度招聘总成本效用是指年度录用人数与招聘总成本的比率，可以反映企业的人均招聘成本。

● 信息完整度可以反映出应聘人员简历信息填写的情况。简历完整度与招聘面试率有一定关联。

【统计分析示例】人为资源指标分析表（招聘管理）如表 2–24 所示。

表 2–24 人力资源指标分析表（招聘管理）

单位：%

所属组织	年度招聘需求完成率	年度招聘需求到位率	年度招聘面试率	年度面试录用率	年度招聘录用率	年度录用入职率	年度招聘入职率	年度应聘比率	年度招聘总成本效用	简历信息完整度
A	97	97	67	30	89	88	30	45	20	38
B	79	70	89	20	78	88	20	7	10	18
C	50	40	90	30	60	100	30	40	20	61
D	30	30	46	45	56	89	45	26	30	19

五、预测分析

（一）年度应聘人数预测分析

【功能】根据指定组织的历史数据，对未来 5 年的年度应聘人数进行预测分析。

【数据来源】益昇 eHR—招聘管理—人才库。

具体参见图 2–2。

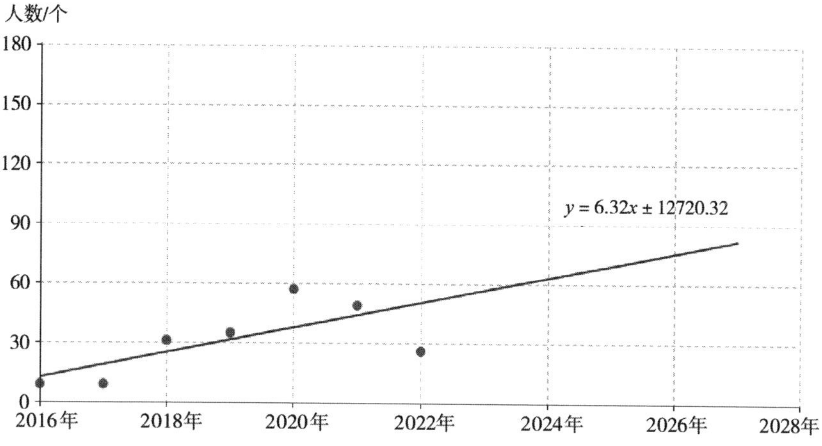

图 2-2 年度应聘人数预测分析示意图

（二）年度招聘费用预测分析

【功能】根据指定组织的历史数据，对未来 5 年的年度招聘费用进行预测分析。

【数据来源】益昇 eHR—招聘管理—招聘需求。

具体参见图 2-3。

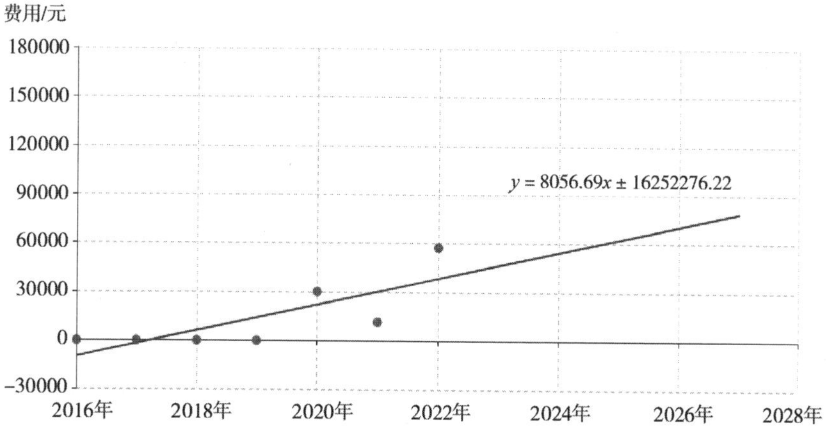

图 2-3 年度招聘费用预测分析示意图

六、数据图表示例

（一）职位需求统计数据图表示例

具体内容参见图 2–4 至图 2–8。

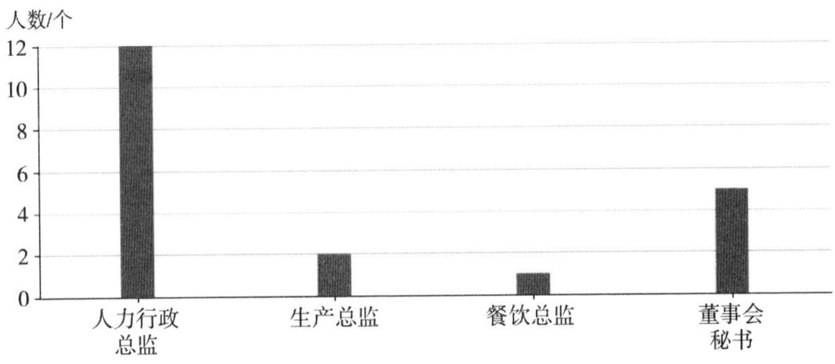

图 2–4　职位名称统计数据示例

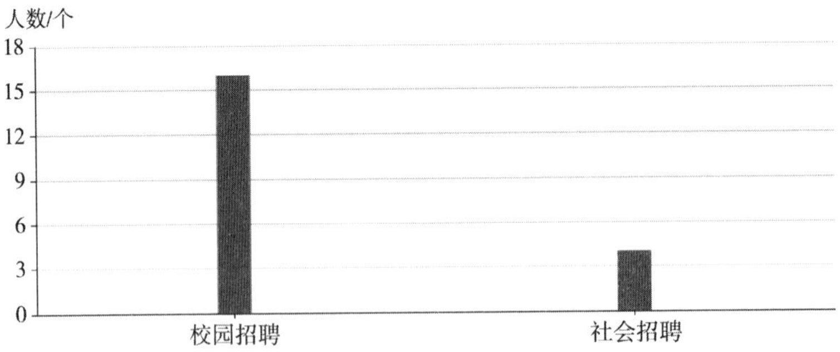

图 2–5　招聘类型统计数据示例

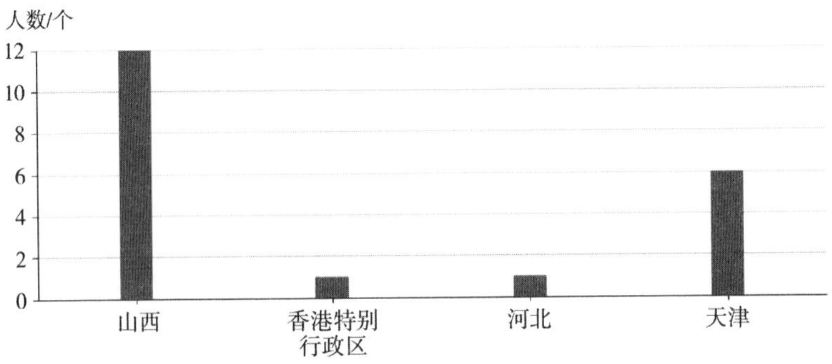

图 2–6　工作地区统计数据示例

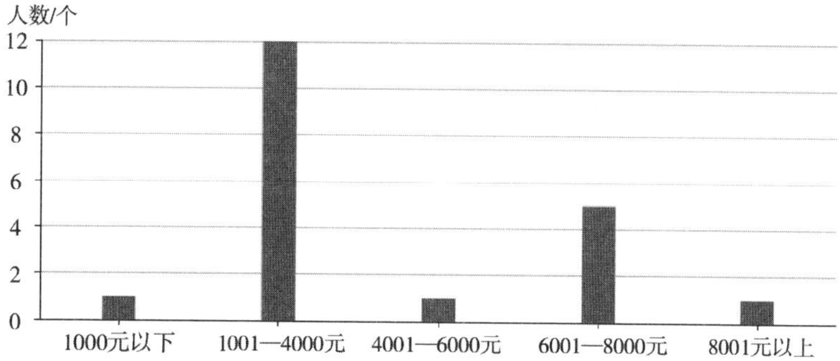

图 2-7 职位月薪统计数据示例

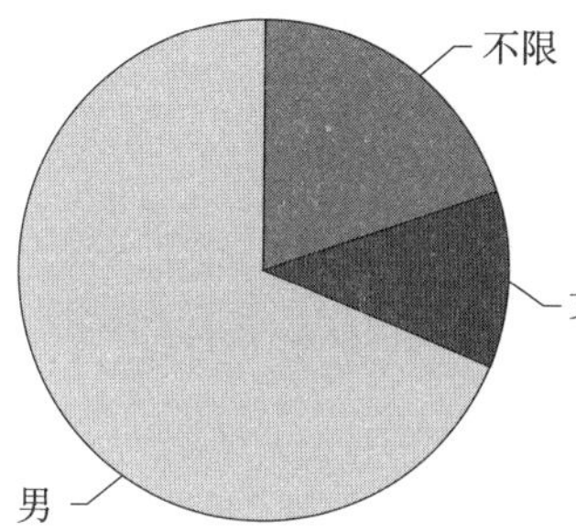

图 2-8 性别需求统计数据示例

（二）职位招聘情况统计数据图表示例

具体内容参见图 2–9 至图 2–17。

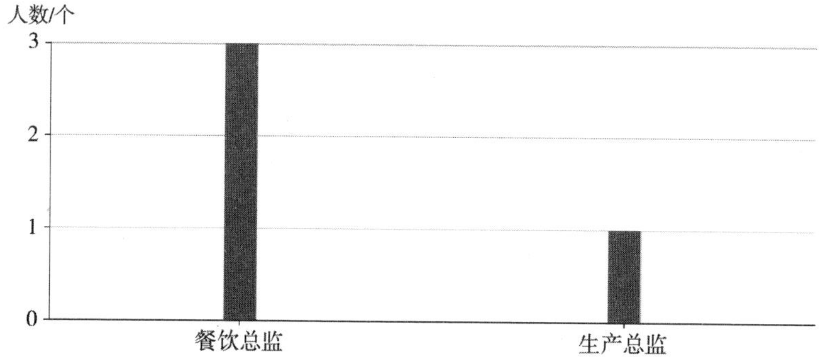

图 2-9 职位名称统计数据示例

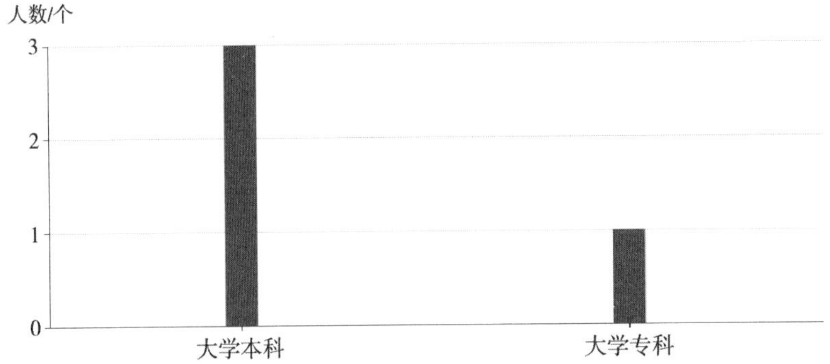

图 2-10　学历统计数据示例

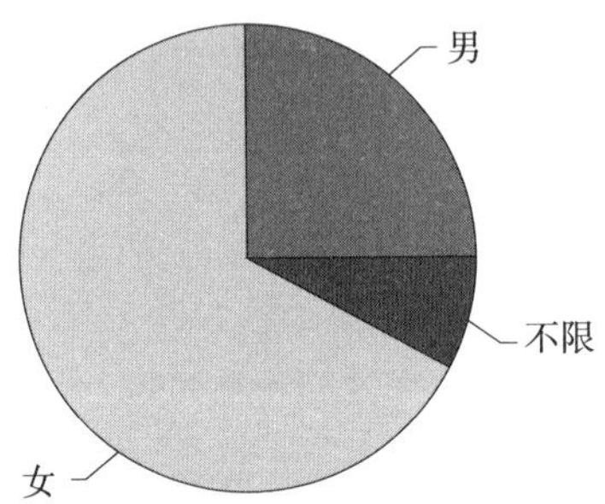

图 2-11　招聘性别要求统计数据示例

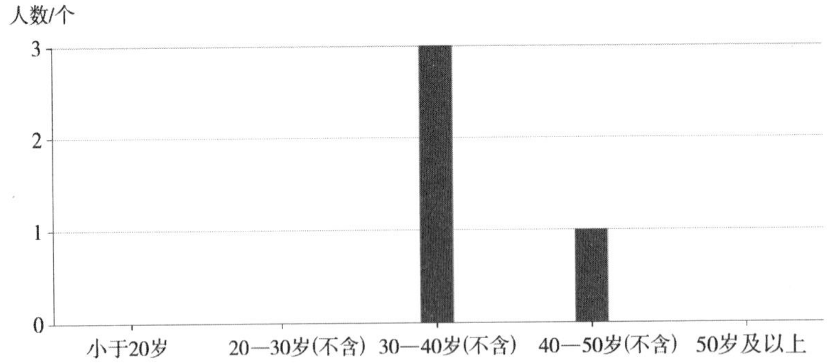

图 2-12　年龄统计数据示例

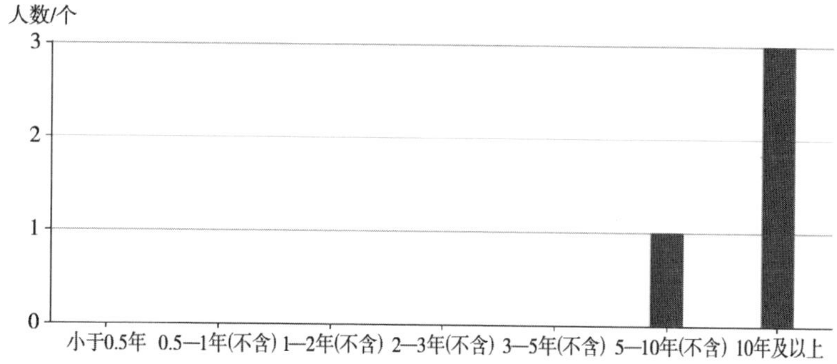

图 2-13 工作年限统计数据示例

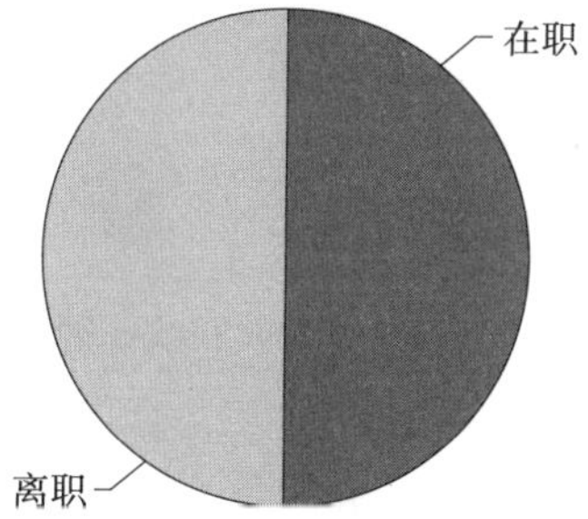

图 2-14 求职状态统计数据示例

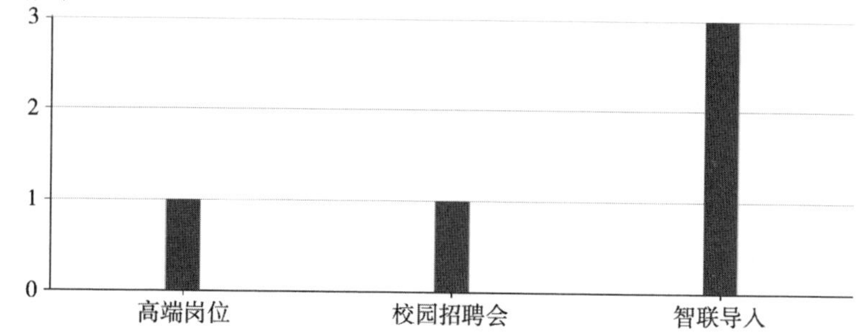

图 2-15 简历来源统计数据示例

图 2-16 年度面试录用统计数据示例

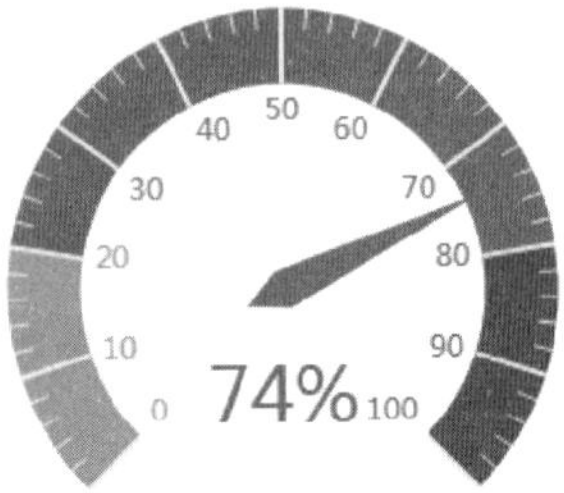

图 2-17 年度录用入职统计数据示例

七、数据看板示例

以某组织为例，6 月的相关数据如下所示，相应的示意图如图 2-18 至图 2-22 所示。

招聘渠道数：10
招聘费用（元）：12000
每份简历获取费用（元）：300
人均招聘费用（元）：2000

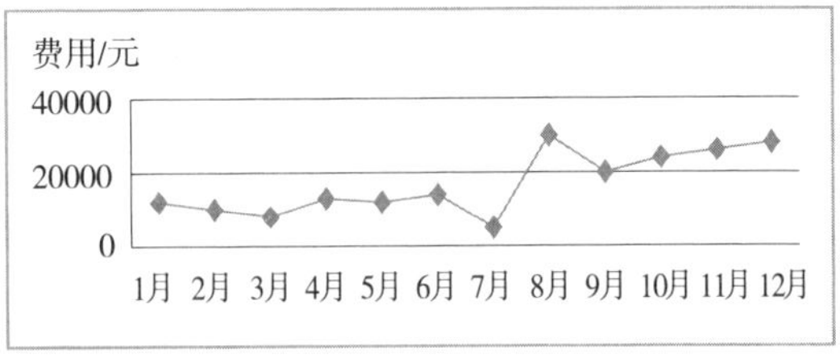

图 2-18 招聘费用月度环比分析示意图

本月需求职位数：10
上月需求职位数：6
年度需求职位数：41
招聘中需求职位数：12

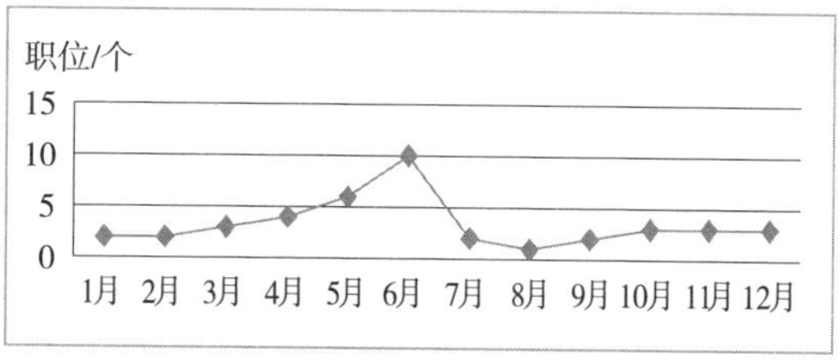

图 2-19 需求职位数月度环比分析示意图

本月需求人数：20
上月需求人数：40
年度需求人数：200
招聘中需求人数：45

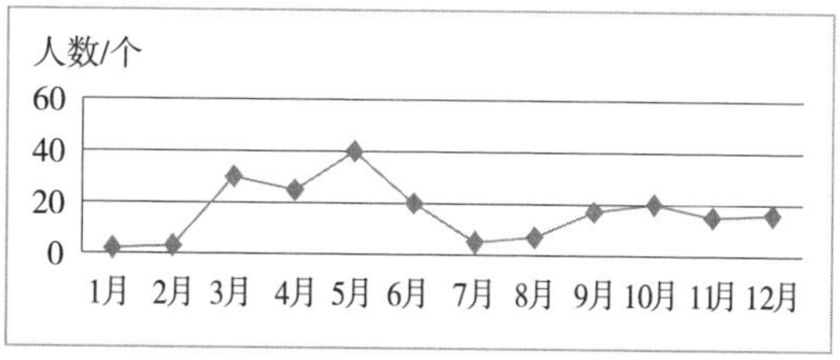

图 2-20 需求人数月度环比分析示意图

本月应聘人数：80
上月应聘人数：60
年度应聘人数：500
全部应聘人数：800
人均招聘天数：5.5

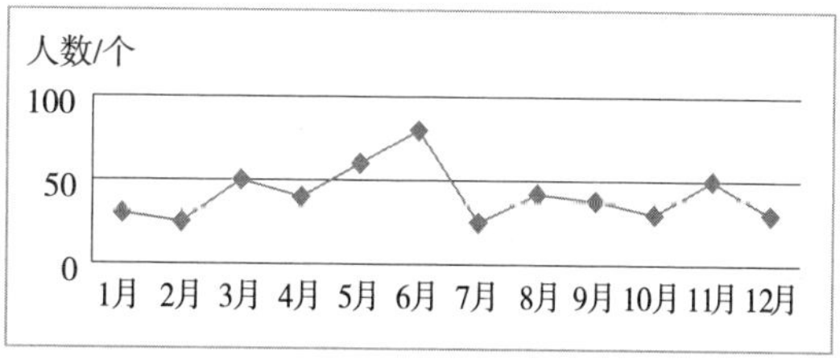

图 2-21 应聘人数月度环比分析示意图

本月已入职人次数：10
本月待入职人次数：12
本月选拔中人次数：86
本月新投递人次数：80
上月已入职人次数：8
上月待入职人次数：9
上月选拔中人次数：68
上月新投递人次数：60
年度已入职人次数：100
年度待入职人次数：120
年度选拔中人次数：869
年度新投递人次数：1322

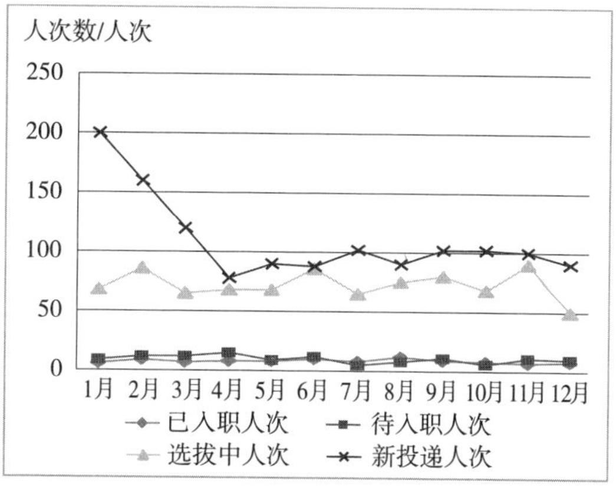

图 2-22 简历状态人次月度环比分析示意图

第三章 | 人事管理

一、在职人员数据分析

在职人员数据分析是指企业在指定时间节点对在职员工的整体情况统计，并根据不同统计维度进行数据的汇总及分析。

利用分析结果，可以优化各个岗位最佳的任职者数据，这样既可以帮助企业从已有的人力资源数据中挖掘经济价值，又能够为企业做好员工管理提供支撑性数据，从而帮助企业降低劳动力成本、提高生产效率和组织绩效。同时，这也是对企业人力资源现状的调查和审核，只有对企业人力资源现状有了充分的了解和有效的运用，人力资源管理的各项工作才更有意义。

在职人员数据分析涉及的报表主要包括：在职人员统计表、在职人员月度环比分析表、在职人员年度环比分析表、纪律处分统计表、内部奖励统计表和知识技能达成汇总表。

（一）在职人员统计表

1. 月初人数、月末人数

【功能】对指定组织、指定时间点所在月份的在职人员月初人数、月末人数进行统计分析。同时，可以通过指定一个或多个字段值自定义统计分析数据范围，如人员类别、职位级别、职位系列、工时制、工作地区等。

【数据来源】益昇 eHR—人事管理—员工履历—任职经历。

具体参见表 3-1。

表 3-1 任职经历表

员工 ID	姓名	组织 ID	所属组织	人员类别	职位 ID
10008904	陈某华	OR1001374	A	正式	PO001306
		OR1000658	B	正式	PO001054
		OR1001374	A	正式	PO000437
		OR1001374	A	正式	PO001164
		OR1001374	A	试用	PO001164

员工 ID	职位编号	职位名称	开始日期	结束日期	变动原因
10008904	T07A01	人力资源经理	2022-09-30	9999-12-31	职位级别调整
	T05B01	人力资源主管	2018-03-01	2022-09-29	部门调动
	T05B01	人力资源主管	2015-12-28	2018-02-28	职位级别调整
	T03B01	行政专员	2015-10-28	2015-12-27	试用期转正
	T03B01	行政专员	2014-02-10	2015-10-27	入职

【数据解读】月初人数是指定时间点所在月份第一天的在职人数，月末人数是指定时间点所在月份最后一天的在职人数。月末人数与月初人数的差异受当月入职与离职、调入与调出人数的影响。如果月初人数与月末人数差异较小，说明该组织当月的人员变动不大，较为稳定；如果月初人数与月末人数差异较大，说明该组织当月的人员变动较大，存在导致员工不稳定的因素。

【统计分析示例】如表 3-2 所示，在 A、B、C 3 个组织中，月初与月末的人数差异分别为 3 人、6 人、5 人，人数的差异都不大。其中，C 组织当月入职人数 185 人，离职人数 180 人，人员流动较大，但总体趋于平稳。

D 组织的月初、月末人数相同，当月入职、离职人数均为 0，主要是由于该组织经营活动稳定、组织结构单一。

表 3-2 在职人员—在职人数分析表

所属组织	在职人数	
	月初人数	月末人数
A	279	276
B	448	454
C	1268	1263
D	41	41
合计	2036	2034

2. 人员类别

【功能】对指定组织、指定时间点所在月份的在职人员的人员类别进行统计分析，包括各人员类别人数及所占的百分比。

【数据来源】益昇 eHR—人事管理—员工履历—任职经历。

【数据解读】人员类别是指企业中按用工形式对人员的划分，一般包括：正式、试用、实习、外派、派遣、其他。

通过对人员类别的统计分析，可以直接反映出企业的用工形式侧重点。不同的用工形式，其人力成本和稳定性也不同。比如，实习员工虽然人力成本比较低，但是稳定性比较差；正式员工虽然人力成本比较高，但稳定性好。员工的人员类别分布没有最佳比例标准，建议企业根据需要，在持续的数据分析中不断调整和优化员工类别分布情况。

【统计分析示例】如表 3-3 所示，在 A、B、C、D 4 个组织中，人员类别分布范围包括正式、试用和返聘，可以反映这些组织的主要用工形式为直接雇用。其中，C 组织人员类别中试用人数为 66 人，主要是由于该组织对新入职员工均进行试用期考核，同时也反映了历史时间段内，企业的入职人数。

表 3-3 在职人员—人员类别分析表

所属组织	不同人员类别对应的人数							
	正式	试用	实习	外派	返聘	派遣	其他	合计
A	275	1	0	0	0	0	0	276
B	437	17	0	0	0	0	0	454
C	1197	66	0	0	0	0	0	1263
D	40	0	0	0	1	0	0	41
合计	1949	84	0	0	1	0	0	2034
百分比	95.82%	4.13%	0	0	0	0	0	100%

3. 专业方向

【功能】对指定组织、指定时间点的在职人员所在职位的专业方向进行统计分析，包括各专业方向人数及所占的百分比。

【数据来源】益昇 eHR—人事管理—员工履历—任职经历。

【数据解读】专业方向是指职位序列表中的职位系列，一般分为几大类：管理类、技术类、市场类和生产类。其中，管理类又细分为经营管理类、人力资源管理类、财务管理类、行政管理类、采购管理类等；技术类又细分为技术研发类、质量管理类等；市场类又细分为商务管理类、市场开拓及销售管理类等；生产类又细分为生产管理类、动力设备保障类、安全监察类、环境监察类、仓储管理类、物流管理类等。

通过对专业方向的统计分析，可以反映出支撑企业业务发展所需的核心专业知识类别。其中，营销型企业以市场类人员居多，研发型企业以技术类人员居多，生产型企业以生产类人员居多。

【统计分析示例】如表 3–4 所示，在 A、B、C 3 个组织中，专业方向均以生产类的人员最多，主要是由于这些组织为生产型企业，绝大部分工作是围绕生产开展，各个组织中均有 80% 以上的人员为生产类岗位。

A、B、C 3 个组织中，专业方向为技术研发类的人数分别为 15 人、24

人、48 人，其中主要是质量和技术相关岗位，负责生产原材料检测、中间品质量监督、成品出库检测、技术研发、质量认证等。

D 组织负责 A、B、C 3 个组织的产品销售工作，故其专业方向为市场销售类的人员最多。

表 3-4 在职人员—专业方向分析表

所属组织	不同专业方向对应的人数							
	经营管理类	财务管理类	人力资源管理类	行政管理类	生产类	技术研发类	市场销售类	合计
A	7	4	5	22	223	15	0	276
B	11	8	8	31	372	24	0	454
C	45	19	21	58	1072	48	0	1263
D	2	2	1	4	0	0	32	41
合计	65	33	35	115	1667	87	32	2034
百分比	3.20%	1.62%	1.72%	5.65%	81.96%	4.28%	1.57%	100%

4. **学历**

【**功能**】对指定组织、指定时间点的在职人员最高学历情况进行统计分析，包括各学历人数及所占的百分比。

【**数据来源**】益昇 eHR—人事管理—员工履历—教育背景。

具体参见表 3-5。

表 3-5 在职人员—教育背景表

员工 ID	姓名	入学日期	毕业日期	毕业学校	所学专业	学习方式	学历	学习证书编号	学制	是否最高学历
10008904	王某旧	2021-09-01	2023-06-01	天津大学	自动化	全日制	硕士研究生	TJDAX830581	2 年	是
10008904	王某旧	2019-09-01	2021-06-01	天津大学	自动化	全日制	大学本科	TJDAX830580	4 年	否
10008904	王某旧	2013-09-01	2019-06-01	天津中学	普教	全日制	高中	无	6 年	否

【数据解读】学历是指国家承认的毕业文凭，一般包括：博士研究生、硕士研究生、大学本科、大学专科、中专、高中、中技、初中及以下。

通过对学历的统计分析，可以反映出企业中员工的受教育程度。学历结构应该与企业的业务性质和岗位工作内容相匹配，并不是高学历人员越多越好。盲目追求高学历，不仅会增加企业的人力成本，也难以充分发挥员工的积极性，最终导致企业劳动生产力和盈利水平下降。

【统计分析示例】如表 3–6 所示，在 A、B、C 3 个组织中，学历为初中及以下的人员最多，主要是由于这些组织均为生产型企业，一线操作人员学历普遍较低。

在 D 组织中，学历为大学本科的人员最多，其次为大学专科，主要是由于该组织为营销型企业，在人员招聘环节设定了最低学历要求。

表 3–6 在职人员—学历分析表

所属组织	不同学历对应的人数								
	博士研究生	硕士研究生	大学本科	大学专科	中专	高中	中技	初中及以下	合计
A	0	1	6	29	17	8	1	214	276
B	0	0	12	28	27	101	5	281	454
C	0	0	23	83	67	119	26	945	1263
D	0	1	15	13	2	2	0	8	41
合计	0	2	56	153	113	230	32	1448	2034
百分比	0	0.10%	2.75%	7.52%	5.56%	11.31%	1.58%	71.19%	100%

5. 在职年限、平均在职年限

（1）在职年限

【功能】对指定组织、指定时间点的员工在企业的服务年限进行统计分析，包括各在职年限阶段人数及所占的百分比。

【数据来源】益异 eHR—人事管理—员工履历。

具体见表 3–7。

表 3-7 员工履历表

员工 ID	姓名	所属组织	职位编号	职位名称	工作地区	参加工作日期	入职日期
10010180	张某力	A	T09C01	财务副总监	天津	2008-03-01	2022-03-15
10010182	王某星	B	T10A02	总经理助理	杭州	2022-03-04	2022-03-04
10010177	宋某贝	C	T10H01	客服总监	天津	2001-03-31	2022-02-25
10010172	王某露	D	T04G01	高级销售专员	天津	2013-02-08	2022-02-24

员工 ID	性别	民族	政治面貌	出生日期	健康状况	婚姻状况	生育状况	户口类型
10010180	男	汉族	群众	1983-10-01	良好	未婚	一胎	农村居民家庭户
10010182	男	汉族	中共预备党员	2002-12-01	良好	未婚	未育	城镇居民家庭户
10010177	女	蒙古族	群众	1995-03-10	良好	已婚	二胎	城镇居民家庭户
10010172	女	汉族	中共党员	1990-02-28	良好	已婚	一胎	城镇居民家庭户

【公式】在职年限 =（分析报表指定时间点 - 入职日期）÷ 365

（2）平均在职年限

【功能】对指定组织、指定时间点的员工的平均在职年限进行统计分析。

【数据来源】益昇 eHR—人事管理—员工履历。

【公式】平均在职年限 = 报表时间点所有员工的在职年限合计 ÷ 月初人数

【数据解读】在职年限阶段一般划分为：0 至 0.5 年（不含）、0.5 至 1 年（不含）、1 至 2 年（不含）、2 至 3 年（不含）、3 至 5 年（不含）、5 至 10 年（不含）、10 年及以上。

通常，在职年限越长，代表员工忠诚度越高、经验越丰富。平均在职年限越长，表明企业员工的整体稳定性越好。

【统计分析示例】如表 3-8 所示，在 A 组织中，在职年限为 5 至 10 年的人员最多，主要是由于该组织经营年限长，且员工忠诚度较高。

在 B 组织中，在职年限为 0 至 0.5 年的人员最多，主要是由于该组织正处于快速发展阶段，人员缺口大，新员工较多。

在 C 组织中，在职年限为 1 至 2 年的人员最多，其次是在职年限为 0.5 至 1 年的人员，主要是由于该组织正处于平稳发展阶段。

在 D 组织中，在职年限为 5 至 10 年的人员最多，其次是在职年限为 10 年及以上的人员，是由于该组织是重组的新组织，且主要由 A 组织中忠诚度高、业务能力强的人员组成。

表 3-8 在职人员—在职年限分析表

所属组织	不同在职年限对应的人数								平均在职年限
	0 至 0.5 年（不含）	0.5 至 1 年（不含）	1 至 2 年（不含）	2 至 3 年（不含）	3 至 5 年（不含）	5 至 10 年（不含）	10 年及以上	合计	
A	3	11	31	32	19	126	54	276	7.12
B	113	64	79	47	64	56	31	454	2.91
C	155	328	349	194	107	125	5	1263	1.93
D	0	2	2	0	3	20	14	41	9.74
合计	271	405	461	273	193	327	104	2034	—
百分比	13.32%	19.91%	22.66%	13.42%	9.49%	16.08%	5.11%	100%	—

6. **年龄、平均年龄**

（1）年龄

【功能】对指定组织、指定时间点的在职人员的年龄进行统计分析，包括各年龄阶段人数及所占的百分比。

【数据来源】益异 eHR—人事管理—员工履历。

（2）平均年龄

【功能】对指定组织、指定时间点的在职人员年龄的平均值进行统计分析。

【数据来源】益异 eHR—人事管理—员工履历。

【公式】平均年龄 = 报表时间点所有在职人员年龄合计 ÷ 月初人数

【数据解读】年龄阶段一般划分为：16—20 岁（不含）、20—30 岁（不含）、30—40 岁（不含）、40—50（不含）、50 岁及以上。

通过对年龄的统计分析，可以反映出企业员工是年轻化，还是老龄化。将年龄结构与其他相关分析维度结合起来，如专业方向分布、职位级别分布等，可以判断企业潜在的创造性，企业人员吸收新知识、新技术的能力，以及企业人员的体能负荷等。

企业员工理想的年龄结构通常应呈现金字塔形。即顶部人数（50 岁及以上的年长员工）最少，中部人数（30 至 50 岁的中年员工）次多，而底部人数（30 岁以下的年轻人员）最多。

一般情况下，平均年龄与人员吸收新知识、新技术的能力成反比。平均年龄越小，员工的知识更新速度越快，接受新知识的能力越强。

判断年龄结构的优劣不能只通过数字，还要结合具体的场景。人们普遍认为员工老龄化的企业思维方式固化，员工年轻化的企业有活力。

【统计分析示例】如表 3-9 所示，在 A 组织中，年龄为 50 岁及以上的人员最多，是由于该组织经营年限较长，以老员工为主。

在 B、C 两个组织中，年龄为 40 至 50 岁（不含）的人员最多，是由于这两个组织为生产型企业，以实操经验丰富的技术工人为主。

在 D 组织中，年龄为 30 至 40 岁（不含）的人员最多，主要是由于该组织为市场营销型企业，业务人员出差频次高，企业对员工的产品专业知识要求高，倾向于招聘学习能力、适应能力更强的年轻员工。

表 3-9 在职人员—年龄、平均年龄分析表

所属组织	不同年龄对应的人数						平均年龄
	16—20 岁（不含）	20—30 岁（不含）	30—40 岁（不含）	40—50 岁（不含）	50 岁及以上	合计	
A	0	23	62	74	117	276	45.15
B	0	53	68	204	129	454	44.23
C	8	241	334	408	272	1263	40.44

续表

所属组织	不同年龄对应的人数						平均年龄
	16—20 岁（不含）	20—30 岁（不含）	30—40 岁（不含）	40—50 岁（不含）	50 岁及以上	合计	
D	0	4	22	13	2	41	38.25
合计	8	321	486	699	520	2034	
百分比	0.39%	15.78%	23.89%	34.37%	25.57%	100%	

7. 性别

【功能】对指定组织、指定时间点的在职人员的性别进行统计分析，包括各性别人数及所占的百分比。

【数据来源】益昇 eHR—人事管理—员工履历。

【数据解读】每个企业的员工性别占比最优原则不同，在以体力劳动为主的企业中，男性的占比通常会更高；在服务型的企业中，女性的占比通常会更高。

【统计分析示例】如表 3-10 所示，在 A、B、C 3 个组织中，女员工较多，主要是由于这些组织为纺织企业，企业招聘倾向于手工操作能力更有优势的女性员工。

在 D 组织中，男女员工比例相当，主要是由于该组织为市场营销型企业，对岗位人员的性别没有要求。

表 3-10 在职人员—性别分析表

所属组织	不同性别对应的人数		
	男	女	合计
A	50	226	276
B	75	379	454
C	363	900	1263
D	21	20	41
合计	509	1525	2034
百分比	25.02%	74.98%	100%

8. **职位级别**

【功能】对指定组织、指定时间点的在职人员所在的职位级别进行统计分析，包括各职位级别人数及所占的百分比。

【数据来源】益昇 eHR—人事管理—员工履历—任职经历。

【数据解读】不同的职位级别分别归属于不同的职位级别段，一般包括：基层、中层、高层。

通过对职位级别的统计分析，可以反映企业不同专业能力、管理能力的人员分布状况。绝大多数企业的基层职位级别段人数占比大于中层职位级别段人数占比，中层职位级别段人数占比大于高层职位级别段人数占比。

【统计分析示例】如表 3-11 所示，某集团公司下设 A、B、C、D 4 个组织，共 10 个职位级别，其中 T01 至 T06 为基层职位级别段，包括：实习生、文员、专员、高级专员、主管、高级主管等；T07 至 T08 为中层职位级别段，包括副经理、经理等；T09 至 T10 为高层职位级别段，包括分（子）公司总经理、集团总经理等。

其中，人数占比最大的职位级别为 T03，该职位级别为基层职位级别段中的中坚力量，占总人数的 46.51%。

表 3-11　在职人员—职位级别分析表

所属组织	不同职位级别对应的人数										
	T01	T02	T03	T04	T05	T06	T07	T08	T09	T10	合计
A	9	88	83	45	18	7	10	11	5	0	276
B	7	53	273	59	25	8	14	11	4	0	454
C	13	320	583	241	43	12	29	18	3	1	1263
D	1	0	7	11	11	3	2	3	3	0	41
合计	30	461	946	356	97	30	55	43	15	1	2034
百分比	1.47%	22.66%	46.51%	17.50%	4.77%	1.47%	2.70%	2.11%	0.74%	0.05%	100%

9. **工时制**

【功能】对指定组织、指定时间点的在职人员的工时制进行统计分析，包括各工时制人数及所占的百分比。

【数据来源】益昇 eHR—人事管理—员工履历—工时制。

具体如表 3-12 所示。

表 3-12 在职人员—工时制表

员工 ID	姓名	开始日期	结束日期	工时制	考勤结算周期
10005814	胡某姣	2017-01-01	2019-02-28	不定时工时制	季度
10000281	张某六	2019-03-01	2022-02-28	标准工时制	月度
10000984	胡某茶	2022-03-03	9999-12-31	综合工时制	月度

【数据解读】我国劳动法规定的常用工时制有三种，即标准工时制、综合计算工时制和不定时工时制。

根据《国务院关于职工工作时间的规定》，我国实行的是每日工作 8 小时、每周工作 40 小时的标准工时制。

综合计算工时制是指以周、月、季、年等为周期，综合计算工作时间的工时制度，但其在同一周期内的平均工作时间应与法定标准工作时间基本相同，通常简称“综合工时制”。

不定时工时制是指因生产特点、工作特殊需要机动作业而采取不确定工作时间的一种工时制度。

通过对工时制的统计分析，可以反映企业的行业特性及职位的分布情况。当前大多数行业采用的都是标准工时制，部分特殊行业采用综合工时制或不定时工作制。例如，交通、铁路、邮电、水运、航空、渔业等行业因工作性质特殊需连续作业的员工，地质资源勘探、建筑、制盐、制糖、旅游等受季节和自然条件限制行业的员工，通常采用综合工时制；长途运输人员、出租汽车司机和铁路、港口、仓库的部分装卸人员，需机动作业，通常采用不定时工时制。

同一企业不同岗位也会采取不同的工时制，比如，经营管理类岗位多采用不定时工时制，技术研发类岗位多采用综合工时制，行政管理类岗位多采用标准工时制。

【统计分析示例】如表 3-13 所示，在 A、B、C 3 个组织中，综合工时制的人数分别占各组织总人数的 67.39%、88.99%、93.67%，占比很大，主要是由于这些企业主营业务为海上巡检，除后勤部门及部分管理人员外，均为海上作业人员，工作一个月、休息一个月，是较为典型的综合工时制。

D 组织中绝大多数人员为标准工时制，主要是由于该组织为 A、B、C 3 个组织的集团公司，负责各职能的管理。

表 3-13 在职人员—工时制分析表

所属组织	不同工时制对应的人数			
	标准工时制	综合工时制	不定时工时制	合计
A	43	186	47	276
B	21	404	29	454
C	22	1183	58	1263
D	40	1	0	41
合计	126	1774	134	2034
百分比	6.19%	87.22%	6.59%	100%

10. 工作地区

【功能】对指定组织、指定时间点，在职人员所在的工作地区进行统计分析，包括各工作地区人数及所占的百分比。

【数据来源】益异 eHR—人事管理—员工履历。

【数据解读】工作地区是指劳动者所在岗位的具体地理位置，通常也是劳动合同履行地。它是确定劳动仲裁案件管辖地的依据。通过对工作地区的统计分析，可以反映企业的经营地点分布范围。

【统计分析示例】以表 3–14 为例，某集团公司为生产、销售、研发型企业，其中，企业总部（C 组织）位于内蒙古，生产基地分布于天津（A 组织）、河南（B 组织）及内蒙古（C 组织），D 组织负责销售及研发，工作人员主要集中在天津。

表 3–14 在职人员—工作地区分析表

所属组织	不同工作地区对应的人数			
	天津	内蒙古	河南	合计
A	276	0	0	276
B	4	0	450	454
C	0	1263	0	1263
D	40	1	0	41
合计	320	1264	450	2034
百分比	15.73%	62.14%	22.12%	100%

11. 国籍

【功能】对指定组织、指定时间点的在职人员的国籍进行统计分析，包括各国籍人数及所占的百分比。

【数据来源】益昇 eHR—人事管理—员工履历。

【数据解读】国籍是指一个人属于某一个国家公民的法律资格，表明一个人同一个特定国家间固定的法律联系，是国家行使属人管辖权和外交保护权的法律依据。

通过对国籍的统计分析，可以反映出企业的资本组成和主营业务地区范围。通常来说，外资企业外国籍人员占比会高于内资企业；主营业务地区涉及国外的企业，外国籍人员也会占较大的比例。

【统计分析示例】如表 3–15 所示，在 A、B、C 3 个组织中，员工国籍均为中国，主要是由于这些组织为内资生产型企业，都是本地员工。

在 D 组织中，外国籍员工有 3 人，主要是由于该组织为市场营销型企业，业务地区涉及南美洲及欧洲部分国家，外国籍员工在对当地市场动态、人文风情的了解上更有优势。

表 3-15 在职人员—国籍分析表

所属组织	不同国籍对应的人数		
	中国籍	外国籍	合计
A	276	0	276
B	454	0	454
C	1263	0	1263
D	38	3	41
合计	2031	3	2034
百分比	99.85%	0.15%	100%

12. **婚姻状况**

【**功能**】对指定组织、指定时间点的在职人员的婚姻状况进行统计分析，包括各婚姻状况人数及所占的百分比。

【**数据来源**】益异 eHR—人事管理—员工履历。

【**数据解读**】婚姻状况一般包括：未婚、已婚、离异、丧偶。

通过对婚姻状况的统计分析，同时结合年龄分布、生育状况分布，可以预见企业在一定时间范围内的员工稳定程度。对于适婚年龄内的未婚、离异员工，企业需要考虑其是否会因为结婚导致离职；对于已婚未育员工，企业需要考虑其是否会出于孕期、产期、哺乳期等原因，导致工作安排的调整和临时人员的补充。

【**统计分析示例**】如表 3-16 所示，在 A、B、D 3 个组织中，婚姻状况为已婚的人员最多，主要是由于这些组织年龄结构分布中，40 岁以上的员工占多数。

在 C 组织中，婚姻状况为未婚的人员最多，其次是婚姻状况为已婚的人员，主要是由于该组织在年龄结构分布中，20 至 30 岁的员工占多数。

表 3-16 在职人员—婚姻状况分析表

所属组织	不同婚姻状况对应的人数				
	未婚	已婚	离异	丧偶	合计
A	89	186	1	0	276
B	134	311	3	6	454
C	698	515	34	16	1263
D	12	29	0	0	41
合计	933	1041	38	22	2034
百分比	45.87%	51.18%	1.87%	1.08%	100%

13. 生育状况

【功能】对指定组织、指定时间点的在职人员的生育状况进行统计分析，包括各生育状况人数及所占的百分比。

【数据来源】益异 eHR—人事管理—员工履历。

【数据解读】生育状况一般包括：未育、一胎、二胎、多胎。

生育状况的统计结果通常与年龄结构、婚姻状况的统计结果有强相关性。随着国家生育政策的不断调整，生育状况为二胎、多胎的员工也会越来越多。

【统计分析示例】如表 3-17 所示，在 A、B、D 3 个组织中，生育状况为一胎和二胎的人员最多，主要是由于这些组织在年龄结构分布中，40 岁以上的员工占多数，婚姻状况分布中，已婚的员工占多数。

表 3-17 在职人员—生育状况分析表

所属组织	不同生育状况对应的人数				
	未育	一胎	二胎	多胎	合计
A	16	140	119	0	275
B	48	163	243	0	454
C	570	462	229	0	1261
D	9	20	12	0	41
合计	643	785	603	0	2031
百分比	31.66%	38.65%	29.69%	0	100%

14. 健康状况

【功能】对指定组织、指定时间点的在职人员的健康状况进行统计分析，包括各种健康状况人数及所占的百分比。

【数据来源】益昇 eHR—人事管理—员工履历。

【数据解读】健康状况一般包括：良好、一般、有残疾。

通过对健康状况的统计分析，可以对员工进行健康检查和人文关怀。

【统计分析示例】以表 3-18 为例，在 A 组织中，健康状况为有残疾的人数占比远高于其他组织，主要是由于该组织为福利型企业。

表 3-18 在职人员—健康状况分析表

所属组织	不同健康状况对应的人数			
	良好	一般	有残疾	合计
A	20	2	80	102
B	453	1	0	454
C	1180	82	1	1263
D	41	0	0	41
合计	1694	85	81	1860
百分比	91.08%	4.57%	4.35%	100%

15. 职称等级

【功能】对指定组织、指定时间点的在职人员的职称取得情况进行统计分析，包括各种职称等级人数及所占的百分比。

【数据来源】益昇 eHR—人事管理—员工履历—职称。

具体如表 3-19 所示。

表 3-19 员工履历—职称表

员工 ID	姓名	职称名称	职称等级	获得日期
10005813	胡某天	医药管理工程师	中级	2015-07-23
10000282	王某丽	助理工程师	助理级	2009-11-01

【数据解读】职称等级是指专业技术人员的专业技术水平、能力，以及成就的等级称号。一般包括：员级、助理级、中级、副高级、正高级。

通过对职称等级的统计分析，可以从其中一个方面反映出企业内部专业技术团队的整体专业水平。在央企、国企中，职称等级通常会影响员工的晋升和调薪等，是人才培养、梯队建设的重要评价指标。在民营企业中，考取职称等级的员工通常较少。

【统计分析示例】如表 3-20 所示，在 A、B、C、D 4 个组织中，各职称等级几乎都有涉及，主要是由于这些组织均为技术研发企业，员工的职称取得情况是技术项目申报中一项重要的评价指标。

表 3-20 在职人员—职称等级分析表

所属组织	不同职称等级对应的人数					
	员级	助理级	中级	副高级	正高级	合计
A	35	25	10	2	3	75
B	0	18	21	6	2	47
C	0	31	15	7	8	61
D	0	8	3	1	0	12
合计	35	82	49	16	13	195
百分比	17.95%	42.05%	25.13%	8.20%	6.67%	100%

16. 政治面貌

【功能】对指定组织、指定时间点的在职人员的政治面貌进行统计分析，包括各种政治面貌人数及所占的百分比。

【数据来源】益昇 eHR—人事管理—员工履历。

【数据解读】政治面貌表明了一个人在政治上的归属，可以反映个人的思想倾向、政治立场和政治观点。一般包括：中共党员、中共预备党员、共青团员、群众、其他。

【统计分析示例】如表 3-21 所示，在 A、B、C、D 4 个组织中，各种政治面貌的员工几乎都有涉及，这些企业都成立了党支部，在发展入党积极分子等方面做了很多工作，中共党员的占比也在逐年攀升。

表 3-21 在职人员—政治面貌分析表

所属组织	不同政治面貌对应的人数					
	中共党员	中共预备党员	共青团员	群众	其他	合计
A	12	1	1	261	1	276
B	19	1	3	431	0	454
C	9	1	15	1238	0	1263
D	12	0	0	29	0	41
合计	52	3	19	1959	1	2034
百分比	2.56%	0.15%	0.93%	96.31%	0.05%	100%

17. 户口类型

【功能】对指定组织、指定时间点的在职人员的户口类型进行统计分析，包括各户口类型人数及所占的百分比。

【数据来源】益昇 eHR—人事管理—员工履历。

【数据解读】户口类型一般包括：农村居民家庭户、城镇居民家庭户、农村居民集体户、城镇居民集体户。

【统计分析示例】以表 3-22 为例，在 A、B、C 3 个组织中，“农村居民家庭户”人员的比例明显高于“城镇居民家庭户”，主要是由于这些组织均为生产型企业，经营地点周围为村庄，距离城镇及市区较远，招聘的员工多为当地村民。

表 3-22 在职人员—户口类型分析表

所属组织	不同户口类型对应的人数				
	农村居民家庭户	城镇居民家庭户	农村居民集体户	城镇居民集体户	合计
A	249	26	0	0	275
B	408	45	0	1	454
C	1050	200	7	3	1260
D	12	29	0	0	41
合计	1719	300	7	4	2030
百分比	84.68%	14.78%	0.34%	0.20%	100%

（二）在职人员月度环比分析表

【功能】对指定组织、指定时间段内，开始日期所属年月至结束日期所属年月的各月份在职人员人数进行环比分析。同时，可以通过指定一个或多个字段值自定义统计分析数据范围，如人员类别、职位级别、职位系列、工时制、工作地区等。

【数据来源】益昇 eHR—人事管理—员工履历—任职经历。

【数据解读】在职人员月度环比分析，突出数据的短期趋势，受周期性行业因素或短期环境因素影响导致的波动较大，对比指定时间段内各月份月末的在职人数，能直观地反映出企业的行业特征及企业当前可能面临的问题。

【统计分析示例】如表 3-23 所示，A、B、C 3 个组织的全年各月在职人数差异较小，总体人员流动不大。

D 组织上半年度人员流动趋于平稳，从下半年开始，人数逐月减少，主要是由于市场竞争激烈，竞品过多，导致产量需求降低，从而带来人员持续减少。

表 3-23 在职人员月度环比分析表

所属组织	全年各月在职人数								
	1 月	2 月	3 月	4 月	…	9 月	10 月	11 月	12 月
A	1099	1149	1175	1207	…	1160	1140	1126	1126
B	429	429	441	438	…	432	432	423	419
C	40	39	39	40	…	41	41	41	41
D	273	281	279	278	…	264	195	173	172
合计	1841	1898	1934	1963	…	1897	1808	1763	1758

（三）在职人员年度环比分析表

【功能】对指定组织、指定时间段内，开始日期所属年至结束日期所属年的在职员工人数进行环比分析。年度人数一般取最后一个月的人数。同时，可以通过指定一个或多个字段值自定义统计分析数据范围，如人员类别、职位级别、职位系列、工时制、工作地区等。

【数据来源】益昇 eHR—人事管理—员工履历—任职经历。

【数据解读】在职人员年度环比分析，侧重于反映长期的大趋势，可以排除周期性行业因素或短期环境因素影响导致的波动，对比每个年度最后一个月的在职人数，更能直观地反映出企业历年的发展状况。

【统计分析示例】以表 3-24 为例，A 组织 2019 年至 2022 年的在职人数稳步上升，是比较典型的保守发展企业。

B 组织 2019 年至 2022 年的在职人数逐步下降，主要是由于生产工艺的不断改进，机械化程度逐年提升导致的人员缩编。

表 3-24 在职人员年度环比分析表

所属组织	年度在职人数			
	2019 年	2020 年	2021 年	2022 年
A	1072	1099	1130	1126
B	489	440	432	419
C	40	41	41	41
D	291	275	191	172
合计	1892	1855	1794	1758

（四）纪律处分统计表

【功能】对指定组织、指定时间点的在职人员的纪律处分情况进行统计分析。同时，可以通过指定一个或多个字段值自定义统计分析数据范围，如人员类别、职位级别、职位系列等。

【数据来源】益昇 eHR—人事管理—员工履历—纪律处分。

具体参见表 3-25。

表 3-25 员工履历—记录处分表

员工 ID	姓名	日期	处分类型	行为描述	处罚金额	处分依据
10008912	章某生	2022-04-01	警告	厂区内吸烟	50 元	厂区禁烟条例
10000548	李某志	2020-04-08	严重警告	醉酒上岗	100 元	厂区安全工作条例

【数据解读】纪律处分类型一般包括：警告、严重警告、记过、辞退。

纪律处分是有效规范员工行为的一种管理方式。纪律处分条目的制定和公示是企业行使纪律处分权力的前提条件。企业在不违背国家劳动法规的原则下制定“内部法规”，对于避免员工为企业带来重大损失和规避劳动纠纷都是非常重要的。

【统计分析示例】具体如表 3–26 所示。

表 3–26　在职人员—记录处分分析表

所属组织	警告	严重警告	记过	辞退	合计
A	1	1	0	0	2
B	0	0	0	0	0
C	0	0	0	0	0
D	0	0	0	1	1
合计	1	1	0	1	3

（五）内部奖励统计表

【功能】对指定组织、指定时间点的在职人员的内部奖励情况进行统计分析。同时，可以通过指定一个或多个字段值自定义统计分析数据范围，如人员类别、职位级别、职位系列等。

【数据来源】益昇 eHR—人事管理—员工履历—内部奖励。

具体如表 3–27 所示。

表 3–27　员工履历—内部奖励表

员工 ID	姓名	日期	奖励类型	备注
10001512	高某白	2019–02–05	优秀个人奖	2018 年度优秀个人
10001548	赵某吉	2019–02–05	总经理表彰奖	突出贡献

【数据解读】内部奖励类型取决于企业的相关管理制度，越来越多的企业开始重视这种从精神层面给予员工的奖励。具体的奖励类型和名称可由各企业自行规定。

【统计分析示例】具体如表 3–28 所示。

表 3-28 在职人员—内部奖励分析表

单位：人

所属组织	公司奖	总经理表彰奖	优秀个人奖	优秀集体奖	合计
A	0	0	0	42	42
B	0	0	9	0	9
C	2	3	1	1	7
D	7	3	5	1	16
合计	9	6	15	44	74

（六）知识技能达成汇总表

【功能】对指定人员、指定时间点的所在职位要求的任职资格知识技能达成情况进行汇总分析。同时，可以通过指定一个或多个字段值自定义统计分析数据范围，如人员类别、职位级别、职位系列等。

【数据来源】益昇 eHR—人事管理—员工履历—知识技能、职业资格。

具体参见表 3-29。

表 3-29 员工履历—知识技能、职业资格表

员工 ID	姓名	考核日期	知识技能认证编号	知识技能	知识技能等级认证	认证类型
10001513	谢某印	2022-03-31	RZ00001	office 办公软件	office 办公软件三级	内部认证
10001550	雷某铁	2022-03-02	RZ00008	财务管理体系	财务管理体系二级	内部认证
10003147	张某棠	2021-08-24	RZ00009	Java 编码	Java 编码一级	内部认证

员工 ID	测评工具编号	测评工具名称	试卷名称	试卷类型	考核分数	是否合格
10001513	FA000058	知识技能测试	office 办公软件技能测试	知识技能测试	99	是
10001550	FA000056	知识技能测试	财务管理体系测试	知识技能测试	89	是
10003147	FA000049	知识技能测试	Java 编码测试	知识技能测试	99	是

【数据解读】知识技能达成汇总表展现了员工所在职位要求的各项知识技能的考核合格日期，以及所在职位没有要求但考核合格的知识技能的考核日期。

达成率是指考核合格的知识技能数与职位要求的知识技能数的占比，通过达成率的分析，可以体现员工所具备的知识技能水平。

【统计分析示例】具体如表 3-30 所示。

表 3-30 知识技能达成汇总表

员工 ID	姓名	所属组织	职位编号	职位名称	达成率	RZ00002-office 办公软件二级	RZ00003-office 办公软件三级	RZ00005-商务英语二级	RZ00006-商务英语三级
10010184	胡某某	A	T08H01	高级客服经理	100%		2022-04-06		
10010181	张某念	B	T10B01	人力行政总监	80%	2014-05-18		2014-05-18	
10010180	张某木	A	T09C01	财务副总监	90%		2015-12-28	2016-09-17	
10010182	张某月	C	T10A02	总经理助理	75%				2021-10-29

二、入职、离职人员数据分析

入职、离职人员数据分析是指企业在指定时间段内对入职和离职员工的整体情况进行统计，并根据不同统计维度进行数据的汇总及分析。

入职、离职人员数据分析涉及的报表主要包括：入职人员统计表、入职人员环比分析表、离职人员统计表、离职人员月度环比分析表。

（一）入职人员统计表

1. 入职人数

【功能】对指定组织、指定开始日期至结束日期时间段内的入职人员数量进行统计分析。同时，可以通过指定一个或多个字段值自定义统计分析数据范围，如人员类别、年龄、学历、职位级别、职位系列等。

【数据来源】益昇 eHR—人事管理—员工履历—任职经历。

【数据分析】企业入职人数的增加，通常是由于业务扩大而带来的人员扩充，或者员工离职、企业进行策略性的人员淘汰而带来的人员补充。

通过对入职人数的统计分析，可以反映企业在某个特定时间段内的人员流入情况。

【统计分析示例】具体如表 3–31 所示。

表 3–31 入职人数分析表

所属组织	入职人数
A	3
B	17
C	0
D	74
合计	94

2. 人员类别、性别、学历、年龄、职位级别

【功能】对指定组织、指定开始日期至结束日期时间段内，入职人员的人员类别、性别、学历、年龄、职位级别等维度进行统计分析。

【数据来源】益昇 eHR—人事管理—员工履历—任职经历。

【数据解读】这些维度的统计结果与招聘需求直接相关，企业在招聘过程中应该充分考虑企业当前的人员类别、性别、学历、年龄、职位级别分布情况特点，进行必要的平衡。

【统计分析示例】具体见表 3-32。

表 3-32 员工履历—任职经历表

所属组织	入职人数	人员类别						
		正式	试用	实习	外派	返聘	派遣	其他
A	3	2	1	0	0	0	0	0
B	17	1	9	2	3	2	0	0
C	0	0	0	0	0	0	0	0
D	74	15	59	0	0	0	0	0
合计	94	18	69	2	3	2	0	0

所属组织	性别		学历								
	男	女	博士研究生	硕士研究生	大学本科	大学专科	中专	高中	中技	初中及以下	其他
A	1	2	0	0	0	1	0	0	0	2	0
B	8	9	0	0	0	4	3	3	1	6	0
C	0	0	0	0	0	0	0	0	0	0	0
D	40	34	0	0	2	11	8	20	3	30	0
合计	49	45	0	0	2	16	11	23	4	38	0

所属组织	年龄					职位级别					
	16—20 岁（不含）	20—30 岁（不含）	30—40 岁（不含）	40—50 岁（不含）	50 岁及以上	T01	T02	T03	T04	T05	T06
A	0	1	0	2	0	0	1	2	0	0	0
B	0	2	7	7	1	2	0	14	1	0	0
C	0	0	0	0	0	0	0	0	0	0	0
D	1	18	27	24	4	0	20	50	1	2	1
合计	1	21	34	33	5	2	21	66	2	2	1

（二）入职人员月度环比分析表

【功能】对指定组织、指定日期所属年度的各月份入职人员的数量进行环比统计。同时，可以通过指定一个或多个字段值自定义统计分析数据范围，如人员类别、年龄、学历、职位级别、职位系列等。

【数据来源】益异 eHR—人事管理—员工履历—任职经历。

【数据解读】通过入职人员环比分析，可以实现从全年时间跨度对人员流入情况进行整体分析。

【统计分析示例】具体参见表 3–33。

表 3–33　入职人员月度环比分析表

所属组织	全年各月入职人数												合计
	1 月	2 月	3 月	4 月	5 月	6 月	7 月	8 月	9 月	10 月	11 月	12 月	
A	0	7	11	3	4	0	3	3	3	0	0	0	34
B	17	48	49	37	18	1	16	45	41	4	0	0	276
C	0	0	0	0	1	0	0	1	1	0	0	0	3
D	13	85	126	65	56	41	33	30	47	51	17	16	580
合计	30	140	186	105	79	42	52	79	92	55	17	16	893

（三）离职人员统计表

1. 离职人数

【功能】对指定组织、指定开始日期至结束日期时间段内，离职人员数量进行统计分析。同时，可以通过指定一个或多个字段值自定义统计分析数据范围，如人员类别、在职年限、离职类型、人才类型、职位级别、职位系列等。

【数据来源】益异 eHR—人事管理—员工履历—任职经历。

【数据解读】通过对离职人数的统计分析，可以反映企业在某个特定时间段内的人员流失情况。

【统计分析示例】具体参见表 3–34。

表 3–34　离职人数分析表

所属组织	离职人数
A	23
B	13
C	0
D	31
合计	67

2. 人员类别

【功能】对指定组织、指定开始日期至结束日期时间段内，离职人员离职前所属的人员类别进行统计分析。

【数据来源】益昇 eHR—人事管理—员工履历—任职经历。

【数据解读】通过统计分析离职人员的人员类别，可以反映企业在某个特定时间段内不同用工形式人员的流失情况。企业应重点关注试用期离职的员工人数，这往往与招聘选拔工具的科学性、新员工培训体系的完善性、绩效管理的公正性等方面有着直接的关系。

【统计分析示例】以表 3–35 为例，D 组织在某个统计时间段内共离职 31 人。其中，离职前的人员类别均为正式或试用，是由于该企业主要用工形式为直接雇用和劳务派遣；8 人在试用期离职，是由于对工作环境不满意，因此如何改善工作环境也就成为该组织要关注的一项工作。

表 3-35 离职人员—人员类别分析表

所属组织	离职人数	人员类别						
		正式	试用	实习	外派	返聘	派遣	其他
A	23	23	0	0	0	0	0	0
B	13	13	0	0	0	0	0	0
C	0	0	0	0	0	0	0	0
D	31	23	8	0	0	0	0	0
合计	67	59	8	0	0	0	0	0

3. 在职年限

【功能】对指定组织、指定开始日期至结束日期时间段内，离职人员的在职年限进行统计分析。

【数据来源】益昇 eHR—人事管理—员工履历。

【数据解读】企业应重点关注在职年限较长的离职员工人数，这些人员往往对企业的忠诚度较高，工作能力较强，能为企业创造出较多价值，他们的离职原因值得企业深入探究。

【统计分析示例】具体参见表 3-36。

表 3-36 离职人员—在职年限分析表

所属组织	离职人数			在职年限				
		0—0.5 年（不含）	0.5—1 年（不含）	1—2 年（不含）	2—3 年（不含）	3—5 年（不含）	5—10 年（不含）	10 年及以上
A	23	1	2	1	2	0	12	5
B	13	1	1	1	1	3	5	1
C	0	0	0	0	0	0	0	0
D	31	21	0	4	1	4	1	0
合计	67	23	3	6	4	7	18	6

4. 职位级别

【功能】对指定组织、指定开始日期至结束日期时间段内，离职人员所在的职位级别进行统计分析。

【数据来源】益异 eHR—人事管理—员工履历—任职经历。

【数据解读】企业应重点关注高职位级别人员的离职人数，这些人员具有更强的不可替代性，难于快速补充；也要关注离职人数比较多的职位级别，这有可能是由于某些共性原因造成的。

【统计分析示例】具体见表 3-37。

表 3-37 离职人员—职位级别分析表

所属组织	离职人数	职位级别								
		T01	T02	T03	T04	T05	T06	T07	T08	T09
A	23	0	9	11	1	2	0	0	0	0
B	13	0	8	5	0	0	0	0	0	0
C	0	0	0	0	0	0	0	0	0	0
D	31	0	16	12	3	0	0	0	0	0
合计	67	0	33	28	4	2	0	0	0	0

5. 绩效成绩

【功能】对指定组织、指定开始日期至结束日期时间段内，离职人员在职期间的绩效成绩进行统计分析。

【数据来源】益异 eHR—人事管理—员工履历—阶段性绩效。

具体参见表 3-38。

表 3-38 员工履历—阶段性绩效表

员工 ID	姓名	绩效方案	考核年度	考核阶段	考核类型	绩效总分	绩效等级	最终绩效分数	绩效等级	直接考核人	最终考核人
10002341	戴某海	A 方案	2021	第一季度	阶段性绩效	86.25	B+	86.25	B+	张某虎	王某佐

续表

员工 ID	姓名	绩效方案	考核年度	考核阶段	考核类型	绩效总分	绩效等级	最终绩效分数	绩效等级	直接考核人	最终考核人
10002341	戴某海	A方案	2021	第二季度	阶段性绩效	90.87	A-	90.87	A-	张某虎	王某佐
10002341	戴某海	A方案	2021	第三季度	阶段性绩效	95.27	A	93.61	A-	张某虎	王某佐

【数据解读】每家企业的绩效等级定义方式不同，取决于企业的绩效考核相关管理制度。通常情况下将绩效分数划分为不同的分数段，每个分数段对应一个绩效等级，比如 A+、A、A-、B+、B、B-、C+、C、C-。以绩效等级 B+ 作为衡量工作表现的基本线。

企业应重点关注绩效成绩超出基本线的离职人数，这些人员往往是推动企业发展的中坚力量，他们的离开会对企业的经营产生较大的影响。

【统计分析示例】具体参见表 3-39。

表 3-39 离职人员—绩效成绩分析表

所属组织	离职人数	绩效成绩								
		A+	A	A-	B+	B	B-	C+	C	C-
A	23	0	1	0	1	18	2	0	1	0
B	13	0	0	0	3	9	1	0	0	0
C	0	0	0	0	0	0	0	0	0	0
D	31	0	0	0	6	18	4	1	2	0
合计	67	0	1	0	10	45	7	1	3	0

6. 离职原因

【功能】对指定组织、指定开始日期至结束日期时间段内，离职人员的离职原因进行统计分析。

【数据来源】益异 eHR—人事管理—员工履历—任职经历。

【数据解读】主动离职原因一般包括：薪酬与福利待遇、企业效益与行业前景、企业文化与团队精神、晋升与培训、人际关系、工作成就感与工作激励、工作条件、个体特征（健康因素）、个体特征（上学或进修）、个体特征（出国发展）、个体特征（家庭因素）、其他原因。

被动离职原因包括：试用期考核不合格，严重违反企业规章制度，严重失职/营私舞弊，建立多重劳动关系，被依法追究刑事责任，存在欺诈/威胁行为，患病或非因工负伤，医疗期满不能从事工作，不能胜任工作，劳动合同订立时所依据的客观情况发生重大变化，合同期满不续签，依法享受基本养老保险待遇，劳动者死亡，被人民法院宣告死亡或者宣告失踪，用人单位被依法宣告破产，用人单位被吊销营业执照、责令关闭、撤销或者用人单位决定提前解散，法律和行政法规规定的其他情形。

通过对主动离职人员离职原因的统计分析，可以反映出员工对企业在各项人力资源管理机制方面的认可情况，有助于从培训制度、薪酬福利制度、员工的职业发展通道、企业文化、管理者领导力等诸多方面进行有针对性的改善，从而降低员工离职率，实现员工与企业共同发展。

【统计分析示例】具体参见表 3-40。

表 3-40 离职人员—离职原因分析表

所属组织	离职人数	离职原因											
		薪酬与福利待遇	企业效益与行业前景	企业文化与团队精神	晋升与培训	人际关系	工作成就感与工作激励	工作条件	个体（健康因素）	个体（上学或进修）	个体（出国发展）	个体（家庭原因）	其他原因
A	23	4	0	0	10	2	2	2	0	0	0	3	0
B	13	0	0	0	0	0	1	0	1	0	0	5	6
C	0	0	0	0	0	0	0	0	0	0	0	0	0
D	31	3	0	0	0	0	0	21	4	0	0	2	1
合计	67	7	0	0	10	2	3	23	5	0	0	10	7

（四）离职人员月度环比分析表

【功能】对指定组织、指定日期所在年度各月份的离职情况进行环比统计，包括月末人数、离职人数和离职率三个维度，同时，可以通过指定一个或多个字段值自定义统计分析数据范围，如人员类别、在职年限、离职类型、人才类型、职位级别、职位系列等。

【数据来源】益昇 eHR—人事管理—员工履历—任职经历。

【公式】离职率 = 离职人数 ÷ 月末人数

【数据解读】通过离职人员环比分析，可以实现从全年时间跨度对人员流出情况进行整体分析。

【统计分析示例】以表 3-41 为例，A 组织 11 月离职率最高，其次为 12 月，主要是由于该企业当年第三季度进行了设备改造，但改造结果未达到预期效果，导致产能下降、员工绩效工资降低，于是基层操作人员大量离职。

B、D 两个组织的 1 月、2 月离职率最高，是由于这些企业员工大部分为外来务工人员，年初恰逢春节，员工返乡导致的人员流动。

表 3-41 离职人员月度环比分析表

所属组织	1月			2月			…	11月			12月		
	月末人数	离职人数	离职率（%）	月末人数	离职人数	离职率（%）	…	月末人数	离职人数	离职率（%）	月末人数	离职人数	离职率（%）
A	271	2	0.74	273	5	1.83	…	195	65	33.33	173	22	12.72
B	173	24	13.87	438	57	13.01	…	432	4	0.93	432	9	2.08
C	432	0	0	423	1	0.24	…	41	0	0	41	0	0
D	1141	76	6.66	1141	112	9.82	…	1149	37	3.22	1161	30	2.58
合计	2017	102	21.27	2275	175	24.90	…	1817	106	37.48	1807	61	17.38

三、试用期转正人员数据分析

试用期转正人员数据分析是指对企业在指定时间节点、试用期转正员工的情况，在不同统计维度进行数据的汇总及分析。

试用期转正人员数据分析涉及的报表主要包括：试用期转正人员统计表、试用期转正人员月度环比分析表。

（一）试用期转正人员统计表

【功能】对指定组织、指定开始日期至结束日期时间段内，试用期转正人员进行统计分析，包括已转正、未转正两个状态，和职位级别分析维度。同时，可以通过指定一个或多个字段值自定义统计分析数据范围，如职位级别、职位系列等。

【数据来源】益昇 eHR—人事管理—员工履历—任职经历。

【数据解读】试用期是用人单位对劳动者是否胜任工作进行初步考核的期限，同时也是劳动者对用人单位是否符合自己预期进行判断的期限，这是一个双向选择的过程。

通过对试用期转正人员的统计分析，可以反映企业在特定的历史时间段内新入职的人员数量。

【统计分析示例】具体参见表 3-42。

表 3-42 试用期转正人员—职位级别分析表

单位：人

所属组织	人员状态	职位级别									合计
		T01	T02	T03	T04	T05	T06	T07	T08	T09	
A	已转正	0	1	1	0	0	0	0	0	0	2
	未转正	0	1	1	0	0	0	0	0	0	2
B	已转正	0	20	28	1	0	0	0	0	0	49
	未转正	0	2	1	0	0	0	0	0	0	3

续表

所属组织	人员状态	职位级别									合计
		T01	T02	T03	T04	T05	T06	T07	T08	T09	
C	已转正	0	0	0	0	1	0	0	0	0	1
	未转正	0	0	0	2	0	0	0	0	0	2
D	已转正	0	14	41	1	0	1	0	0	0	57
	未转正	0	68	27	1	0	0	0	0	0	96
合计	已转正	0	35	70	2	1	1	0	0	0	109
	未转正	0	71	29	3	0	0	0	0	0	103

（二）试用期转正人员月度环比分析表

【功能】对指定组织、指定日期所属年度内，各月份试用期转正人员进行环比分析。同时，可以通过指定一个或多个字段值自定义统计分析数据范围，如职位级别、职位系列等。

【数据来源】益异 eHR—人事管理—员工履历—任职经历。

【数据解读】通过试用期转正人员月度环比分析表，可以实现从全年时间跨度对试用期转正情况进行整体分析。

【统计分析示例】具体参见表 3–43。

表 3–43 试用期转正人员月度环比分析表

所属组织	全年各月试用期转正人员												合计
	1 月	2 月	3 月	4 月	5 月	6 月	7 月	8 月	9 月	10 月	11 月	12 月	
A	0	0	5	5	3	3	1	0	0	1	0	0	18
B	14	0	23	43	19	12	0	2	17	22	4	1	157
C	0	0	0	0	0	0	0	0	0	0	1	0	1
D	6	3	1	194	50	12	15	6	5	9	16	4	321
合计	20	3	29	242	72	27	16	8	22	32	21	5	497

四、合同、协议数据分析

此处所说的合同、协议是指用人单位与劳动者签订的书面合同、协议，一般包括：劳动合同、返聘协议、实习协议、劳务协议、保密协议、竞业限制协议、培训协议。合同和协议的签订，能够促进企业实现保护劳动者的合法权益和提高人力资源配置效率的双重目标，对于稳定劳动关系、建立员工与企业之间沟通的桥梁，都有重要的作用。

合同、协议数据分析涉及的报表主要包括：合同、协议签订情况统计表与合同、协议到期情况统计表。

（一）合同、协议签订情况统计表

1. 劳动合同

【功能】对指定组织、指定日期时间点，签订劳动合同人员的数量进行统计分析，包括已签订、未签订两个分析维度。同时，可以通过指定一个或多个字段值自定义统计分析数据范围，如人员类别、合同期限类型、合同状态、职位级别、职位系列等。

【数据来源】益昇 eHR—人事管理—员工履历—劳动合同。

具体参见表 3-44。

表 3-44 员工履历—劳动合同表

员工 ID	姓名	劳动合同甲方	劳动合同号	合同状态	合同期限类型	试用期开始日期
10009021	句某河	上海昱鼎分公司	YD9398	续签	3 年	—
10009021	句某河	上海昱鼎分公司	YD9395	初签	2 年	2020-01-01
10010210	张某思	翅片分公司	CP9480	续签	3 年	—
10010210	张某思	翅片分公司	CP9489	初签	1 年	2020-01-01

续表

员工 ID	试用期结束日期	劳动合同开始日期	劳动合同结束日期	劳动合同终止日期	劳动合同解除日期
10009021	—	2022-01-01	2024-12-31	—	—
10009021	2020-01-31	2020-01-01	2021-12-31	—	—
10010210	—	2021-01-01	2023-12-31	—	2023-12-20
10010210	2020-01-31	2020-01-01	2020-12-31	—	—

【数据解读】劳动合同是指劳动者与用人单位明确双方权利义务的书面文件，根据《中华人民共和国劳动合同法》的规定，用人单位自用工之日起即与劳动者建立劳动关系。建立劳动关系，应当订立书面劳动合同。已建立劳动关系，未同时订立书面劳动合同的，应当自用工之日起一个月内订立书面劳动合同。对于劳动合同续签，一般建议将续签工作的准备时间提前到 30 至 60 天。因此一般来说，人员类别为“正式”和“试用”的员工需要签订劳动合同。

在劳动合同签订情况统计中，已签订和未签订的合计人数，即为报表统计时间点，指定组织下所有人员类别为“正式”和“试用”的员工数。其中，“未签订”人数包括没有签订劳动合同的人数和已签订劳动合同但到期未续签的人数。

通过统计分析劳动合同签订情况，可以及时掌握“未签订”人员数量，并开展劳动合同的初签、续签或终止工作，可以有效避免由于劳动合同管理人员的疏忽，导致未与员工签订劳动合同而引发的劳动纠纷。

【统计分析示例】具体参见表 3-45。

表 3-45 劳工合同签订情况分析表

所属组织	劳动合同签订情况对应的人数		
	已签订	未签订	合计
A	141	11	152
B	417	0	417

续表

所属组织	劳动合同签订情况对应的人数		
	已签订	未签订	合计
C	41	0	41
D	1106	20	1126
合计	1705	31	1736

2. 返聘协议

【功能】对指定组织、指定日期时间点，签订返聘协议的人员数量进行统计分析，包括已签订、未签订两个分析维度。同时，可以通过指定一个或多个字段值自定义统计分析数据范围，如人员类别、合同期限类型、合同状态、职位级别、职位系列等。

【数据来源】益昇 eHR—人事管理—员工履历—其他合同。

具体参见表 3-46。

表 3-46 员工履历—其他合同表

员工 ID	姓名	甲方	合同类型	合同号	开始日期	结束日期	费用（元）
10002491	张某生	益昇科技	培训协议	001	2022-04-01	2024-03-31	8000
10002492	林某生	益昇科技	培训协议	001	2021-03-01	2022-02-28	5000
10002493	陈某生	益昇科技	保密协议	aa00002	2019-11-01	2021-12-09	—
10002494	王某生	益昇科技	返聘协议	aa00001	2019-07-01	2021-12-02	—

【数据解读】返聘协议是指已开始享受养老保险待遇的人员再次就业时，用人单位与其签订的书面文件，用以明确聘用期内的工作内容、报酬、医疗、劳保待遇等权利和义务。

根据《中华人民共和国劳动合同法》第四十四条第二项的规定，劳动者开始享受养老保险待遇的（办理退休），劳动合同终止。劳动者退休后被用人单位返聘，双方形成的关系不是劳动关系，不适用《中华人民共和国劳动合同法》。双方的权利、义务由双方协商一致约定。因此，人员类别为“返聘”的员工需要签订返聘协议。

在返聘协议签订情况统计中，“已签订”和“未签订”的合计人数，即为报表统计时间点、指定组织下所有人员类别为“返聘”的员工数。其中，“未签订”人数包括没有签订返聘协议的人数，和已签订返聘协议但到期未续签的人数。

通过对返聘协议签订情况的统计分析，可以及时掌握“未签订”人员数量，并开展返聘协议的签订或终止工作。

【统计分析示例】具体参见表 3–47。

表 3–47 返聘协议签订情况分析表

所属组织	返聘协议签订情况对应的人数		
	已签订	未签订	合计
A	1	0	1
B	0	2	2
C	0	0	0
D	3	0	3
合计	4	2	6

3. 实习协议

【功能】对指定组织、指定日期时间点，签订实习协议的人员数量进行统计分析，包括已签订、未签订两个分析维度。同时，可以通过指定一个或多个字段值自定义统计分析数据范围，如人员类别、合同期限类型、合同状态、职位级别、职位系列等。

【数据来源】益昇 eHR—人事管理—员工履历—其他合同。

【数据解读】《关于贯彻执行〈中华人民共和国劳动法〉若干问题的意见》第 12 条规定：“在校生利用业余时间勤工助学，不视为就业，未建立劳动关系，可以不签订劳动合同。”作为用人单位，应该与实习生签订实习协议，或与实习生、实习生所在的学校签订三方协议，用以明确实习生的实习期间、工作时间、实习费、实习内容等。因此，人员类别为“实习”的员工需要签订实习协议。

在实习协议签订情况统计中，“已签订”和“未签订”的合计人数，即为报表统计时间点、指定组织下所有人员类别为“实习”的员工数。其中，“未签订”人员包括没有签订实习协议的人数，和已签订实习协议但到期未续签的人数。

通过对实习协议签订情况的统计分析，可以及时掌握“未签订”人员数量，并开展实习协议的签订工作。

【统计分析示例】具体参见表 3-48。

表 3-48 实习协议签订情况分析表

所属组织	实习协议签订情况对应的人数		
	已签订	未签订	合计
A	25	0	25
B	8	0	8
C	0	0	0
D	34	0	34
合计	67	0	67

4. 劳务合同

【功能】对指定组织、指定日期时间点，签订劳务合同的人员数量进行统计分析，包括已签订、未签订两个分析维度。同时，可以通过指定一个或多个字段值自定义统计分析数据范围，如人员类别、合同期限类型、合同状态、职位级别、职位系列等。

【数据来源】益昇 eHR—人事管理—员工履历—其他合同。

【数据解读】劳务合同是指劳务提供人与劳务接受人依照法律规定签订的书面文件，劳务提供人向接受人提供劳务活动，接受人向提供人支付劳动报酬。

【统计分析示例】具体参见表 3–49。

表 3–49 劳务合同签订情况分析表

所属组织	劳务合同签订情况对应的人数		
	已签订	未签订	合计
A	0	0	0
B	89	15	104
C	0	0	0
D	0	0	0
合计	89	15	104

5. **保密协议**

【功能】是对指定组织、指定日期时间点，签订保密协议的人员数量进行统计分析，包括已签订、未签订两个分析维度。同时，可以通过指定一个或多个字段值自定义统计分析数据范围，如人员类别、合同期限类型、合同状态、职位级别、职位系列等。

【数据来源】益昇 eHR—人事管理—员工履历—其他合同。

【数据解读】保密协议是指协议当事人之间就一方告知另一方的书面或口头信息，约定不得向任何第三方披露该信息的书面文件。负有保密义务的当事人如违反协议约定，将保密信息披露给第三方，将要承担民事责任，甚至刑事责任。

通过对保密协议签订情况的统计分析，可以反映出企业中签订保密协议人员的覆盖率。

【统计分析示例】以表 3–50 为例，A 组织全体人员都签订了保密协议，主要是由于该组织为药物研发企业，所有员工都有可能获取到和产品合成方法、生产工艺等相关的机密信息。

表 3-50 保密协议签订情况分析表

所属组织	保密协议签订情况对应的人数		
	已签订	未签订	合计
A	62	0	62
B	0	0	0
C	0	0	0
D	0	0	0
合计	62	0	62

6. **竞业限制协议**

【功能】对指定组织、指定日期时间点，签订竞业限制协议的人员数量进行统计分析，包括已签订、未签订两个分析维度。同时，可以通过指定一个或多个字段值自定义统计分析数据范围，如人员类别、合同期限类型、合同状态、职位级别、职位系列等。

【数据来源】益昇 eHR—人事管理—员工履历—其他合同。

【数据解读】竞业限制是指用人单位和知悉本单位商业秘密或者其他对本单位经营有重大影响的劳动者在终止或解除劳动合同后，一定期限内不得在生产同类产品、经营同类业务或有其他竞争关系的用人单位任职，也不得自己生产与原单位有竞争关系的同类产品或经营同类业务所签订的书面文件。

【统计分析示例】以表 3-51 为例，A、B、C、D 4 个组织中，仅 A 公司存在需要签订竞业限制协议的岗位，主要是由于该企业为药物研发企业，技术人员工作内容涉及产品的知识产权。通过统计分析发现，已签订竞业限制协议的人数只有 2 人，企业应考虑适当扩大签订竞业限制协议的人员范围。

表 3-51　竞业限制协议签订情况分析表

所属组织	竞业限制协议签订情况对应的人数		
	已签订	未签订	合计
A	2	60	62
B	0	0	0
C	0	0	0
D	0	0	0
合计	2	60	62

7. 培训协议

【功能】对指定组织、指定日期时间点，签订培训协议的人员数量进行统计分析，包括已签订、未签订两个分析维度。同时，可以通过指定一个或多个字段值自定义统计分析数据范围，如人员类别、合同期限类型、合同状态、职位级别、职位系列等。

【数据来源】益昇 eHR—人事管理—员工履历—其他合同。

【数据解读】培训协议是指用人单位为劳动者提供专项培训费用，对其进行专业技术培训，与该劳动者订立的书面文件，其中主要是对服务期进行约定。

【统计分析示例】以表 3-52 为例，B、D 两个组织有一部分员工签订了培训协议，主要是由于这两个组织在使用国外进口的生产设备，需要一定数量的员工通过持续的专业技术培训来掌握设备的维修和保养技能。

表 3-52　培训协议签订情况分析表

所属组织	培训协议签订情况对应的人数		
	已签订	未签订	合计
A	0	20	20
B	26	101	127
C	0	89	89

续表

所属组织	培训协议签订情况对应的人数		
	已签订	未签订	合计
D	58	181	239
合计	84	391	475

（二）合同、协议到期情况统计表

【功能】对指定组织、指定日期时间点，合同、协议到期的人员数量进行统计分析，包括已到期、未来 1 个月到期、未来 2 个月到期、未来 3 个月到期 4 个分析维度。同时，可以通过指定一个或多个字段值自定义统计分析数据范围，如人员类别、合同期限类型、合同状态、职位级别、职位系列等。

【数据来源】益昇 eHR—人事管理—员工履历—劳动合同。

【数据解读】通过统计分析合同、协议的到期情况，企业可以实现管理预警，规避人力资源管理风险的发生。

【统计分析示例】如表 3-53 所示，A 组织中劳动合同到期合计人数 41 人，其中 1 人已到期，D 组织中返聘协议也有 1 人已到期，都是由于合同管理人员工作疏漏导致，这两个组织需要加强合同续签管理。

表 3-53 合同、协议到期情况统计表

所属组织	劳动合同到期人数					返聘协议到期人数				
	已到期	未来1个月到期	未来2个月到期	未来3个月到期	合计	已到期	未来1个月到期	未来2个月到期	未来3个月到期	合计
A	1	0	2	38	41	0	0	0	0	0
B	0	0	0	1	1	0	5	0	0	5
C	0	0	0	0	0	0	0	1	0	1
D	0	0	0	0	0	1	1	1	15	18
合计	1	0	2	39	42	1	6	2	15	24

续表

所属组织	实习协议到期人数					劳务合同到期人数				
	已到期	未来1个月到期	未来2个月到期	未来3个月到期	合计	已到期	未来1个月到期	未来2个月到期	未来3个月到期	合计
A	0	0	7	0	7	0	0	0	0	0
B	0	0	16	0	16	0	0	0	0	0
C	0	0	0	0	0	0	0	0	0	0
D	0	0	35	0	35	0	21	158	17	196
合计	0	0	58	0	58	0	21	158	17	196

五、人力资源管理指标分析

【功能】对指定组织、指定日期所属年度内，人事管理模块的人力资源管理指标进行统计分析，包括：年度离职率、年度主动离职率、年度被动离职率、年度试用期离职率、年度关键岗位离职率、年度入职留存率、年度员工流入率、年度员工流出率、年度人力资源流动率、年度内部异动率、年度入职转正率、年度员工增长率、劳动合同签订率、人员信息完整度、知识技能达成率。

【数据来源】益昇 eHR—人事管理—员工履历、益昇 eHR—人事管理—员工履历—任职经历。

【公式】

- 年度离职率 = 每月离职人数之和 ÷（年末在职人数 + 每月离职人数之和）
- 年度主动离职率 = 每月主动离职人数之和 ÷（年末在职人数 + 每月主动离职人数之和）
- 年度被动离职率 = 每月被动离职人数之和 ÷（年末在职人数 + 每月被动离职人数之和）

- 年度试用期离职率 = 每月试用期离职人数之和 ÷（年末在职人数 + 每月试用期离职人数之和）
- 年度关键岗位离职率 = 每月离职且人才类型为 AA（明星员工）、AB（高影响力员工）、BA（高成长员工）、AC（高效率员工）、BB（中坚员工）、CA（潜力员工）的人数之和 ÷（年末在职人数 + 每月离职且人才类型为 AA、AB、BA、AC、BB、CA 的人数之和）
- 年度入职留存率 = 年度入职且年末仍在职人数 ÷ 年度入职人数
- 年度员工流入率 = 每月入职（调入）人数之和 ÷（每月在职人数之和 ÷12）
- 年度员工流出率 = 每月离职（调出）人数之和 ÷（每月在职人数之和 ÷12）
- 年度人力资源流动率 =[每月入职（调入）人数之和 + 每月离职（调出）人数之和]÷（每月在职人数之和 ÷12）
- 年度内部异动率 = 每月部门调动人数之和 ÷（每月在职人数之和 ÷12）
- 年度入职转正率 = 每月入职人数之和 ÷ 每月转正人数之和
- 年度员工增长率 = 每月入职人数之和 ÷（上年每月在职人数之和 ÷12）
- 劳动合同签订率 = 已签订人数 ÷ 在职人数
- 人员信息完整度 = 所有人员信息完整度的平均值
- 知识技能达成率 = 所有人员知识技能达成率的平均值

【数据解读】

- 年度离职率是每月离职人数之和与年末在职人数加每月离职人数之和的比率，是用以衡量企业人员流出的一个重要指标。离职率过高，表明企业的员工流动较大、劳资之间存在较严重的矛盾或企业的凝聚力下降，它可导致人力资源成本增加、组织的效率下降。但是也并不是说员工的离职率越低越好，在市场竞争中，存在一定数量的员工流动，可以使企业利用优胜劣汰的人才竞争制度保持企业的活力和创新性。
- 年度主动离职率是每月主动离职人数之和与年末在职人数加每月主

动离职人数之和的比率，可以反映出主动提出离职的人员占比情况。

● 年度被动离职率是每月被动离职人数之和与年末在职人数加每月被动离职人数之和的比率，可以反映出被动离职的人员占比情况。

● 年度试用期离职率是每月试用期离职人数之和与年末在职人数加每月试用期离职人数之和的比率，可以反映出在试用期离职的人员占比情况。

● 年度关键岗位离职率是每月人才类型为 AA、AB、BA、AC、BB、CA 的离职人数之和，与年末在职人数加每月人才类型为 AA、AB、BA、AC、BB、CA 的离职人数之和的比率，可以反映出关键岗位人员离职的情况。

● 年度入职留存率是年度入职且年末仍在职的人数与年度入职人数的比率，可以反映出当年度入职人员在年末的留存情况。

● 年度员工流入率是每月入职（调入）人数之和与全年每月在职人数之和平均数的比率。该数据与年度员工流出率相对，是反映由于员工入职、部门内调入、公司间调入而发生的人员流出情况。

● 年度员工流出率是每月离职（调出）人数之和与全年每月在职人数之和平均数的比率。该数据与年度员工流入率相对，是反映由于员工离职、部门内调出、公司间调出而发生的人员流出情况。需要注意的是，流出率并不是越低越好，企业为了保持必要的活力，也要保持一定的员工流动性，正所谓“流水不腐，户枢不蠹”。

● 年度人力资源流动率是全年每月入职、调入、离职、调出人数之和与全年每月在职人数之和平均数的比率。人力资源流动率是指企业内部由于员工的各种离职与新进所发生的人力资源变动，是考察企业组织与员工队伍是否稳定的重要指标。

● 年度内部异动率是每月部门调动人数之和与 12 个月每月在职人数之和平均数的比率。内部异动率是指在组织内流动所发生的人力资源变动，是反映组织人力资源配置有效性的指标。

● 年度入职转正率是每月入职人数之和与每月转正人数之和的比率，可以反映出在入职后试用期转正的情况。

● 年度员工增长率是每月入职人数与上年每月在职人数之和平均数的比率。员工增长率反映了企业人力资源的增长速度。

● 劳动合同签订率是指与用人单位签订了劳动合同的员工人数占全部在职员工人数的比重。当劳动合同签订率小于100%时，管理者需要及时关注未签订的原因，以免造成企业与劳动者之间的纠纷。

● 人员信息完整度是所有人员信息完整度的平均值，与企业重视人事档案的程度基本成正比。员工在入职、调动时，材料填写、递交得越全面，人员信息完整度越高。

● 知识技能达成率是所有人员知识技能达成率的平均值。知识技能达成率可以体现员工与所在岗位要求的知识技能的匹配程度。

【统计分析示例】具体参见表3–54。

表3–54 人力资源指标分析表（人事管理）

单位：%

所属组织	年度离职率	年度主动离职率	年度被动离职率	年度试用期离职率	年度关键岗位离职率	年度入职留存率	年度员工流入率
A	43	43	0	75	8	27	13
B	42	40	2	25	2	28	64
C	7	7	0	0	0	89	7
D	38	38	0	15	5	49	51

所属组织	年度员工流出率	年度人力资源流动率	年度内部异动率	年度入职转正率	年度员工增长率	劳动合同签订率	人员信息完整度	人员知识技能达成率
A	51	64	5	85	2	77	74	45
B	73	137	23	98	7	91	78	77
C	7	14	0	100	5	85	74	85
D	61	112	7	95	18	98	77	65

六、预测分析

益昇 eHR 根据系统的历史数据采用线性回归方法对未来几年的数据进行预测，用以前瞻性地指导企业人力资源管理决策。

（一）年度在职人数预测分析

【功能】根据指定组织的历史数据，对未来 5 年的年度在职人数进行预测分析。

【数据来源】益昇 eHR—人事管理—员工履历—任职经历。

具体参见图 3-1。

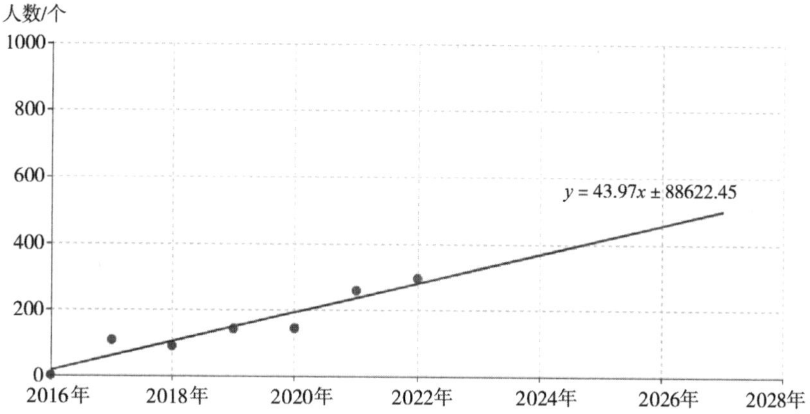

图 3-1　年度在职人数预测分析示意图

（二）年度流失人数预测分析

【功能】根据指定组织的历史数据，对未来 5 年的年度流失人数进行预测分析。

【数据来源】益昇 eHR—人事管理—员工履历—任职经历。

具体参见表 3-2。

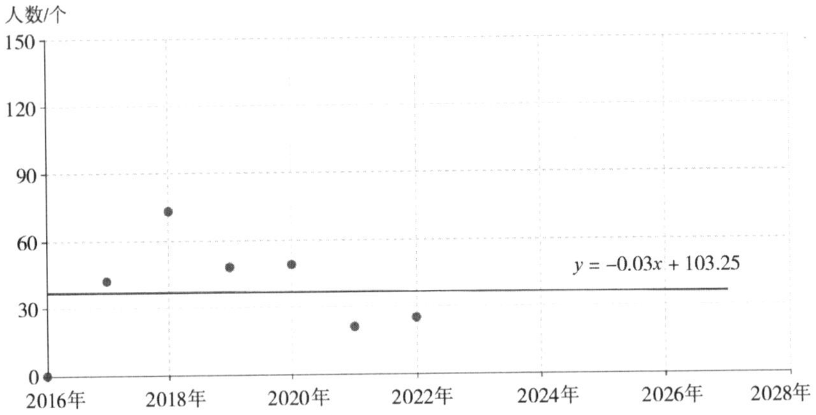

图 3-2 年度流失人数预测分析示意图

（三）年度入职人数预测分析

【功能】根据指定组织的历史数据，对未来 5 年的年度入职人数进行预测分析。

【数据来源】益昇 eHR—人事管理—员工履历—任职经历。

具体参见表 3-3。

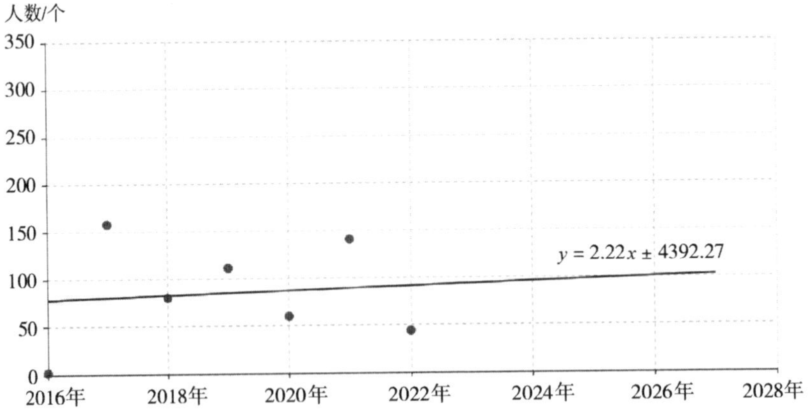

图 3-3 年度入职人数预测分析示意图

（四）年度职位级别调整人数预测分析

【功能】根据指定组织的历史数据，对未来 5 年的年度职位级别人数进行预测分析。

【数据来源】益昇 eHR—人事管理—员工履历—任职经历。

具体参见表 3–4。

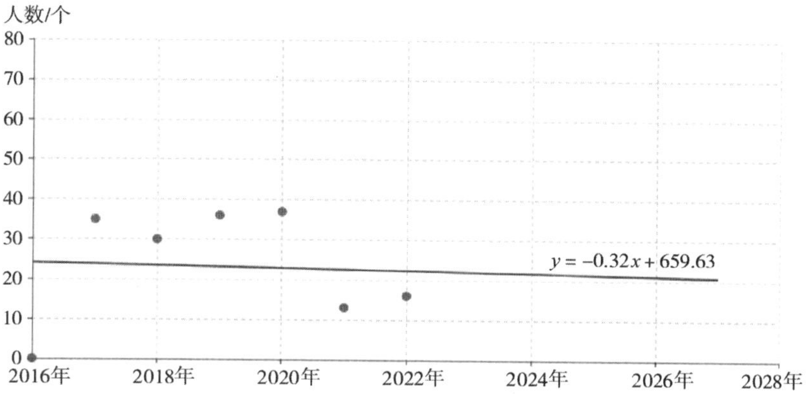

图 3–4　年度职位级别调整人数预测分析示意图

七、数据图表示例

（一）在职人员统计数据图表示例

具体内容参见图 3–5 至图 3–9。

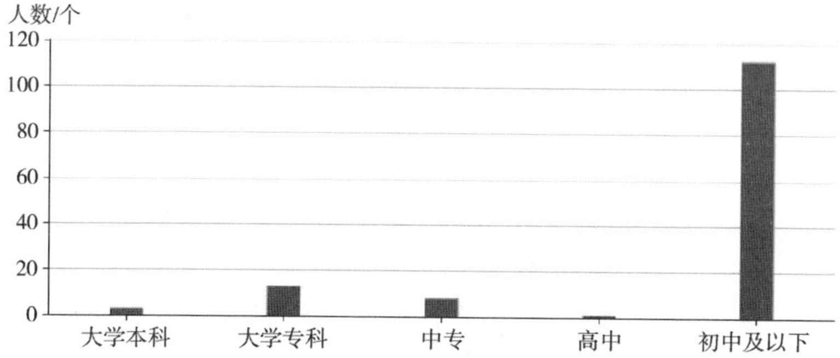

图 3–5　学历统计数据示例

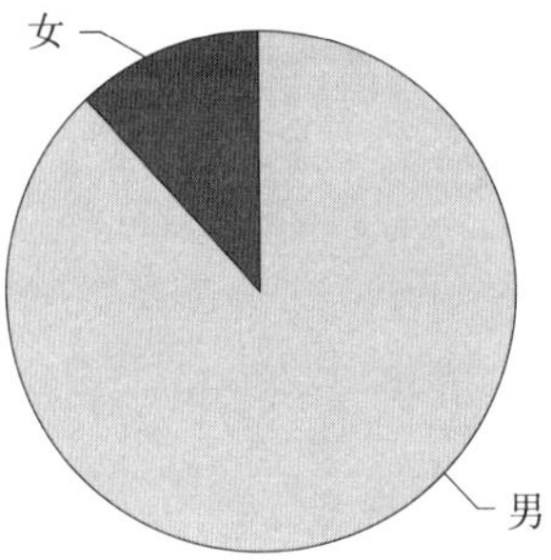

图 3-6 性别统计数据示例

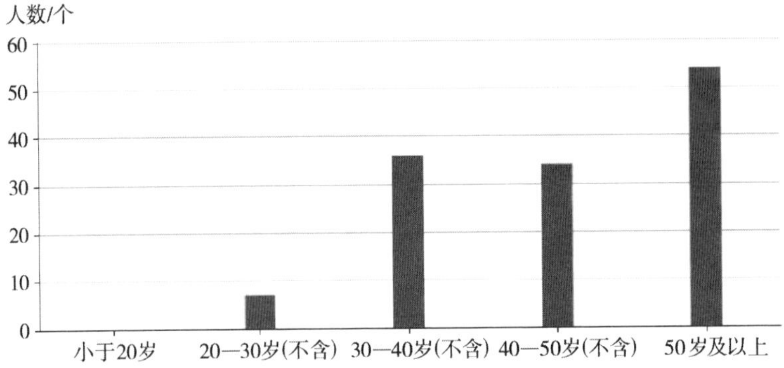

图 3-7 年龄统计数据示例

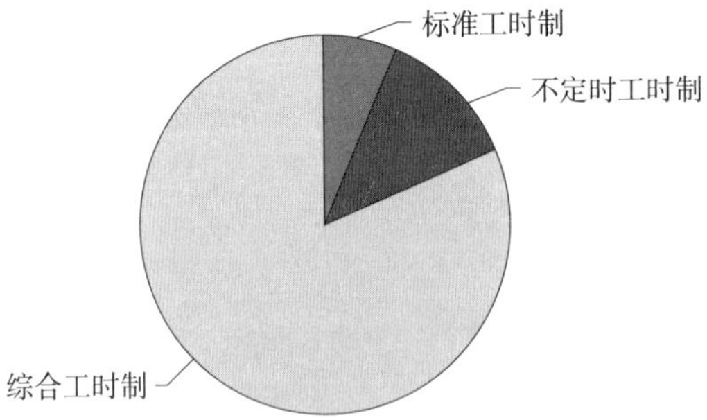

图 3-8 工时制统计数据示例

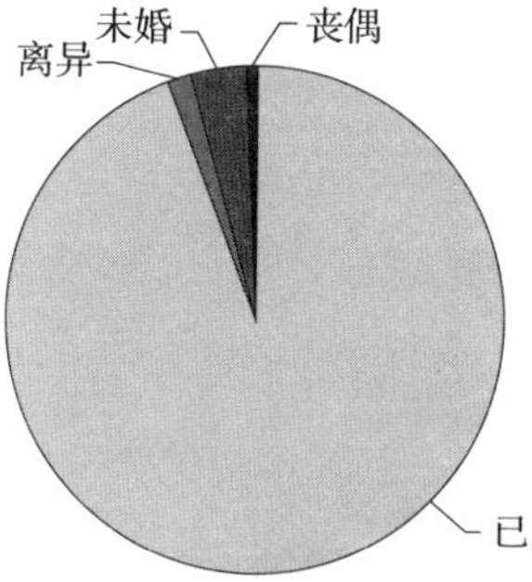

图 3-9 婚姻状况统计数据示例

（二）入职、离职人员统计数据图表示例

具体内容参见图 3-10 至图 3-14。

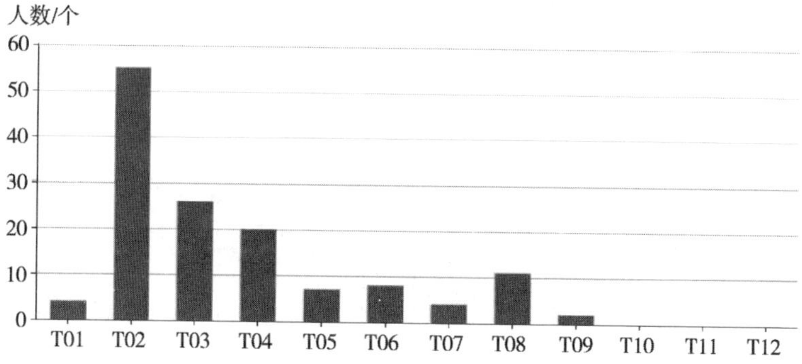

图 3-10 职位级别统计数据示例

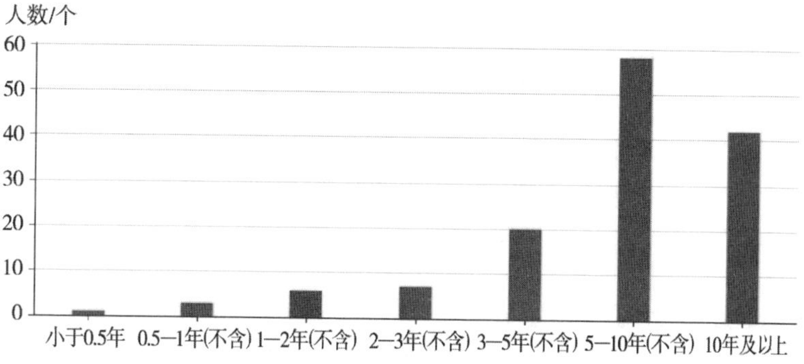

图 3-11 工作年限统计数据示例

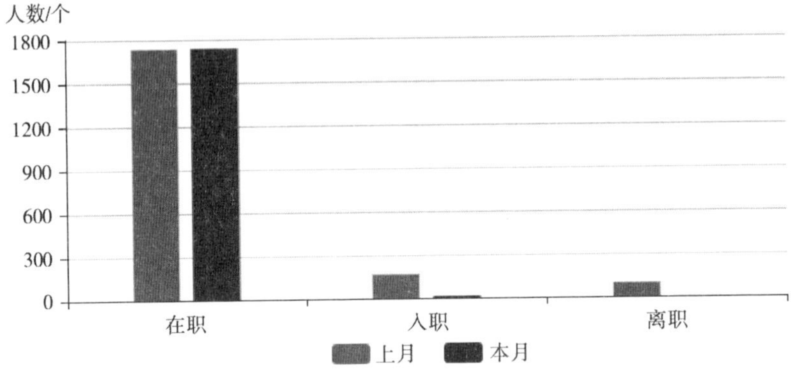

图 3-12 入职、离职人员统计数据示例

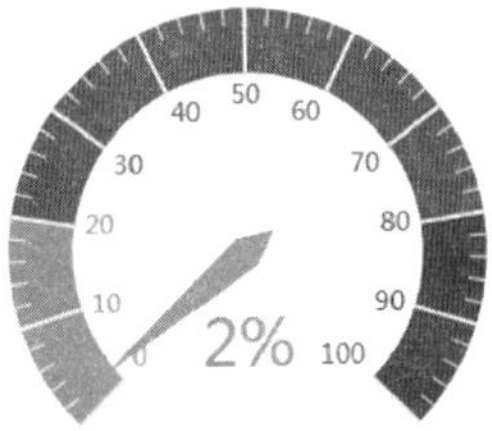

图 3-13 年度关键岗位离职统计数据示例

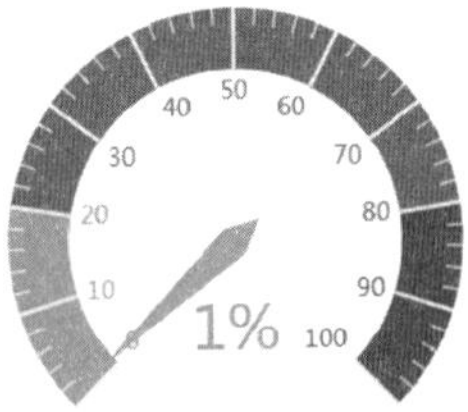

图 3-14 年度被动离职统计数据示例

（三）试用期转正人员统计数据图表示例

具体内容参见图 3-15、图 3-16。

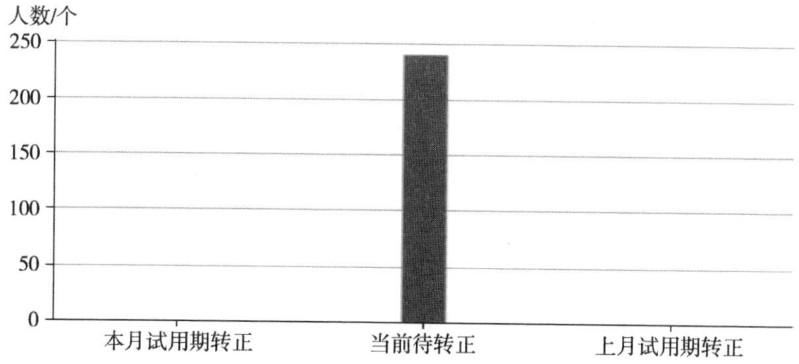

图 3-15 试用期转正人员统计数据示例

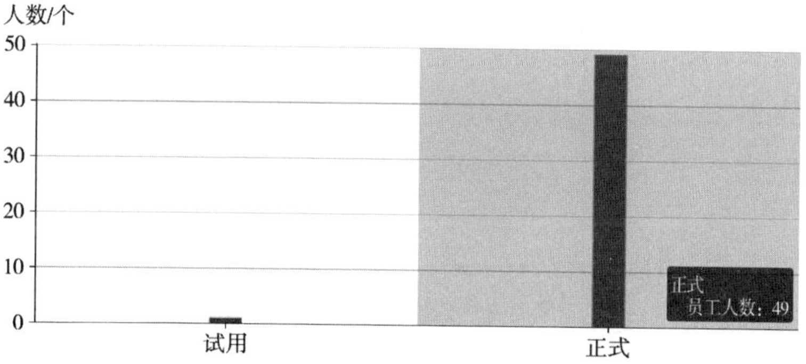

图 3-16 人员类别统计数据示例

（四）合同、协议统计数据图表示例

具体内容参见图 3–17、图 3–18、图 3–19。

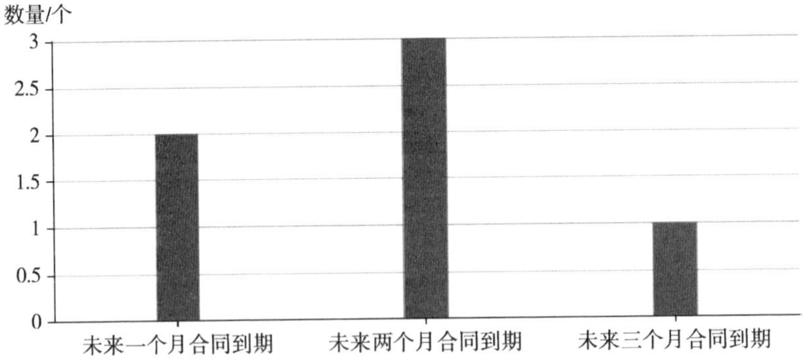

图 3–17　合同、协议到期统计数据示例

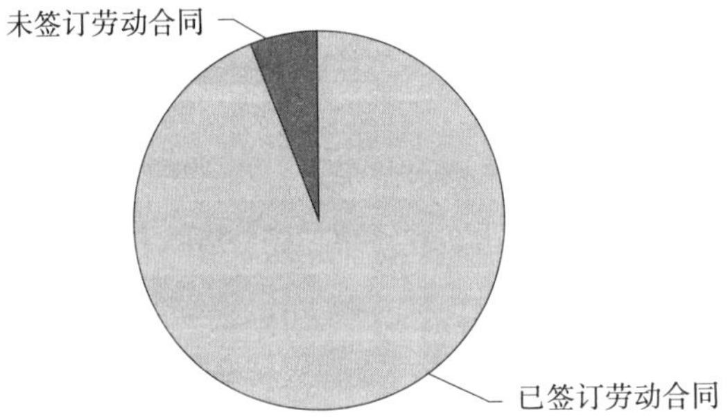

图 3–18　合同、协议签订统计数据示例

图 3–19　合同、协议签订完成率统计数据示例

八、数据看板示例

以某组织为例，6 月的相关数据如下所示，相应的示意图如图 3–20 至图 3–32 所示。

平均年龄（岁）：37
平均在职年限（年）：7

本月在职人数：563
上月在职人数：551

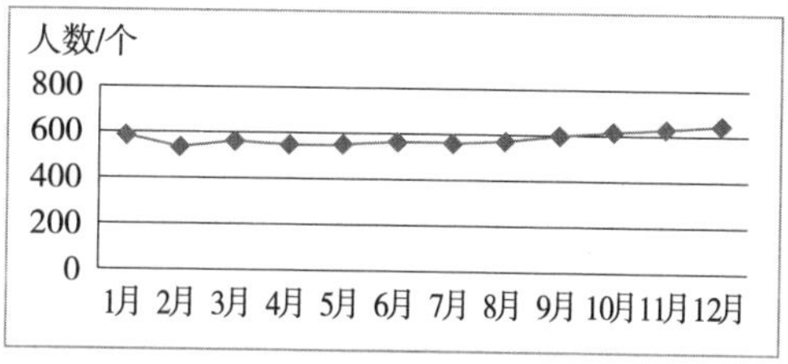

图 3–20　在职人数月度环比分析示意图

本月入职人数：32
上月入职人数：44
年度入职人数：585

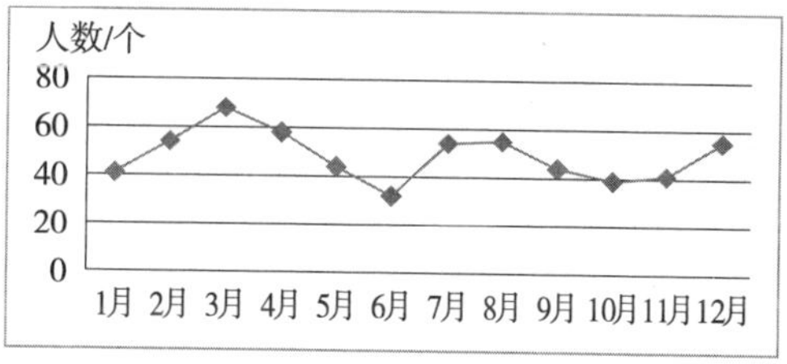

图 3–21　入职人数月度环比分析示意图

本月离职人数：20
上月离职人数：31
年度离职人数：308

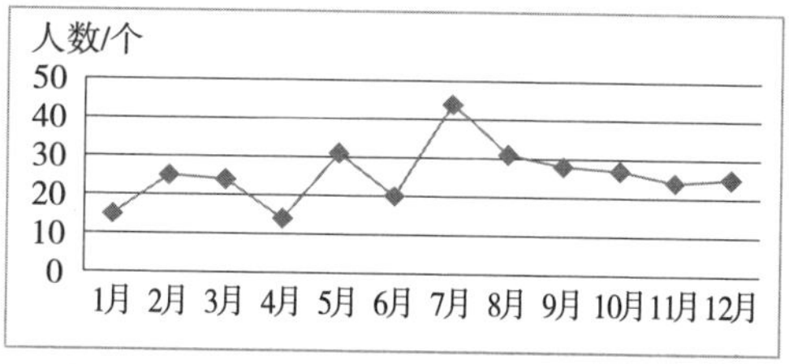

图 3–22　离职人数月度环比分析示意图

本月试用期转正人数：35
上月试用期转正人数：58
年度试用期转正人数：525
当前待转正人数：59

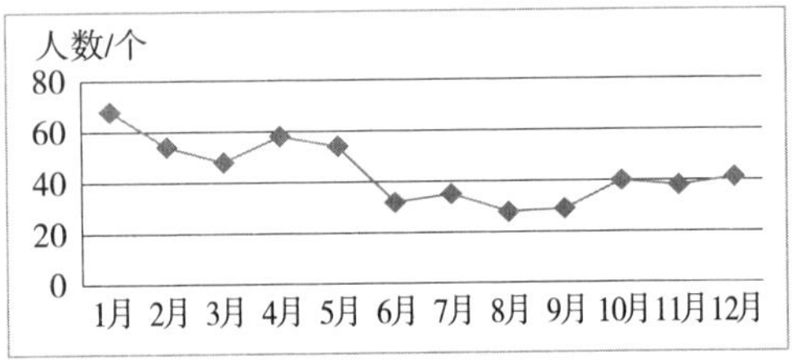

图 3-23 转正人数月度环比分析示意图

本月部门调动（调入）人数：13
本月部门调动（调出）人数：13
上月部门调动（调入）人数：8
上月部门调动（调出）人数：8
年度部门调动（调入）人数：110
年度部门调动（调出）人数：88

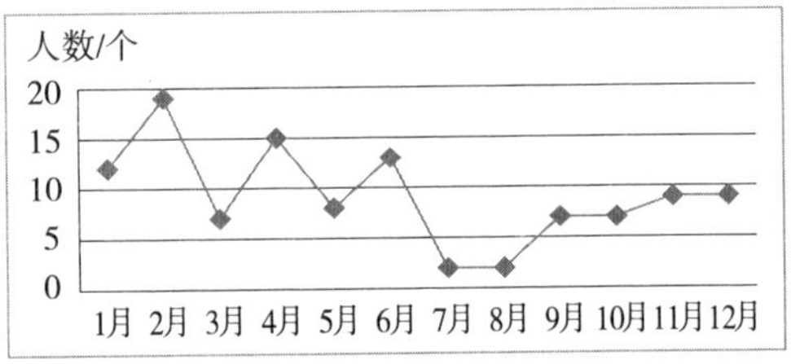

图 3-24 部门调动人数月度环比分析示意图

本月公司间调动（调入）人数：1
本月公司间调动（调出）人数：0
上月公司间调动（调入）人数：0
上月公司间调动（调出）人数：0
年度公司间调动（调入）人数：45
年度公司间调动（调出）人数：35

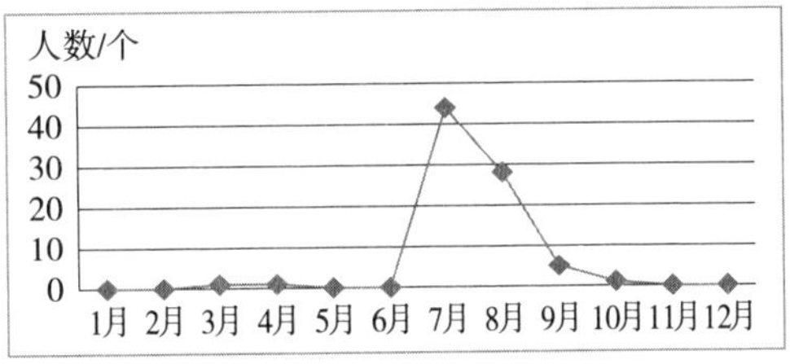

图 3-25 公司间调动人数月度环比分析示意图

本月人员类别调整人数：53
上月人员类别调整人数：3
年度人员类别调整人数：111

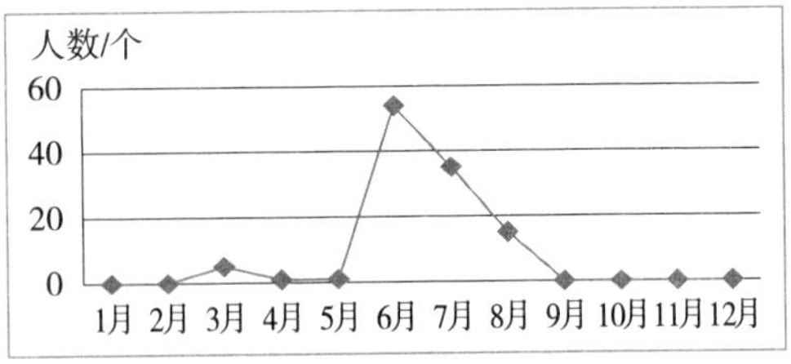

图 3-26 人员类别调整人数月度环比分析示意图

本月职位调整：2
上月职位调整：0
年度职位调整：177

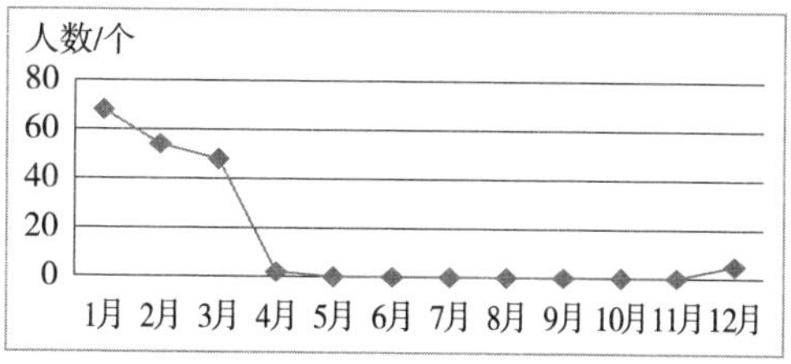

图 3-27 职位调整人数月度环比分析示意图

未来 1 个月合同、协议到期人数：15
未来 2 个月合同、协议到期人数：31
未来 3 个月合同、协议到期人数：22
合同、协议已到期人数：0

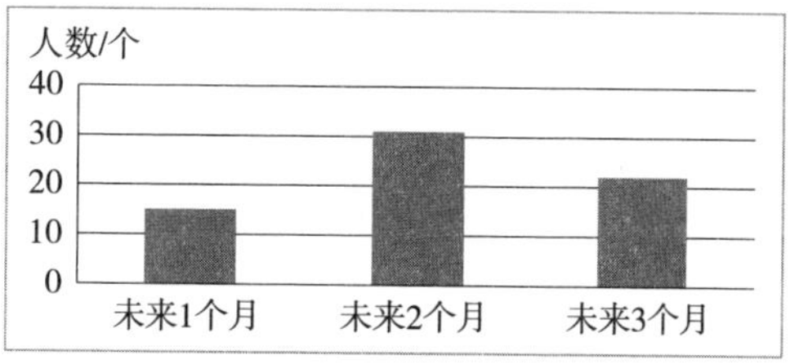

图 3-28 合同、协议到期人数月度环比分析示意图

已签订劳动合同人数：563
未签订劳动合同人数：25

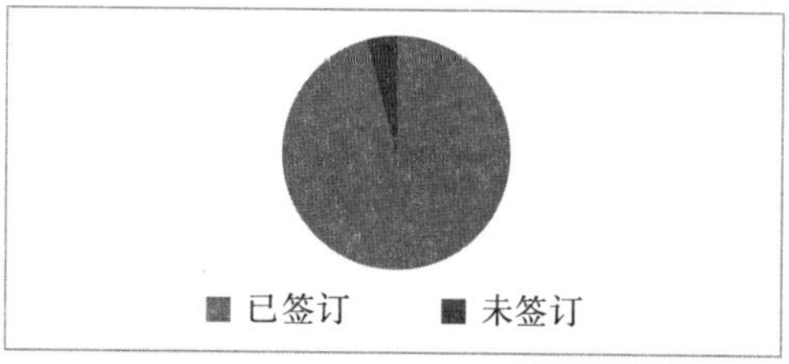

图 3-29 劳动合同签订情况分析示意图

本月取得职称人数：9
上月取得职称人数：4
年度取得职称人数：22

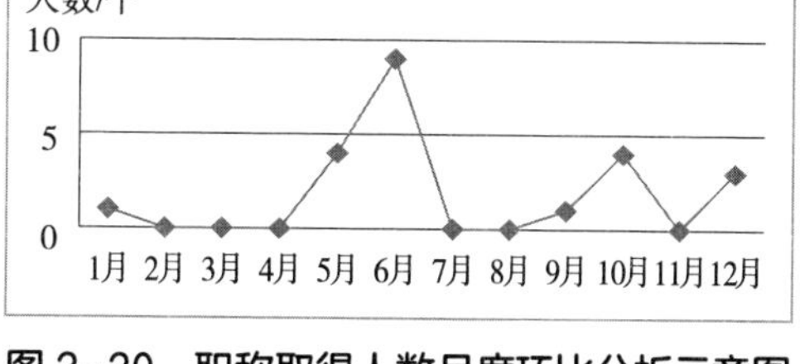

图 3-30 职称取得人数月度环比分析示意图

本月纪律处分人数：1
上月纪律处分人数：3
年度纪律处分人数：15

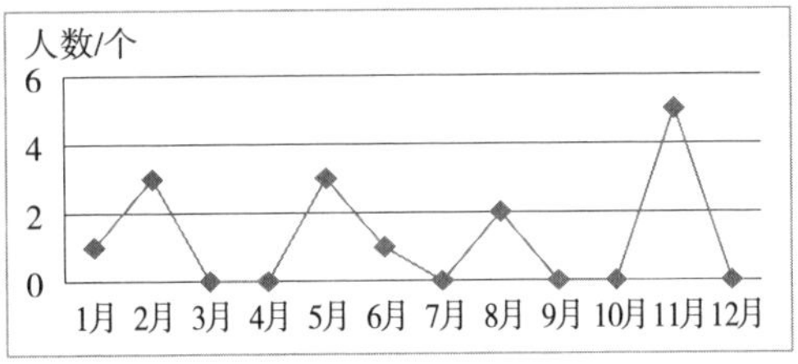

图 3-31 纪律处分人数月度环比分析示意图

本月内部奖励人数：14
上月内部奖励人数：25
年度内部奖励人数：162

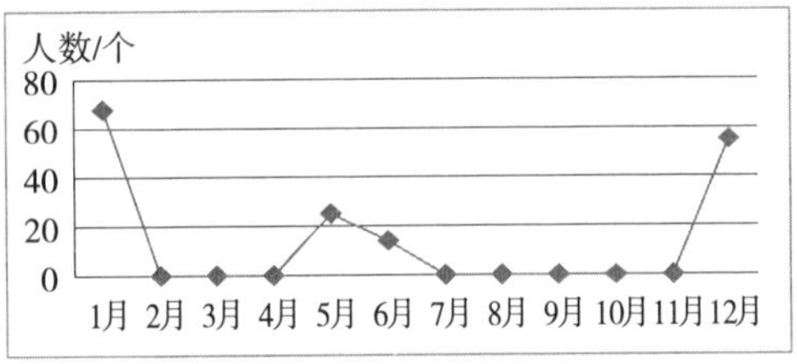

图 3-32 内部奖励人数月度环比分析示意图

第四章 | 培训管理

一、培训课程数据分析

培训课程分为内部课程和外部课程。通常情况下，外部培训课程以管理类为主；内部培训课程则以知识技能类为主。

知识与技能方面的培训课程通常采用ISD（Instructional System Design，教学系统设计）课程开发模型。

ISD模型应用流程如下。

- 分析：对培训课程需求、培训对象进行分析。
- 设计：对培训课程目标、培训方法进行设计。
- 开发：对培训课程内容进行开发，并进行必要的小组评审。
- 实施：根据培训课程开发的成果实施培训。
- 评价：评估培训课程，并形成评估报告以完善课程目标。

培训课程数据分析涉及的报表主要包括：培训课程统计表、学习地图矩阵表、学习地图达成表。

（一）培训课程统计表

1. 课程数量

【功能】对指定组织、指定时间段的培训课程的数量进行分析。同时，可以通过指定一个或多个字段值自定义统计分析数据范围，如课程类别、培训方法、培训考核方法等。

【数据来源】益昇 eHR—培训管理—培训课程。

具体参见表 4-1。

表 4-1 培训课程表

课程 ID	课程名称	所属组织	课程类别	培训课时	培训方法	培训考核方法	评审日期	累计培训课时数	累计培训人次数
TL000125	办公软件基础培训	A	其他	1	在线学习	答题测试	2022-03-01	11	22
TL000081	平面设计	B	技能	16	演讲式授课/教学式授课	其他	2021-08-06	16	60
TL000075	组织管理	C	管理	4	演讲式授课/教学式授课	答题测试	2022-01-10	0	0
TL000074	人力资源体系管理	D	管理	12	在线学习	答题测试	2021-10-20	12	40

【数据解读】通常情况下，对于成立年限较长、培训体系相对比较完善的企业，培训课程的数量会较多；而对于初创型企业，培训课程的数量会较少。

【统计分析示例】以表 4-2 为例，A 组织的培训课程数量较多，主要是由于该组织对各职位要求的任职资格知识技能已经有了长期的积淀，完全可以通过内部培训讲师进行传授。

D 组织的培训课程数量较少，主要是由于该组织处于初创期，此时组织业务的快速发展是其重中之重，对于员工培训体系的建立尚未提上日程，仅通过引入个别外部课程进行管理人员能力的提升。

表 4-2 课程数量分析表

所属组织	课程数量
A	145
B	55
C	20
D	5
合计	225

2. **培训方法**

【功能】对指定组织、指定时间段的培训课程所使用的培训方法进行统计分析。

【数据来源】益昇 eHR—培训管理—培训课程。

【数据解读】培训方法一般包括：演讲式授课/教学式授课、小组讨论、案例分析、示范性操作/演示、户外活动/拓展、视频及影片观赏、分享经验、在线学历和参观等。企业可根据培训内容、培训目的、参加人员等选择一种或者多种培训方法配合使用。

● 演讲式授课/教学式授课：将知识通过语言表达，使抽象知识变得具体形象、浅显易懂，可将知识一次性传递给众多学习者。

优点：能有效控制课堂时间，受众面广。

缺点：讲师与学习者之间缺乏互动。

● 小组讨论：分组后在规定的时间内讨论某一具体问题。

优点：参与性强，能激发思考、调动小组成员的知识与经验。

缺点：无法保证每个人都参与，有的学习者可能会选择沉默，容易造成讨论偏题、花费时间。

● 案例分析：将在工作中可能遇到的问题形成书面文件，通过小组分析和讨论提供可选择的解决办法。

优点：让学习者自己发现学习点，并将新知识运用到具体情景中，可以促进讨论和参与。

缺点：可能没有机会解决一个真实的问题，主要是由于没有正确答案，可能会引发焦虑、花费时间。

● 示范性操作/演示：帮助学习者观察和体会学习内容，并通过亲自操作实践所学知识和技能。

优点：能够加深第一印象，增强动手能力。

缺点：容易受周围环境的限制、花费时间。

- 户外活动 / 拓展：在教室以外的环境进行学习和模拟活动。

优点：可以让学习者全身心地投入，形成较为长久的记忆。

缺点：存在危险因素，成本高，花费时间。

- 视频及影片观赏：利用多媒体设备进行辅助教学。

优点：能够吸引学习者的注意力。

缺点：若把握不好容易导致本末倒置。

- 分享经验：将自己的亲身经历通过语言表达传递给学习者，同时解答学习者的提问。

优点：故事性、互动性较强，利于学习者加深记忆。

缺点：学习者的提问可能是讲师之前没有预料的，对讲师能力要求较高。

- 在线学习：利用多媒体设备进行教学。

优点：可用时间灵活，不受场地或者地域限制，对硬件设备要求较低，受众人群广，可反复收听。

缺点：互动性差。

- 参观：对标杆对象进行实地感受和学习。

优点：使学习者身临其境、印象深刻。

缺点：学习的重点较难把握。

【统计分析示例】如表 4–3 所示，A、B 两个组织更加倾向于选择“示范性操作 / 演示”的培训方法，主要是由于其培训课程以技能类为主，需要通过动作示范才能达到较好的培训效果。

C、D 两个组织在培训方法的选择上更加倾向于“在线学习”，主要是由于其属于销售型企业，销售人员没有相对固定的办公场所，在线学习这种比较灵活的培训方式更加适用。

表 4-3 培训课程—培训方法分析表

所属组织	不同培训方法对应的使用次数									合计
	演讲式授课 / 教学式授课	小组讨论	案例分析	示范性操作 / 演示	户外活动 / 拓展	视频及影片观赏	分享经验	在线学习	参观	
A	1	2	5	29	1	0	0	7	1	46
B	1	0	1	13	0	0	1	10	0	26
C	0	0	0	0	0	2	0	8	0	10
D	0	0	0	0	0	0	0	5	0	5
合计	2	2	6	42	1	2	1	30	1	87

3. 培训考核方法

【功能】对指定组织、指定时间段的培训课程所使用的培训考核方法进行统计分析。

【数据来源】益昇 eHR—培训管理—培训课程。

【数据解读】培训考核方法是指培训课程实施完成后所采用的培训效果二级评估的方法。一般包括：答题测试、操作测试、书面总结、现场提问、其他。

培训考核方法的选择与课程类别和培训方法有着紧密的关联。知识类的培训课程通常会采用答题测试的考核方法，用以衡量参加培训人员各项知识点的掌握情况；技能类的培训课程通常会采用操作测试的考核方法，从技能应用层面对参加培训人员进行考核；管理类的培训课程通常会采用书面总结的方式，来评价参加培训人员对培训内容的理解深度。有一些现场讨论类型的培训则采用现场提问的方式，不但可以带动参加培训人员积极性、活跃课堂气氛，同时也可以考察参加培训人员的应变能力。

【统计分析示例】具体参见表 4-4。

表 4-4 培训课程—培训考核方法分析表

所属组织	不同培训考核方法对应的使用次数					合计
	答题测试	操作测试	书面总结	现场提问	其他	
A	29	15	1	0	0	45
B	17	5	3	0	0	25
C	8	2	0	0	0	10
D	5	0	0	0	0	5
合计	59	22	4	0	0	85

（二）学习地图矩阵表

【功能】对指定职位应参加的培训课程和学习要求进行统计分析。

【数据来源】益昇 eHR—培训管理—培训课程—学习地图。

【数据解读】学习地图是将职位任职资格、培训课程资源和员工职业发展有机结合在一起的培训体系规划工具，是开展培训和学习活动的源头。

按照学习要求，通常可以将学习地图中的课程划分为以下两类。

1. 强制性课程

所有针对员工行为和态度提升的课程应采取强制性培训的方式。企业应结合实际需要，将任职资格所要求的基本知识技能、能力素质的课程采用强制性培训的方式。

2. 选择性课程

与强制性课程相对，选择性课程不硬性指定具体的课程内容，但要求达到一定的选修课时量。强制性课程的培训效果和选择性课程的选修课时量，可作为员工职位晋升的重要参考。

【统计分析示例】如表 4-5 所示，某组织经营管理类 T10 职位级别人员学习的课程主要针对领导力提升方面，市场营销类 T10 职位级别人员学习的课程主要针对企业的品牌建设和营销战略方面，财务管理类 T10 职位级别人员学习的课程主要针对企业成本预算控制方面，人力资源类 T10 职位级别人员学习的课程主要针对企业的人力资源管理和法律培训方面。

而对于市场营销类T03、T04等职位级别的基层职位，学习的课程主要针对客户的开发及谈判技巧提升方面，更注重于执行层面。

表4-5 培训课程—学习地图表

职位级别	A—经营管理类	B—市场营销类	C—人力资源类	D—财务管理类
T10-高层	TL000097有效的个人生产力[选修] TL000001有效的个人特质领导力[必修]	TL000022公司盈利模式 TL000042企业营销战略管理 TL000045品牌战略与品牌管理[必修]	TL000009现代企业人才经营五部曲[选修] TL000029企业管理人员的法律培训 TL000005战略人力资源管理[必修]	TL000010学财管抓效率 TL000060生存之道——降低成本 TL000063全面预算控制公司管理
T09-高层	TL000097有效的个人生产力 TL000011情商领导力	TL000128品牌炒作与事件营销[必修] TL000078营销管理	TL000005战略人力资源管理[必修] TL000092打造高绩效团队 TL000091企业如何选人、育人、用人、留人	TL000047银行风险管理 TL000049高管财务管理[必修] TL000089企业全面风险管理
……	……	……	……	……
T04-基层	TL000011情商领导力 TL000012管理者的职业化[选修] TL000016绩效管理	TL000078营销管理 TL000038营销变革与创新 TL000068渠道与经营商管理[选修] TL000069谈判与策略性影响	TL000005战略人力资源管理[必修] TL000053人力资源管理构建执行体系 TL000091企业如何选人、育人、用人、留人[选修] TL000041管理人员必备的人力资源管理能力	TL000047银行风险管理 TL000070大财务管理知识与全员理财管理能力提升[必修] TL000028预算管理与成本控制
T03-基层	TL000016绩效管理	TL000066大客户销售 TL000019营销精细化管理体系建设实务	TL000092打造高绩效团队 TL000095激励和留住核心员工——员工职业生涯规划	TL000099 6+1全面预算管理 TL000102内部审计[必修] TL000100资本市场及融资渠道

（三）学习地图达成表

【功能】根据学习地图的要求，对指定培训课程的学习达成情况进行统计分析，包括课程的应参加人数以及最近两个年度内应参加人员中考核合格的人数。

【数据来源】益昇 eHR—培训管理—培训课程—学习地图达成。

【数据解读】课程的应参加人数是指按照企业职位任职资格要求，应该学习该课程的人数。年度考核合格人数是指应参加人员在该年度完成该课程的培训并且考核合格的人数。

当一门培训课程对应的考核合格人数与应参加人数差异较大时，说明参加该课程的人员考核合格率较低，培训负责人需要重新评估该课程所面向的参培人员范围是否合理，或者对该培训课程重新进行评审。

【统计分析示例】具体如表 4-6 所示。

表 4-6 培训课程—学习地图达成表

课程 ID	课程名称	应参加人数	2021 年考核合格人数	2022 年考核合格人数
TL000125	办公软件基础培训	50	20	30
TL000087	商务礼仪培训	20	20	15
TL000082	新品研发	10	8	8
TL000081	平面设计	10	10	5
TL000075	组织管理	60	60	60
TL000072	SOP 基础	60	50	60
合计		210	168	178

二、培训需求数据分析

培训需求可以从企业层面、职位层面、个人层面三个方面进行分析。

企业层面培训需求分析的着眼点为企业的战略和目标，主要通过对高层进行访谈的方式，从以下几个方面获取培训需求信息。

- 企业结构变革 / 人力资本规划
- 开展新业务 / 开拓新市场
- 引进新技术 / 系统 / 设备
- 颁布新规章制度
- 质量管理方针要求
- 改进员工绩效
- 员工职位晋升
- 外部环境变化
- 新招聘员工
- 解决某个特定问题

职位层面培训需求分析的着眼点为职位体系中涉及职位的任职资格知识技能和能力素质。这可以基于职位任职资格知识技能矩阵、能力素质矩阵，由人力资源管理团队主导，汇总出提升员工知识技能、能力素质的培训需求。这一层面的分析与内部培训课程体系、内部讲师管理体系相辅相成，培训需求也主要借助企业内部培训体系来实现。

个人层面培训需求分析的着眼点为员工个人职业发展规划和自我成长，通过向不同职位级别员工分发调研问卷的方式，主要从以下几个方面收集信息。

- 个人职业发展培训需求
- 对制订培训计划相关方面的建议（培训时长、培训地点、培训方法等）
- 对内部培训讲师队伍建设的想法
- 对培训工作持续改善的建议

根据以上三个层面的分析结果，形成培训需求分析报告，作为制订阶段性培训计划、确定培训费用预算的基础。

培训需求数据分析涉及的报表主要包括：培训需求统计表、培训需求月度环比分析表。

（一）培训需求统计表

1. 需求数量、预计课时

【功能】对指定组织、指定时间段，培训需求数量和预计课时数进行统计分析。同时，可以通过指定一个或多个字段值自定义统计分析数据范围，如优先级、建议培训方法等。

【数据来源】益昇 eHR—培训管理—培训需求。

具体如表 4–7 所示。

表 4–7 培训需求表

培训需求 ID	课程名称	课程 ID	所属组织	需求提出人	需求提出日期	优先级
TN000037	平面设计	TL000081	A	张某思	2021–11–08	高
TN000032	人力资源体系管理	TL000074	A	张某斯	2020–06–01	高
TN000031	礼仪管理	TL000051	A	李某	2019–02–01	高
TN000030	职业礼仪测试	TL000027	B	郑某	2020–01–14	高

培训需求 ID	建议培训方法	预计课时	预计人数	参加人员范围	预算费用（元）
TN000037	演讲式授课 / 教学式授课	16	11	财务部	5000
TN000032	在线学习	12	6	高层人员	3000
TN000031	示范性操作 / 演示	40	60	管理人员	2500
TN000030	在线学习	4	10	人事部	1000

【数据解读】通过对需求数量和预计课时的统计分析，可以反映出企业对员工学习成长的重视程度，以及是否有良好的学习氛围。

通常情况下，企业在初创期的培训需求量较小；当企业进入成长期后，会更加关注未来的持续发展并为此进行人才储备，培训的需求量会增多。

【统计分析示例】具体如表 4–8 所示。

表 4-8 培训需求—需求数量、预计课时分析表

所属组织	需求数量	预计课时
A	152	300
B	35	70
C	1	4
D	28	50
合计	216	424

2. 预计培训费用

【功能】对指定组织、指定时间段的培训需求的预计培训费用进行统计分析。

【数据来源】益昇 eHR—培训管理—培训需求。

【数据解读】培训费用一般包括：讲师授课费、培训教材设计与开发费、培训教室租赁费、参加培训人员交通餐饮和住宿费等。

通常情况下，企业所属行业以及所处发展阶段会直接影响企业培训费用的投入。

统计分析示例：如表 4–9 所示，B 组织的培训费用预算最高，主要是由于该组织为医药研发企业，国家对于药品研发行业的监管要求不断提高，企业为了合规发展，需要引入外部培训机构为员工进行专业培训。

表 4-9 培训需求—预计培训费用分析表

所属组织	预计培训费用（元）
A	8000
B	30000
C	0
D	5000
合计	43000

3. 培训方法

【功能】对指定组织、指定时间段的培训需求课程所使用的培训方法进行统计分析。

【数据来源】益异 eHR—培训管理—培训需求。

【数据解读】参考本章第一部分“培训课程—培训方法”分析维度。

（二）培训需求月度环比分析表

【功能】对指定组织、指定月度，各月份的培训需求数量进行环比分析。同时，可以通过指定一个或多个字段值自定义统计分析数据范围，如优先级、建议培训方法等。

【数据来源】益异 eHR—培训管理—培训需求。

【数据解读】通过对企业各月份培训需求数量进行环比分析，可以间接反映出企业新员工的入职高峰期和业务量低谷期，因为这是集中开展培训的两个典型时期。

【统计分析示例】如表 4-10 所示，A 组织的培训需求主要集中在第一季度，是由于该组织为典型的生产制造企业，车间操作人员以外来务工人员为主，逢春节期间人员流动较大，需要招聘大量的员工进行人员补充，为了使新入职员工快速满足职位的任职资格要求，企业需要对所有新入职员工进行岗前培训。

B 组织的培训需求主要集中在第二、第三季度，是由于该组织属于汽车零部件加工行业，生产旺季在第一、第四季度，需要将培训集中在生产任务较少的时间。

D 组织在年度所有月份都有培训需求，并且数量差异不大，主要是由于该组织属于工业设计企业，人员较为稳定，也不存在业务的淡旺季，具备在各月份持续开展培训的条件。

表 4-10 培训需求数量月度环比分析表

所属组织	全年各月培训需求数量							合计
	1月	2月	3月	4月至9月	10月	11月	12月	
A	32	30	15	7	0	5	10	99
B	2	1	1	48	1	1	1	55
C	1	0	0	5	0	0	0	6
D	4	6	5	15	8	10	8	56
合计	39	37	21	75	9	16	19	216

三、培训计划数据分析

培训负责人在培训需求分析的基础上，根据企业的资源状况对各项培训需求从重要性上进行排序，遴选出支撑企业发展的培训项目形成年度培训计划，再分解为月度培训计划。

培训计划数据分析涉及的报表主要包括：月度培训计划统计表、月度培训计划月度环比分析表。

（一）月度培训计划统计表

1. 计划培训次数、培训费用、培训方法、培训考核方法

【功能】对指定组织、指定时间段的计划培训次数、培训费用、培训方法、培训考核方法等维度进行统计分析。同时，可以通过指定一个或多个字段值自定义统计分析数据范围，如课程类别、培训形式、讲师来源等。

【数据来源】益昇 eHR—培训管理—月度培训计划。

具体参见表 4-11。

表 4-11 月度培训计划表

月度培训计划 ID	课程名称	课程 ID	所属组织	课程类别	培训方法
MTP000041	商务礼仪培训	TL000087	A	管理	演讲式授课 / 教学式授课
MTP000035	品质提高的实施对策	TL000021	B	管理	演讲式授课 / 教学式授课
MTP000034	人力资源管理体系	TL000004	B	技能	案例分析
MTP000033	信息安全知识	TL000002	C	管理	案例分析

月度培训计划 ID	培训课时	参加人数	参加人员范围	预算费用（元）	培训形式	培训考核方法	培训日期	讲师来源
MTP000041	4	5	全体员工	500	外部	操作测试	2022-01-07	内部
MTP000035	40	30	餐饮中心	6000	内部	操作测试	2021-04-01	外部
MTP000034	4	4	全体	2000	内部	操作测试	2021-01-01	外部
MTP000033	30	20	中层员工	8000	内部	答题测试	2021-08-01	内部

【数据解读】参考本章第二部分“培训需求”相关的分析维度。

2. 讲师来源

【功能】对指定组织、指定时间段，计划培训课程的讲师来源进行统计分析。

【数据来源】益昇 eHR—培训管理—月度培训计划。

【数据解读】通过对培训讲师来源的分析，可以反映出企业内部培训课程体系的完善程度，企业培训课程体系越完善，讲师来源为“内部讲师”的数量占比越高。

【统计分析示例】如表 4-12 所示，在 A、B、C、D 4 个组织的计划培训课程中，讲师来源主要是内部，是由于这些企业都建立了内部培训讲师管理机制，将授课时长作为员工绩效考核和职位晋升的关注点。

表 4-12 月度培训计划—讲师来源分析表

所属组织	不同讲师来源对应的课时数		合计
	内部	外部	
A	50	2	52
B	30	5	35
C	3	2	5
D	25	3	28
合计	108	12	120

（二）月度培训计划月度环比分析表

【功能】对指定组织、指定月度，各月份的计划培训次数进行环比分析。同时，可以通过指定一个或多个字段值自定义统计分析数据范围，如课程类别、培训方法、培训考核方法、培训形式、讲师来源等。

【数据来源】益昇 eHR—培训管理—月度培训计划。

【数据解读】参考“培训需求数量月度环比分析表”。

四、培训实施数据分析

培训实施是培训计划的落地过程，需要在培训计划的基础上对课程时间、培训准备事项等方面进行细化。

培训实施数据分析涉及的报表主要包括：培训实施统计表、培训人数月度环比分析表、培训次数月度环比分析表、培训课时月度环比分析表、培训讲师授课情况统计表、员工个人学习地图达成表。

（一）培训实施统计表

1. 培训次数、培训课时、培训费用、培训方法、培训考核方法、讲师来源

【功能】对指定组织、指定时间段，所开展培训的次数、课时数、培训费用、培训方法、培训考核方法、讲师来源等维度进行统计分析。同时，可以通过指定一个或多个字段值自定义统计分析数据范围，如课程类别、培训形式等。

【数据来源】益昇 eHR—培训管理—培训实施。

具体参见表 4-13。

表 4-13 培训实施表

培训 ID	课程名称	培训课时	参加人数	已培训人数	合格人数
TI000051	礼仪管理	40	5	2	2
TI000087	商务礼仪培训	4	3	1	1
TI000027	职业礼仪测试	4	8	6	6
TI000025	办公软件基础培训	1	8	8	8

培训 ID	培训费用（元）	培训方法	培训考核方法	讲师来源
TI000051	500	示范性操作 / 演示	操作测试	内部
TI000087	0	演讲式授课 / 教学式授课	操作测试	内部
TI000027	2000	在线学习	书面总结	内部
TI000025	10000	演讲式授课 / 教学式授课	操作测试	外部

【数据解读】参考本章“培训需求”“培训计划”相关分析维度。

2. 已培训人数

【功能】对指定组织、指定时间段的已培训人数进行统计分析。

【数据来源】益昇 eHR—培训管理—培训实施。

【数据解读】已培训人数是指已经参加培训并签到的人数，通过对计划培训人数和已培训人数的对比分析，可以反映出企业员工参加培训的积极性和参与度。

员工参与培训的积极性与培训课程内容、培训方法、讲师水平和培训准备情况等因素都有关系。

【统计分析示例】以表 4–14 为例，A 组织的计划培训人数和已培训人数差异较大，主要是由于该组织在进行培训安排时，没有充分考虑到企业的生产安排，将培训安排在了生产任务比较繁忙的时间，导致员工参与度低。

B 组织几乎所有计划培训人员都参与了培训，主要是由于该组织的培训讲师深受员工欢迎，摒弃了单一的教学式授课，采用多种培训方法相结合，比如案例分析、小组讨论等，增加了培训的趣味性。

表 4–14 培训实施—已培训人数分析表

所属组织	计划培训人数	已培训人数
A	650	508
B	2000	1990
C	45	40
D	950	880
合计	3645	3418

3. 合格人数

【功能】对指定组织、指定时间段的培训效果二级评估的合格人数进行统计分析，包括培训合格人数及培训合格率。

【数据来源】益异 eHR—培训管理—培训实施。

【数据解读】培训合格人数是指已培训人员中培训效果二级评估的合格人数；培训合格率是指培训效果二级评估合格人数与已培训人数的比值。通过对培训合格率的统计分析，能够直接反映出培训的效果。

【统计分析示例】具体参见表 4–15。

表 4-15 培训实施—合格人数分析表

所属组织	已培训人数	合格人数	合格率（%）
A	750	563	75
B	1823	1787	98
C	28	27	96
D	937	871	93
合计	3538	3248	92

4. 人均培训费用

【功能】对指定组织、指定时间段的人均培训费用进行统计分析。同时，可以通过指定一个或多个字段值自定义统计分析数据范围，如课程类别、培训方法、培训考核方法、培训形式、讲师来源等。

【公式】人均培训费用 = 培训费用 ÷ 培训人次

【数据来源】益昇 eHR—培训管理—培训实施。

【数据解读】参考“培训需求—预计培训费用”分析维度。

（二）培训人数月度环比分析表

【功能】对指定组织、指定月度，各月份培训参加人数进行环比分析。同时，可以通过指定一个或多个字段值自定义统计分析数据范围，如课程类别、培训方法、培训考核方法、培训形式、讲师来源等。

【数据来源】益昇 eHR—培训管理—培训实施。

【数据解读】参考“培训需求月度环比分析表”。

（三）培训次数月度环比分析表

【功能】对指定组织、指定月度，各月份的培训课时进行环比分析。同时，可以通过指定一个或多个字段值自定义统计分析数据范围，如课程类别、培训方法、培训考核方法、培训形式、讲师来源等。

【数据来源】益昇 eHR—培训管理—培训实施。

【数据解读】参考“培训需求月度环比分析表”。

（四）培训课时月度环比分析表

【功能】对指定组织、指定月度，各月份的培训课时进行环比分析。同时，可以通过指定一个或多个字段值自定义统计分析数据范围，如课程类别、培训方法、培训考核方法、培训形式、讲师来源等。

【数据来源】益昇 eHR—培训管理—培训实施。

【数据解读】参考“培训需求月度环比分析表”。

（五）培训讲师授课情况统计表

企业在进行培训讲师级别评定和员工职位晋升时，授课次数、授课课时数及培训效果评估的分数都是重要的参考指标。

1. 授课次数、课时、培训人次

【功能】对指定组织、指定时间段，培训讲师的授课次数、课时数和培训人次等维度进行统计分析。同时，可以通过指定一个或多个字段值自定义统计分析数据范围，如课程类别、培训方法、培训考核方法、培训形式、讲师来源等。

【数据来源】益昇 eHR—培训管理—培训实施。

【数据解读】通过对培训讲师授课次数、课时数和培训人次的统计分析，可以反映出该培训讲师对企业人才培养的贡献度。

【统计分析示例】具体参见表 4–16。

表 4–16 培训讲师授课情况分析表

讲师姓名	授课次数	课时	培训人次
李某花	15	80	896
张某峡	80	80	1020
宋某超	10	60	103
李某田	20	56	106

2. 一级评估分数

【功能】对指定组织、指定时间段的培训讲师的一级评估分数进行统计分析。

【数据来源】益昇 eHR—培训管理—培训实施— 一级评估汇总。

【数据解读】培训一级评估即反应评估，通常在培训结束时采用向学习者发放调查问卷的方式进行。

通过对培训一级评估分数的统计分析，可以反映出参加培训人员对培训课程、培训讲师及培训准备情况的评价情况。

【统计分析示例】具体参见表 4–17。

表 4–17 培训讲师— 一级评估分数分析表

讲师姓名	一级评估分数
李某花	4.8
张某峡	4.8
宋某超	4.0
李某田	3.5

（六）员工个人学习地图达成表

【功能】对指定人员所在职位要求的课程和指定的绩效改进课程、加速培养课程的学习达成情况进行统计分析。

【数据来源】益昇 eHR—培训管理—培训课程—学习地图达成。

【数据解读】绩效改进课程是指在绩效考核过程中，为了改善某项绩效考核指标的达成结果需要学习的课程。人才加速培养课程是指该人员作为加速培养对象需要学习的课程。

【统计分析示例】具体参见表 4–18。

表 4-18 培训记录—学习地图达成表

姓名	课程名称	课程来源	学习要求	2021 年 1 月	2021 年 2 月	…	2022 年 11 月	2022 年 12 月
李某	人事管理软件操作	任职资格	必修	√		…		
李某花	自我管理能力培养	任职资格	选修		√	…		
张某超	商务英语（一级）	任职资格	选修			…	√	
邓某超	平面设计	加速培养	选修	√		…		
邓某超	组织管理	加速培养	选修		√	…		
邓某非	人力资源管理体系	加速培养	选修			…	√	
邓某非	office 办公软件	绩效改进	选修			…		√

五、培训效果评估数据分析

培训效果评估包括：反应评估、学习评估、行为评估和结果评估四个层面。

反应评估是了解学习者对培训课程、培训讲师及培训服务的评价，是衡量学习者对培训的喜好程度，相当于客户满意度。

学习评估是测量课程中的原理、事实、技术和技能被学习者掌握的程度，是衡量预定的培训课程目标达成情况的一种手段。通常在培训结束时采用测验的方式进行。

行为评估是了解学习者将培训所学知识和技能转化为行为的程度，即学习者在结束培训回到工作岗位后工作行为有无改变，以及改变的程度。不是所有的培训都需要进行行为评估，这取决于是否需要广泛及有效地应用学习者在培训中所学到的东西。行为评估与反应评估和学习评估不同，不是在培训结束后立即进行的，通常是在培训结束后 1 个月、3 个月甚至 6 个月实施，并且可以根据实际情况重复实施多次。

结果评估是了解培训项目给组织带来的如成本节约、绩效提升、质量提升、利润回报等信息，是在前三个评估都完成的前提下进行的。对学习者本人、学习者所在组织相关绩效指标达成情况进行分析，是进行结果评估的最简洁的方法。

培训效果评估数据分析涉及的报表主要包括：一级评估汇总表、二级评估分析表。

（一）一级评估汇总表

【功能】对指定培训活动的课程内容、培训讲师及培训服务情况进行统计分析。

【数据来源】益昇 eHR—培训管理—培训实施— 一级评估汇总。

【数据解读】当一级评估中课程内容相关的评价指标分数较低时，说明参加培训人员对课程的内容不感兴趣或者不能理解。当培训讲师相关的评价指标分数较低时，说明参加培训人员对培训讲师的仪容仪表、课程讲授方法或课堂气氛不满意。当培训服务相关的评价指标分数较低时，说明培训负责人需要在以后充分进行培训实施前的准备性工作。

【统计分析示例】具体参见表 4-19。

表 4-19　培训实施—培训一级评估汇总表

姓名	反馈日期	培训课程		培训讲师		培训服务	
		培训内容对本职工作有帮助、实用	……	着装得当，仪容仪表良好	……	培训通知、报名、签到等工作安排有序	……
李某花	2022-03-10	4	……	3	……	4	……
蔡某	2022-03-10	5	……	3	……	4	……
张某路	2022-03-10	4	……	4	……	4	……
邓某超	2022-03-10	3	……	3	……	3	……
王某路	2022-03-10	5	……	3	……	5	……
李某非	2022-03-10	4	……	4	……	4	……
平均值		4.17		3.33		4.00	

（二）二级评估分析表

【功能】对指定的培训活动参与二级评估人数、合格人数、合格率、最高分、最低分、平均分、中位数、众数和极差进行统计分析。

【数据来源】益昇 eHR—培训管理—培训实施—二级评估分析。

【数据解读】通过对合格人数及合格率的统计分析，可以反映出参加培训人员对于培训内容的掌握程度。

平均分是指一组二级评估成绩中的算数平均值。中位数是指将一组二级评估成绩由小到大的顺序排列，位于最中间位置的数值。众数是指二级评估成绩中出现次数最多的数值，体现在直方图中就是最高的组段。极差是指在一组二级评估成绩中，用最高分减去最低分得到这组成绩的分布范围，这个范围便被称为极差。

例如，A、D 两个课程二级评估成绩的平均分相同，但 D 课程的极差大于 A 课程，代表极差大的 D 课程二级评估成绩的离散程度更高。

【统计分析示例】具体参见表 4-20。

表 4-20 培训实施—二级评估分析表

课程名称	参加人数	参加二级评估人数	合格人数	合格率（%）
人事管理软件操作	12	6	4	67
自我管理能力培养	10	7	5	71
商务英语（一级）	9	3	1	33
平面设计	10	7	5	71

课程名称	最高分	最低分	平均分	中位数	众数	极差
人事管理软件操作	100	80	93.6	80	86，94	20
自我管理能力培养	92	70	83.7	85	83	22
商务英语（一级）	98	10	54	54	—	88
平面设计	92	70	83.7	85	85，90	22

六、人力资源管理指标分析

【功能】对指定组织、指定日期所在年度，培训管理模块的人力资源管理指标进行统计分析，包括：年度培训计划完成率、年度培训人次完成率、年度培训覆盖率、年度培训参加率、年度培训考核合格率、学习地图达成率。

【数据来源】益异 eHR—培训管理—年度培训计划。

【公式】

- 年度培训计划完成率 = 年度实际培训次数 ÷ 年度计划培训次数
- 年度培训人次完成率 = 年度实际培训人次 ÷ 年度计划培训人次
- 年度培训覆盖率 =（每月培训已参加人数之和 ÷12）÷（每月在职人数之和 ÷12）
- 年度培训参加率 = 年度培训已参加人数 ÷ 年度应参加人数
- 年度培训考核合格率 = 年度培训考核合格人数 ÷ 年度培训已参加人数
- 学习地图达成率 = 已参加培训课程数 ÷ 应参加培训课程数

【数据解读】

- 年度培训计划完成率、年度培训人次完成率反映了培训计划的执行情况。
- 年度培训覆盖率是已参加培训人数每月平均值与企业在职人数每月平均值的比率，可以反映出培训活动的受众范围大小。
- 年度培训参加率是年度已参加人数与年度应参加人数的比率，可以反映出员工对培训活动的参与度。
- 年度培训考核合格率是年度培训考核合格人数与年度培训已参加人数的比率，可以反映出培训的二级评估结果情况。
- 学习地图达成率是已参加培训课程数与应参加培训课程数的比率，可以反映出员工对所要求课程的参加情况。

【统计分析示例】具体见表 4–21。

表 4-21 人力资源指标分析表（培训管理）

单位：%

所属组织	年度培训计划完成率	年度培训人次完成率	年度培训覆盖率	年度培训参加率	年度培训考核合格率	学习地图达成率
A	67	53	19	95	94	90
B	15	20	10	40	90	92
C	94	72	81	100	96	95
D	75	70	65	78	90	80

七、预测分析

（一）年度参加人次数预测分析

【功能】根据指定组织的历史数据，对未来 5 年的年度培训参加人次数进行预测分析。

【数据来源】益昇 eHR—培训管理—培训实施。

具体参见图 4-1。

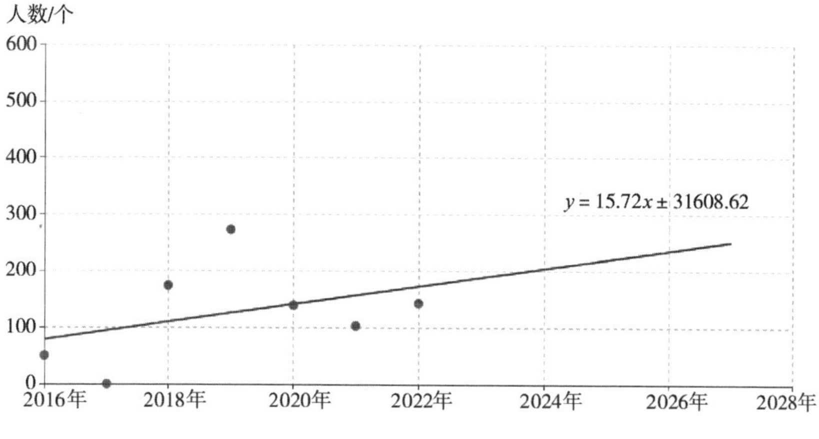

图 4-1 年度参加人次数预测分析示意图

（二）年度培训费用预测分析

【功能】根据指定组织的历史数据，对未来 5 年的年度培训费用进行预测分析。

【数据来源】益昇 eHR—培训管理—培训实施。

具体参见图 4–2。

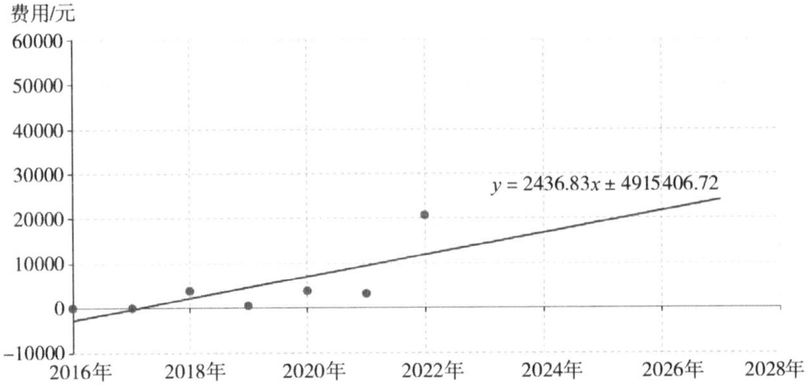

图 4–2　年度培训费用预测分析示意图

八、员工个体数据分析

（一）我的培训课表

【功能】对指定日期、指定员工的个体数据指标进行统计分析，包括：待参加培训课时、待参加培训次数。

【数据来源】益昇 eHR—培训管理—培训实施。

【统计分析示例】具体参见图 4–3。

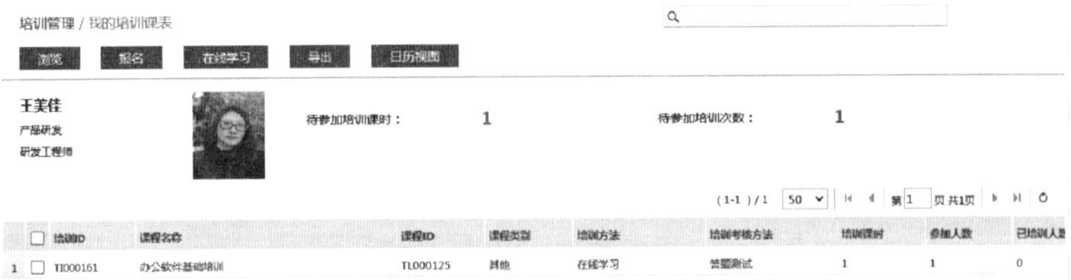

图 4–3　员工培训课表示例

（二）我的培训记录

【功能】对指定日期、指定员工的个体数据指标进行统计分析，包括：年度培训课时、年度培训次数、年度培训合格次数、年度培训合格率。

【数据来源】益昇 eHR—培训管理—培训实施

【统计分析示例】具体参见图 4–4。

图 4–4 员工培训记录示例

（三）我的培训课程

【功能】对指定日期、指定员工的个体数据指标进行统计分析，包括：已评审培训课程数、已评审培训课时。

【数据来源】益昇 eHR—培训管理—培训实施。

【统计分析示例】具体参见图 4–5。

图 4–5 员工培训课程示例

九、数据图表示例

（一）培训课程统计数据图表示例

具体内容参见图 4-6、图 4-7、图 4-8。

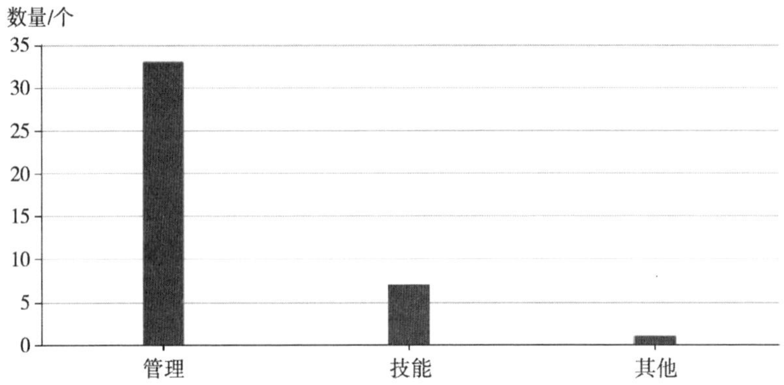

图 4-6　课程类别统计数据示例

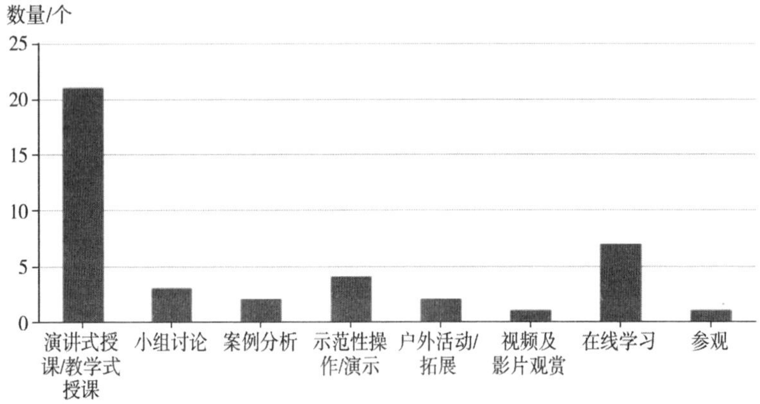

图 4-7　培训方法统计数据示例

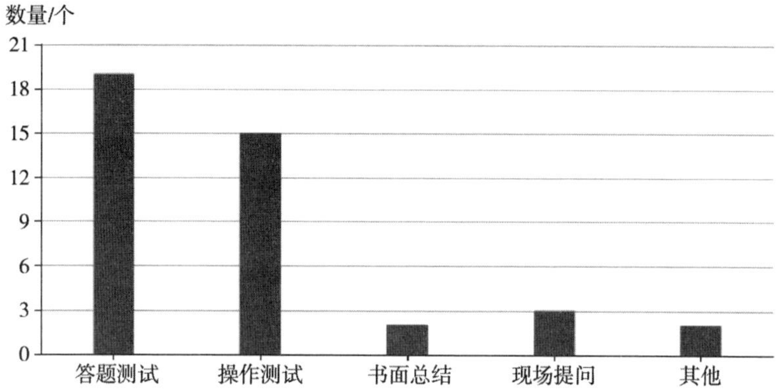

图 4-8 培训考核方法统计数据示例

（二）培训计划统计数据图表示例

具体内容参见图 4-9 至图 4-12。

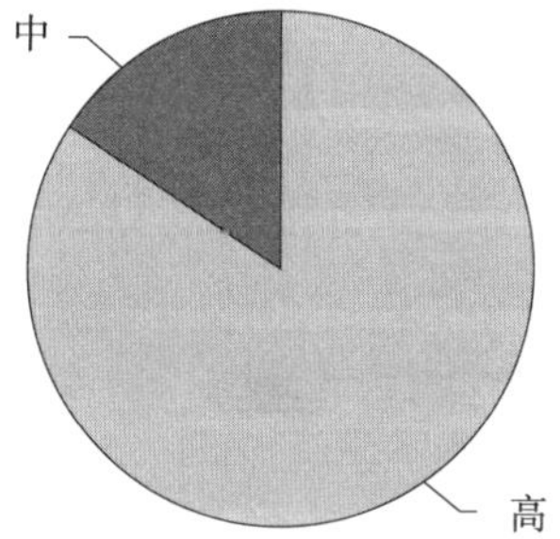

图 4-9 优先级统计数据示例

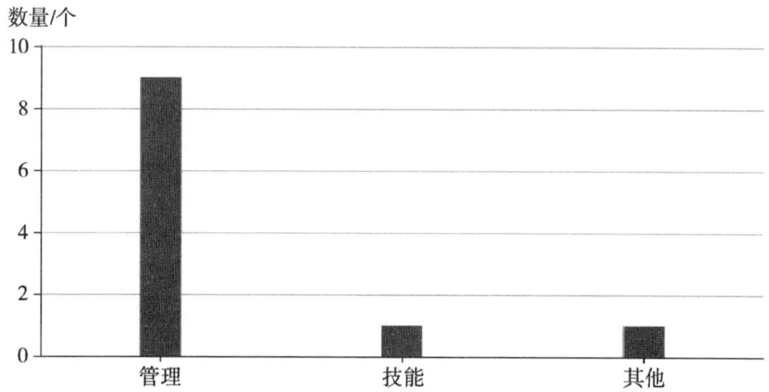

图 4-10 课程类别统计数据示例

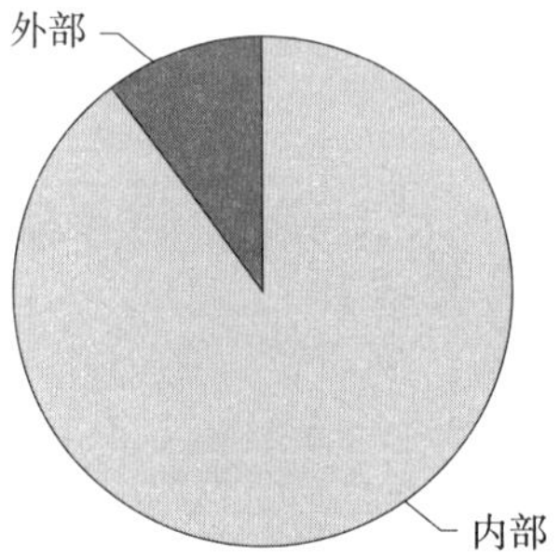

图 4-11　培训形式统计数据示例

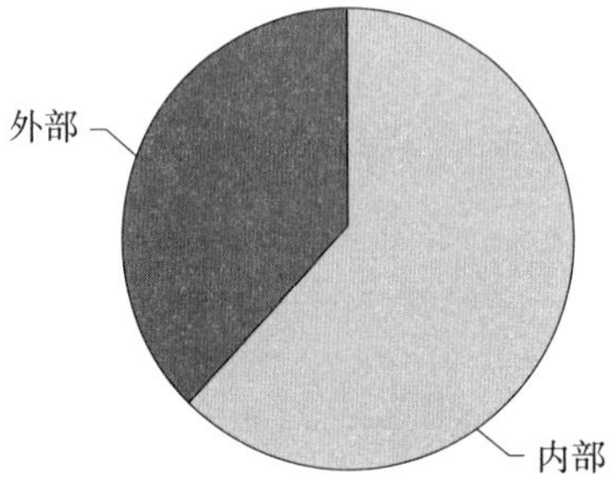

图 4-12　讲师来源统计数据示例

（三）培训实施统计数据图表示例

具体内容参见图 4-13 至图 4-23。

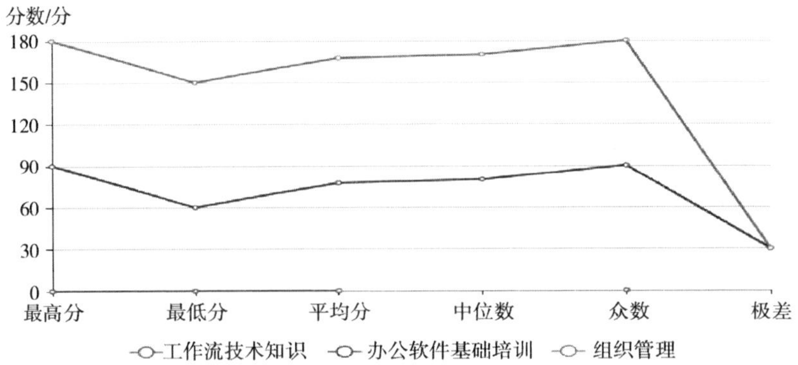

图 4-13　分数统计数据示例

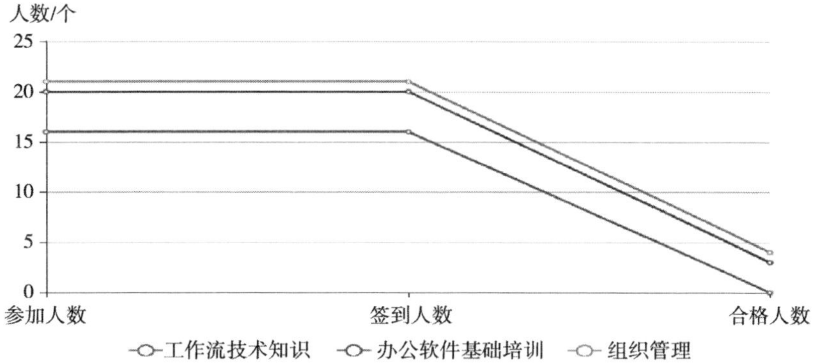

图 4-14 人数统计数据示例

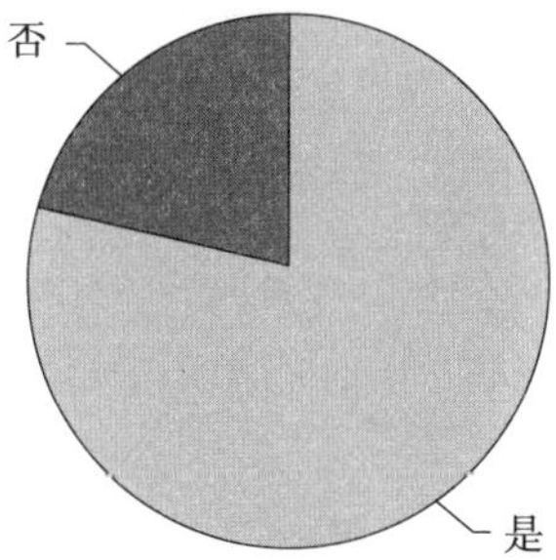

图 4-15 合格统计数据示例

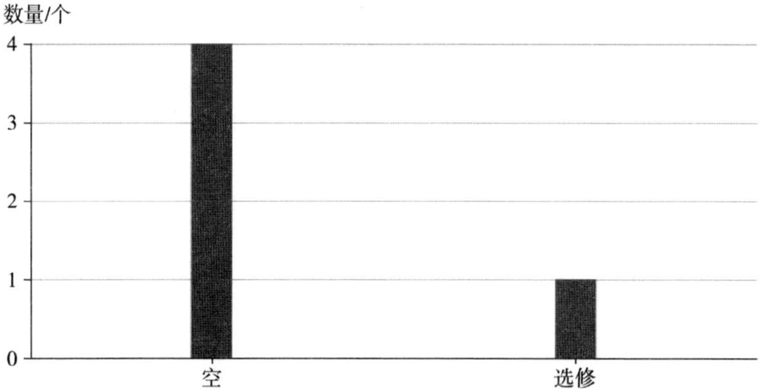

图 4-16 学习要求统计数据示例

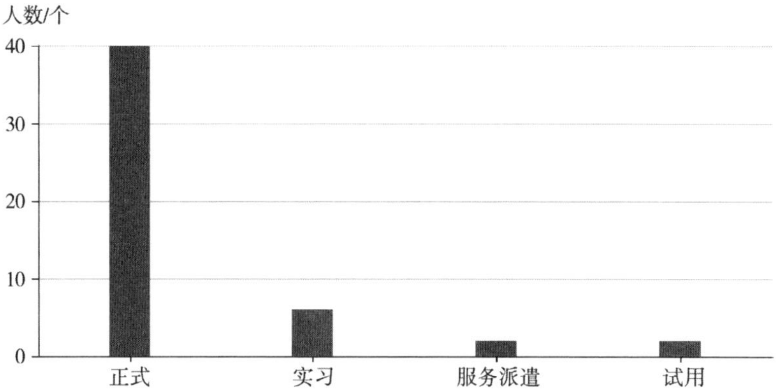

图 4-17　人员类别统计数据示例

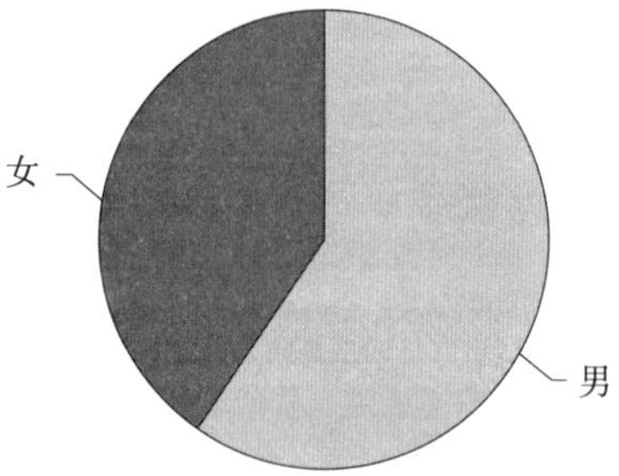

图 4-18　性别统计数据示例

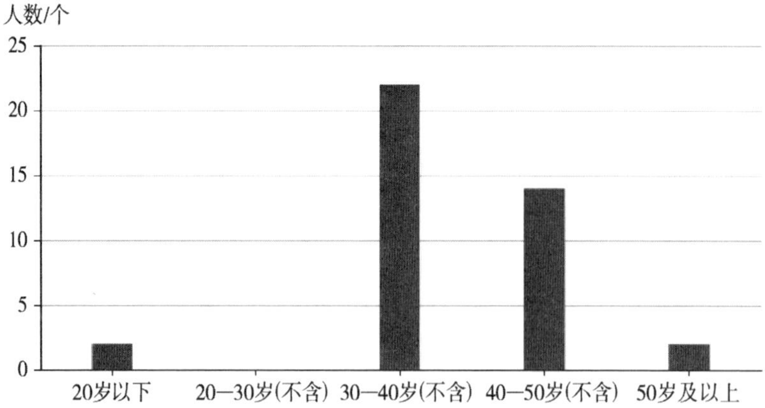

图 4-19　年龄统计数据示例

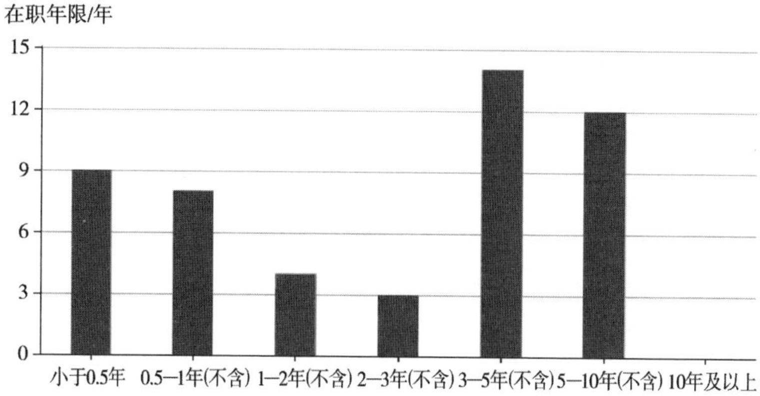

图 4-20 在职年限统计数据示例

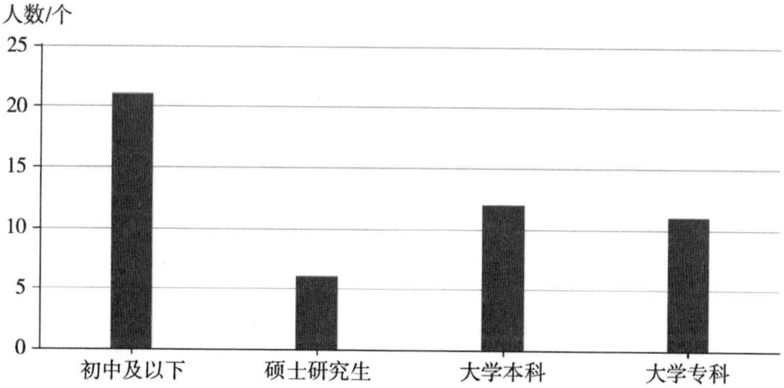

图 4-21 学历统计数据示例

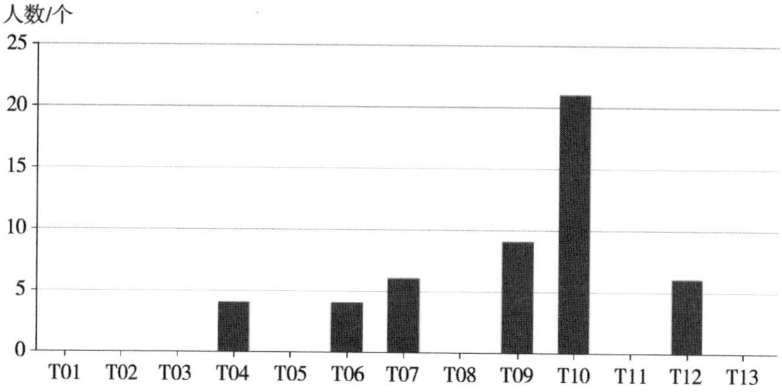

图 4-22 职位级别统计数据示例

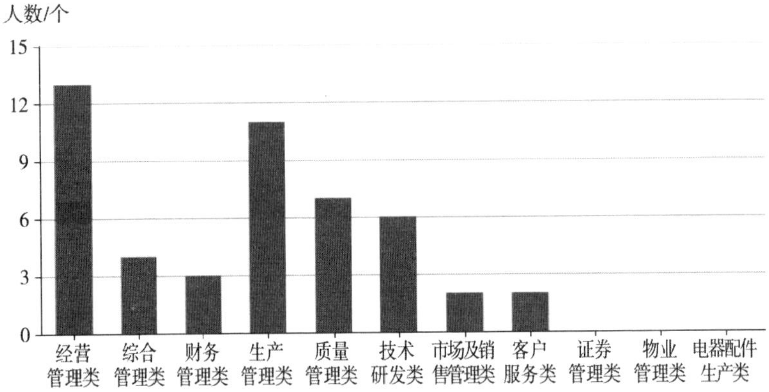

图 4-23 专业方向统计数据示例

十、数据看板示例

以某组织为例，6 月的相关数据如下所示，相应的示意图如图 4-24 至图 4-29 所示。

讲师人数：30
课程数：80

本月计划培训次数：40
上月计划培训次数：20
年度计划培训次数：171

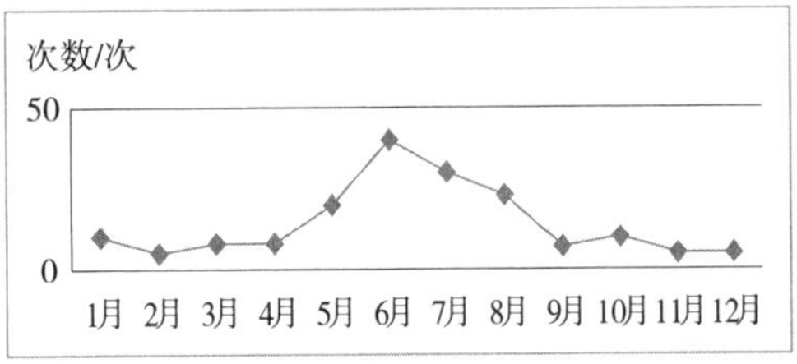

图 4-24 计划培训次数月度环比分析示意图

本月培训课时数：40
上月培训课时数：30
年度培训课时数：200

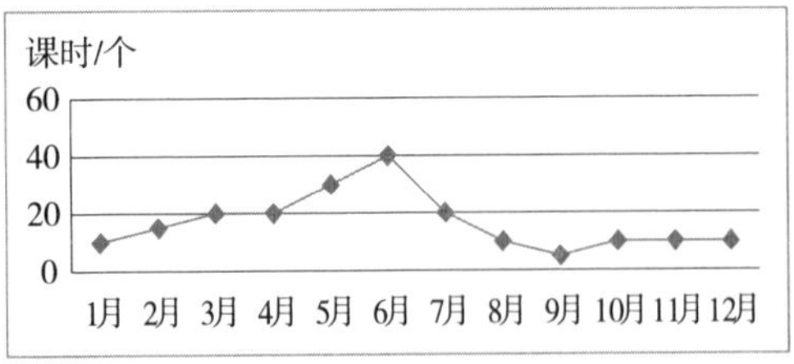

图 4-25 培训课时数月度环比分析示意图

本月培训次数：9
上月培训次数：6
年度培训次数：62

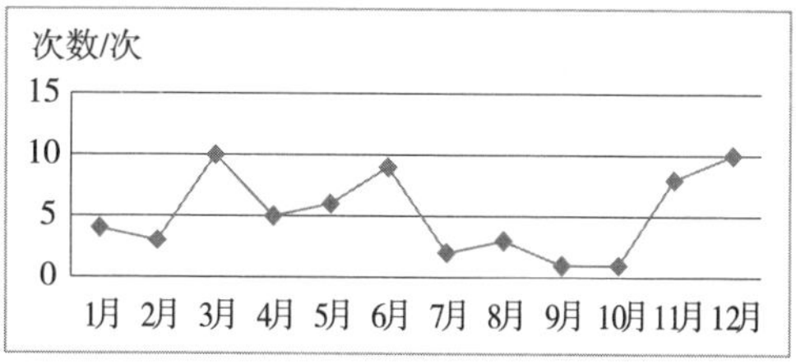

图 4-26 培训次数月度环比分析示意图

本月参加培训人次数：45
本月已培训人次数：24
本月合格人次数：20
上月参加培训人次数：50
上月已培训人次数：45
上月合格人次数：40
年度参加培训人次数：655
年度已培训人次数：559
年度合格人次数：479

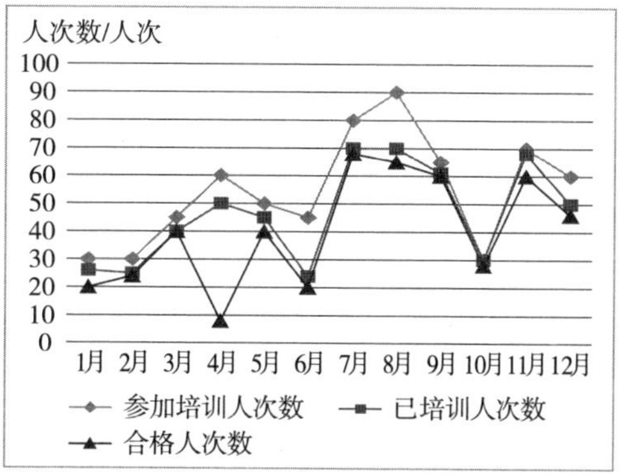

图 4-27 培训实施人次数月度环比分析示意图

本月培训费用（元）：3000
上月培训费用（元）：2000
年度培训费用（元）：42000

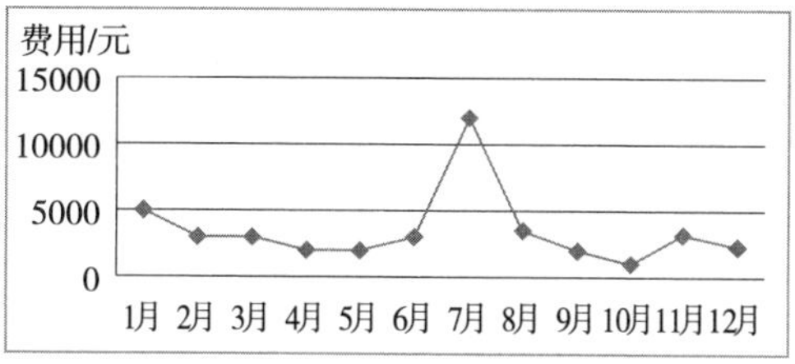

图 4-28 培训费用月度环比分析示意图

本月人均培训费用（元）：125
上月人均培训费用（元）：44.4
年度人均培训费用（元）：89.9

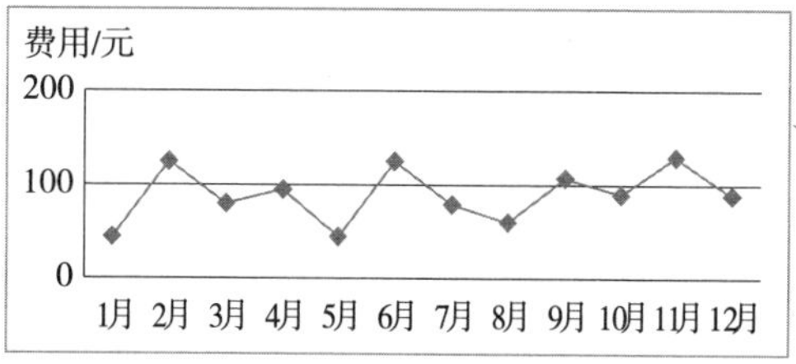

图 4-29 人均培训费用月度环比分析示意图

第五章 | 考勤管理

一、考勤管理数据分析

考勤管理在考勤规则层面包括：哪一天出勤，即工作日历；几点到几点出勤，即工作班次和排班。在原始数据层面包括：出勤记录和请假加班单据。考勤统计和考勤结算是考勤管理的结果性数据，是考勤管理数据分析的主要对象。

考勤管理数据分析涉及的报表主要包括：考勤统计汇总表、考勤统计月度环比分析表、考勤结算汇总表、考勤结算月度环比分析表、结算后剩余年假分析表、排班统计汇总表。

（一）考勤统计汇总表

【功能】对指定组织（任职组织、薪资关系组织、成本中心）、指定开始日期所在考勤统计年月至结束日期所在考勤统计年月，考勤统计汇总进行统计分析。同时，可以通过指定一个或多个字段值自定义统计分析数据范围，如特殊考勤类型、人员类别、工时制、职位级别、职位系列等。

【数据来源】益昇 eHR—考勤管理—考勤统计。

具体参见表 5-1。

表 5-1 考勤统计表

员工 ID	姓名	薪资关系 ID	薪资关系组织	职位编号	职位名称	人员类别	入职日期
10002186	林某乐	SR100192	A	G08F01	行政经理	正式	2021-08-23
10001147	刘某国	SR100179	A	G07D01	生产经理	正式	2021-06-21

员工 ID	离职日期	工时制	考勤统计年月	统计状态	应出勤小时数	入离职缺勤（小时）	平日加班（小时）	公休日加班（小时）	值班（小时）	节日加班（小时）
10002186		标准工时制	2020-10	已结账	176	0	16	4	0	0
10001147		标准工时制	2020-10	已结账	176	0	24	4	0	0

员工 ID	事假（小时）	病假（小时）	育儿假（小时）	倒休假（小时）	出差倒休假（小时）	值班倒休假（小时）	年假（小时）	产假（小时）
10002186	8	4	0	0	0	0	0	0
10001147	0	0	0	0	0	0	4	0

员工 ID	婚假（小时）	丧假（小时）	陪产假（小时）	哺乳假（小时）	产检假（小时）	旷工（小时）	探亲假（小时）	工伤假（小时）	忘签到（次）	迟到（次）	早退（次）
10002186	0	0	0	0	0	0	0	0	3	0	0
10001147	0	0	0	0	0	0	0	0	3	0	0

员工 ID	上次结算后剩余年假（小时）	上次结算后剩余平日加班（小时）	上次结算后剩余公休日加班（小时）	本月新增年假（小时）	考勤结算年月	结算入离职缺勤（小时）	结算应出勤小时数	结算平日加班（小时）	结算公休日加班（小时）
10002186	0	0	0	0	2020-10	0	176	8	4
10001147	28	0	0	0	2020-10	0	176	24	4

员工 ID	结算节日加班（小时）	结算值班（小时）	结算年假（小时）	结算事假（小时）	结算病假（小时）	结算育儿假（小时）	结算倒休假（小时）	结算出差倒休假（小时）	结算值班倒休（小时）
10002186	0	0	0	0	4	0	0	0	0
10001147	0	0	0	0	0	0	0	0	0

续表

员工 ID	结算产假（小时）	结算婚假（小时）	结算丧假（小时）	结算陪产假（小时）	结算哺乳假（小时）	结算产检假（小时）	结算旷工（小时）	结算探亲假（小时）	结算工伤假（小时）
10002186	0	0	0	0	0	0	0	0	0
10001147	0	0	0	0	0	0	0	0	0

员工 ID	结算迟到（次）	结算早退（次）	结算后剩余年假（小时）	结算后剩余平日加班（小时）	结算后剩余公休日加班（小时）
10002186	0	0	0	0	0
10001147	0	0	24	0	0

【**数据解读**】考勤统计汇总表的分析维度一般包括：人数、应出勤、入离职缺勤、平日加班、公休日加班、节日加班、事假、病假、倒休假、年假、产假、婚假、丧假、陪产假、哺乳假、产检假、工伤假、育儿假、探亲假、旷工、迟到、早退、忘签到。

【**统计分析示例**】如表 5-2 所示，B 组织的忘签到次数为 789，明显高于 A 组织，说明该企业对于出勤签到管理的严格程度还有待提高，需要考虑采取必要的措施，减少忘签到的发生次数。

A 组织平日加班小时数明显高于 B 组织，主要是由于该组织为劳动密集型企业，基层操作人员占总人数的 80% 以上，报表统计当月内生产任务较重，需要加班加点才能完成。

表 5-2　考勤统计汇总分析表

所属组织	人数	应出勤（小时）	入离职缺勤（小时）	平日加班（小时）	公休日加班（小时）	节日加班（小时）	事假（小时）	病假（小时）	倒休假（小时）	年假（小时）
A	277	46536	1800	2206.7	854.9	12	1080.3	0	563	75
B	432	72576	112	201	56	0	803	56	328	80
合计	709	119112	1912	2407.7	910.9	12	1883.3	56	891	155

续表

所属组织	产假（小时）	婚假（小时）	丧假（小时）	陪产假（小时）	哺乳假（小时）	产检假（小时）	工伤假（小时）	育儿假（小时）	探亲假（小时）	旷工（小时）	迟到（次）	早退（次）	忘签到（次）
A	0	1800	2206.7	854.9	12	1080.3	0	563	75	0	1800	2206	56
B	0	112	201	56	0	803	56	328	80	0	112	201	789
合计	0	1912	2407.7	910.9	12	1883.3	56	891	155	0	1912	2407	845

（二）考勤统计月度环比分析表

【功能】对指定组织（任职组织、薪资关系组织、成本中心）、指定日期所在年度内，各月考勤统计进行环比分析。同时，可以通过指定一个或多个字段值自定义统计分析数据范围，如特殊考勤类型、人员类别、工时制、职位级别、职位系列等。

【数据来源】益昇 eHR—考勤管理—考勤统计。

【数据解读】

考勤统计环比分析表的分析维度一般包括：应出勤、入离职缺勤、平日加班、公休日加班、节日加班、事假、病假、倒休假、年假、产假、婚假、丧假、陪产假、哺乳假、产检假、工伤假、育儿假、探亲假、旷工、迟到、早退、忘签到。

【统计分析示例】如表 5-3 所示，该组织平日加班 1 月统计数据为全年最高，12 月统计数据为全年最低，主要是由于该组织每年 6 月、12 月进行大型设备停产检修，1 月、7 月为复工追产期。

节日加班 10 月统计数据为全年最高，11 月、12 月统计数据为全年最低，主要是由于 10 月正逢国庆假期，组织安排员工加班对应秋季生产任务。

年假 1 月、2 月统计数据为全年最高，主要由于 2 月正逢春节假期且生产任务少，企业安排员工集中休年假。

表 5-3 考勤统计月度环比分析表

特殊考勤类型	全年各月考勤统计数据						合计
	1 月	2 月	…	10 月	11 月	12 月	
应出勤（小时）	527343.5	521424	…	527588.5	460241	510693	6354580.5
入离职缺勤（小时）	21468	59364.5	…	28403	14373	39803	488727.5
平日加班（小时）	4299.1	2171.6	…	2553.2	2206.7	591.5	38357.8
公休日加班（小时）	6055.8	3064.3	…	5778.2	3398.2	3296.7	58458.8
节日加班（小时）	592	29	…	1448.8	0	0	4186.9
事假（小时）	26703.9	201857.5	…	33866.8	45900.9	46812.7	565172
病假（小时）	185.5	0	…	0	0	0	185.5
倒休假（小时）	179.4	546	…	498	457	985	6609.9
年假（小时）	1892	1726	…	41	0	98	3880
产假（小时）	168	312	…	0	0	0	2688
婚假（小时）	0	0	…	24	24	0	142
丧假（小时）	213.5	258	…	16	54	23	1107.5
陪产假（小时）	0	56	…	0	63	91.5	290
哺乳假（小时）	0	49	…	53	49	50	679
产检假（小时）	12	24	…	38	27	29	308
工伤假（小时）	0	0	…	548	0	0	3026
育儿假（小时）	0	0	…	0	0	0	0
探亲假（小时）	0	0	…	0	0	0	0
旷工（小时）	121	130	…	188.4	10.5	52	501.9
迟到（次）	58	186	…	360	264	173	2732
早退（次）	37	134	…	193	451	630	2400
忘签到（次）	1053	1764	…	1764	865	989	13477

（三）考勤结算汇总表

【功能】对指定组织（任职组织、薪资关系组织、成本中心）、指定开始日期所在考勤统计年月至结束日期所在考勤统计年月，考勤结算汇总进行统计分析。同时，可以通过指定一个或多个字段值自定义统计分析数据范围，如特殊考勤类型、人员类别、工时制、职位级别、职位系列等。

【数据来源】益昇 eHR—考勤管理—考勤统计。

【数据解读】考勤结算汇总表的分析维度一般包括：人数、结算应出勤、结算入离职缺勤、结算平日加班、结算公休日加班、结算节日加班、结算事假、结算病假、结算倒休假、结算年假、结算产假、结算婚假、结算丧假、结算陪产假、结算哺乳假、结算产检假、结算工伤假、结算育儿假、结算探亲假、结算旷工、结算迟到、结算早退、结算忘签到。

考勤统计结果与考勤结算结果是考勤管理的两个不同环节。考勤统计结果是将员工提交的请假、加班单据与出勤记录、排班规则、班次规则等进行比对后的结果；考勤结算结果是将考勤统计结果与考勤规则、剩余加班小时数、剩余年假小时数等进行核销后的结果。

具体结算规则取决于每个企业的考勤管理制度，图 5-1 是益昇 eHR 中关于考勤结算规则示意，供读者参考。

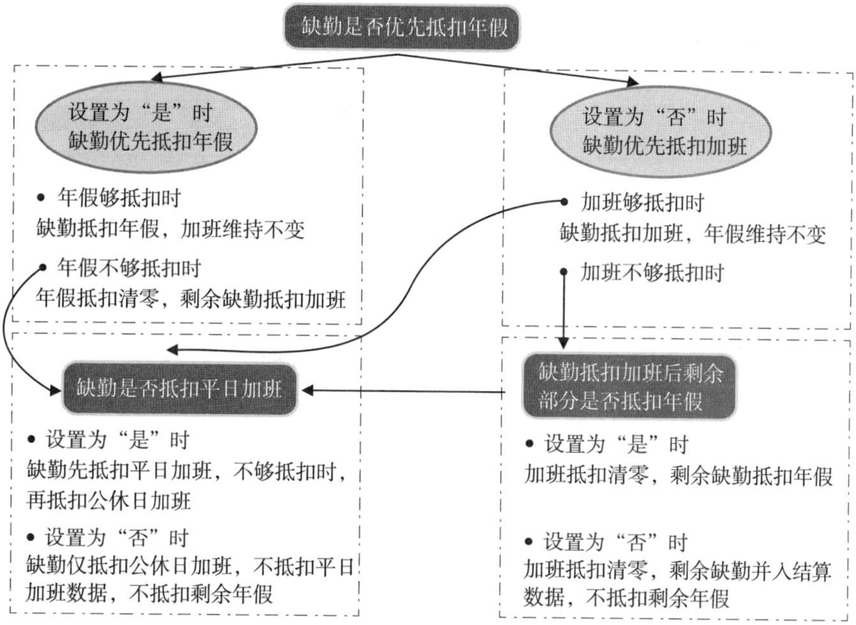

图 5-1 益昇 eHR 中关于考勤结算规则示意

【统计分析示例】具体参见表 5-4。

表 5-4 考勤结算汇总分析表

所属组织	人数	结算应出勤（小时）	结算入离职缺勤（小时）	结算平日加班（小时）	结算公休日加班（小时）	结算节日加班（小时）	结算事假（小时）	结算病假（小时）	结算倒休假（小时）	结算年假（小时）	结算产假（小时）
A	277	46536	1800	2206.7	854.9	12	1080.3	0	563	75	0
B	432	72576	112	201	56	0	803	0	328	80	0
C	40	6720	0	0	0	0	16	0	0	0	0
D	1204	202272	3051.5	0	1103.3	215	3274.1	0	829	562	168
合计	1953	328104	4963.5	2407.7	2014.2	227	5173.4	0	1720	717	168

所属组织	结算婚假（小时）	结算丧假（小时）	结算陪产假（小时）	结算哺乳假（小时）	结算产检假（小时）	结算工伤假（小时）	结算育儿假（小时）	结算探亲假（小时）	结算旷工（小时）	结算迟到（次）	结算早退（次）	结算忘签到（次）
A	0	0	0	0	0	0	0	0	0	20	9	57
B	0	0	0	0	0	0	0	0	0	0	0	789
C	0	0	0	0	0	0	0	0	0	51	1	0
D	24	54	64	72	128	0	0	256	10.5	193	441	19
合计	24	54	64	72	128	0	0	256	10.5	264	451	865

（四）考勤结算月度环比分析表

【功能】对指定组织（任职组织、薪资关系组织、成本中心）、指定日期所在年度内，各月考勤结算进行环比分析。同时，可以通过指定一个或多个字段值自定义统计分析数据范围，如特殊考勤类型、人员类别、工时制、职位级别、职位系列等。

【数据来源】益异 eHR—考勤管理—考勤统计。

【数据解读】

考勤结算月度环比分析表的分析维度包括：结算应出勤、结算入离职缺勤、结算平日加班、结算公休日加班、结算节日加班、结算事假、结算病假、结算倒休假、结算年假、结算产假、结算婚假、结算丧假、结算陪产假、结算哺乳假、结算产检假、结算工伤假、结算育儿假、结算探亲假、结算旷工、结算迟到、结算早退、结算忘签到。

【统计分析示例】具体参见表 5–5。

表 5–5 考勤结算汇总月度环比分析表

特殊考勤类型	全年各月考勤结算数据						合计
	1 月	2 月	…	10 月	11 月	12 月	
结算应出勤（小时）	527343.5	521424	…	527588.5	460241	510693	6354580.5
结算入离职缺勤（小时）	21468	59364.5	…	28403	14373	39803	488727.5
结算平日加班（小时）	4299.1	2171.6	…	2553.2	2206.7	591.5	38357.8
结算公休日加班（小时）	6055.8	3064.3	…	5778.2	3398.2	3296.7	58458.8
结算节日加班（小时）	592	29	…	1448.8	0	0	4186.9
结算事假（小时）	26703.9	201857.5	…	33866.8	45900.9	46812.7	565172
结算病假（小时）	185.5	0	…	0	0	0	185.5
结算倒休假（小时）	179.4	546	…	498	457	985	6609.9
结算年假（小时）	1892	1726	…	41	0	98	3880
结算产假（小时）	168	312	…	0	0	0	2688
结算婚假（小时）	0	0	…	24	24	0	142
结算丧假（小时）	213.5	258	…	16	54	23	1107.5
结算陪产假（小时）	0	56	…	0	63	91.5	290
结算哺乳假（小时）	0	49	…	53	49	50	679
结算产检假（小时）	12	24	…	38	27	29	308
结算工伤假（小时）	0	0	…	548	0	0	3026
结算育儿假（小时）	0	0	…	0	0	0	0
结算探亲假（小时）	0	0	…	0	0	0	0
结算旷工（小时）	121	130	…	188.4	10.5	52	501.9
结算迟到（次）	58	186	…	360	264	173	2732
结算早退（次）	37	134	…	193	451	630	2400
结算忘签到（次）	1053	1764	…	1764	865	989	13477

（五）结算后剩余年假分析表

【功能】对指定组织（任职组织、薪资关系组织、成本中心）、指定日期所在考勤统计年月，结算后剩余年假人数进行统计分析。同时，可以通过指定一个或多个字段值自定义统计分析数据范围，如特殊考勤类型、人员类别、工时制、职位级别、职位系列等。

【数据来源】益升 eHR—考勤管理—考勤统计。

【数据解读】结算后剩余年假分析表的分析维度包括：结算后剩余年假（小时）、8 小时以下人数、9 至 16 小时人数、17 至 24 小时人数、25 至 32 小时人数、33 至 40 小时人数、41 小时及以上人数。通过对结算后剩余年假的统计分析，可以反映出企业员工年假的留存情况，可以据此有计划性地督促或安排员工休年假。

【统计分析示例】以表 5-6 为例，在 B 组织中，结算后剩余年假为 8 小时以下的 67 人，占该组织有剩余年假总人数的 48.55%，40 小时以上的 36 人，占比 26.09%。这主要是由于该组织在春节期间，统一安排生产岗位员工休年假，而后勤岗位员工正常出勤，进而导致剩余年假两极分化。

表 5-6 结算后剩余年假分析表

所属组织	结算后剩余年假（小时）	8 小时以下人数	9 至 16 小时人数	17 至 24 小时人数	25 至 32 小时人数	33 至 40 小时人数	41 小时及以上人数
A	4736	76	17	10	8	6	59
B	3187	67	14	9	8	4	36
C	125	1	0	0	0	0	2
D	1424	8	3	1	0	2	21
合计	9472	152	34	20	16	12	118

（六）排班统计汇总表

【功能】对指定组织、指定日期所在考勤统计年月，每天各班次的人次数进行统计分析。

【数据来源】益异 eHR—考勤管理—员工排班。

【数据解读】通过对排班的统计汇总，可以反映出各班次人次数的平衡性，以及各班次合计人次数与工作任务量的匹配性。

【统计分析示例】如表 5–7 所示，A 组织每周星期一至星期五的排班人数均为 19 人，星期六、星期日均为 0 人，主要是由于该组织实行标准工时制。

B 组织每 3 天为一个排班周期，其中有一天的排班人数少于另外两天，是由于生产特性导致的排班人数差异。

C 组织从当月 3 日开始排班人数上升，下半月有所回落，主要是由于该组织阶段性生产任务较多。

表 5–7 排班统计汇总表

班次名称	每日对应排班人数							
	1（星期二）	2（星期三）	3（星期四）	4（星期五）	5（星期六）	…	30（星期三）	31（星期四）
A	19	19	19	19	0	…	19	19
B	10	16	16	10	16	…	17	10
C	41	41	62	62	62	…	53	53

二、人力资源管理指标分析

【功能】对指定组织（任职组织、薪资关系组织、成本中心）、指定日期所在年度，考勤管理模块的人力资源管理指标进行统计分析，包括：出勤签到率、年度缺勤率、年度加班强度比率。

【数据来源】益异 eHR—考勤管理—考勤统计。

【公式】

- 出勤签到率 = 签到人数 ÷ 应出勤人数

- 年度缺勤率 = 年度缺勤小时数 ÷ 年度应出勤小时数
- 年度加班强度比率 = 年度加班小时数 ÷ 年度应出勤小时数

【数据解读】

- 出勤签到率是签到人数与应出勤人数的比率。通过出勤签到率可以反映出员工对出勤签到制度的遵守情况。
- 年度缺勤率是年度缺勤小时数与年度应出勤小时数比率。通过缺勤率可以反映出员工的整体工作状态。
- 年度加班强度比率是年度加班小时数与年度应出勤小时数比率。通过加班强度比率可以反映出企业安排员工超时工作的情况。

【统计分析示例】具体参见表 5-8。

表 5-8 人力资源指标分析表（考勤管理）

单位：%

所属组织	出勤签到率	年度缺勤率	年度加班强度比率
A	88.79	9.81	13.25
B	86.54	8.25	5.27
C	100.00	4.54	1.33
D	94.45	3.74	3.59

三、员工个体数据分析

（一）我的排班记录

【功能】对指定日期、指定员工的个体数据指标进行统计分析，包括：本月排班次数、上月排班次数。

【数据来源】益昇 eHR—考勤管理—考勤统计。

【统计分析示例】具体参见图 5-2。

图 5-2　员工排班记录示例

（二）我的出勤记录

【功能】对指定日期、指定员工个体数据指标进行统计分析，包括：本月忘签到次数、上月忘签到次数。

【数据来源】益昇 eHR—考勤管理—考勤统计。

【统计分析示例】具体参见图 5-3。

图 5-3　员工出勤记录示例

（三）我的请假加班

【功能】对指定日期、指定员工的个体数据指标进行统计分析，包括：本月加班次数、上月加班次数、本月请假次数、上月请假次数。

【数据来源】益昇 eHR—考勤管理—考勤统计。

【统计分析示例】具体参见图 5-4。

图 5-4　员工请假加班记录示例

（四）我的考勤统计记录

【功能】对指定日期所在年度、指定员工的个体数据指标进行统计分析，包括：年度结算加班小时数、年度结算请假小时数、年度缺勤率、年度加班强度比率。

【数据来源】益昇 eHR—考勤管理—考勤统计。

【统计分析示例】具体参见图 5-5。

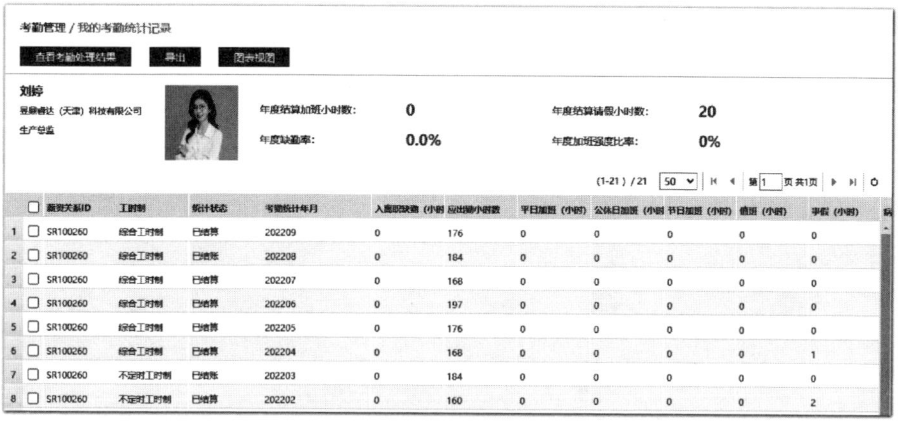

图 5-5 员工考勤统计记录示例

四、数据图表示例

具体内容参见图 5-6 至图 5-12。

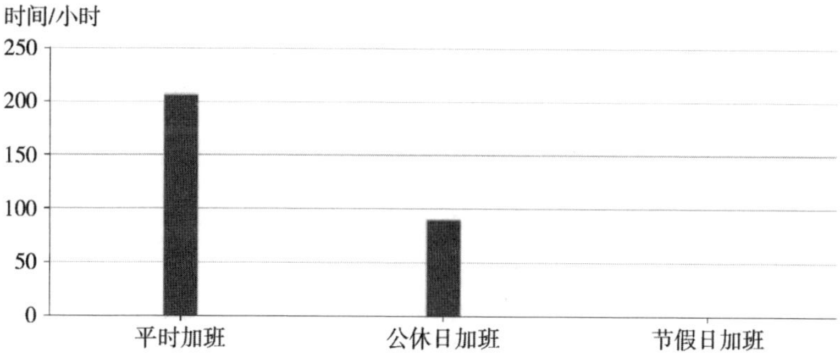

图 5-6 加班统计数据示例

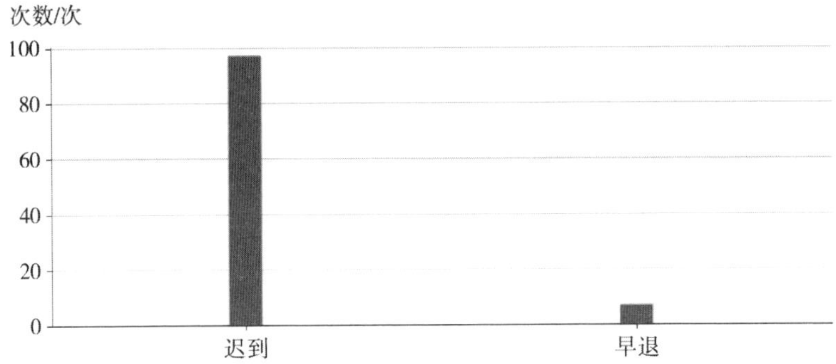

图 5-7 考勤异常统计数据示例

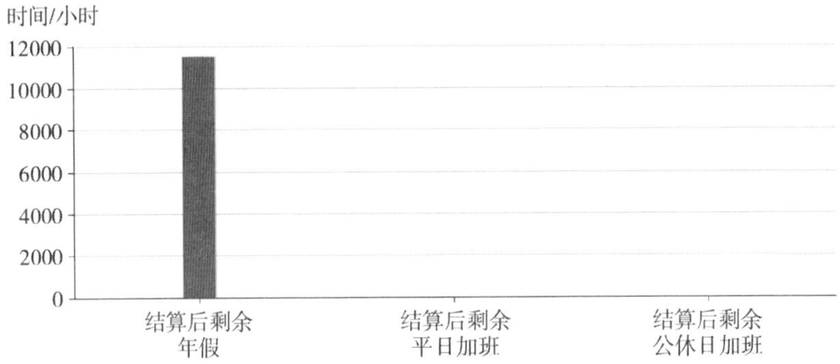

图 5-8 结算后剩余统计数据示例

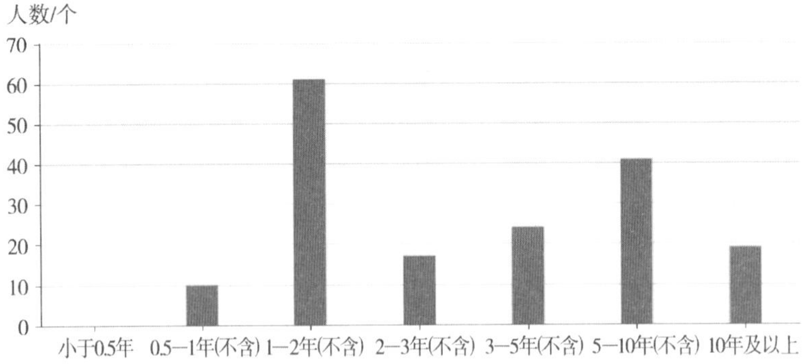

图 5-9 在职年限统计数据示例

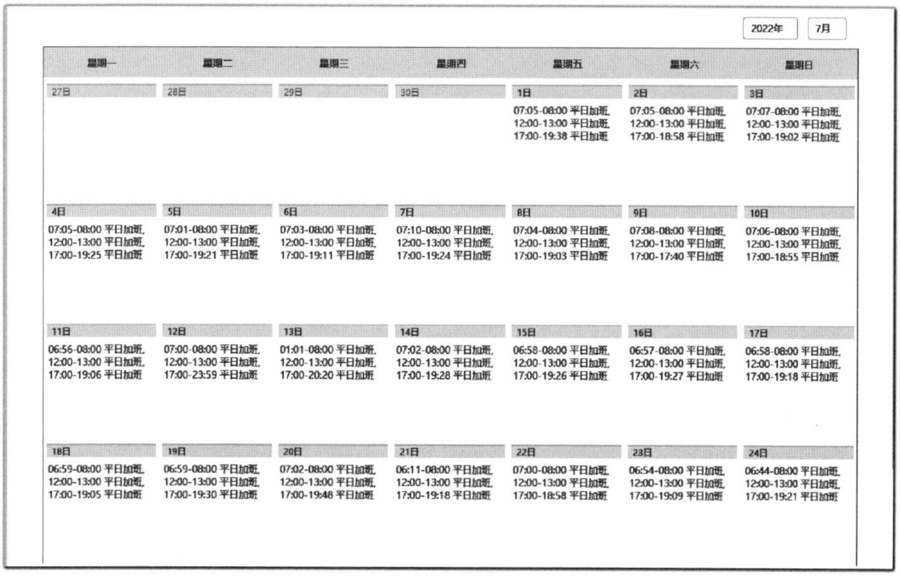

图 5-10 考勤统计数据示例

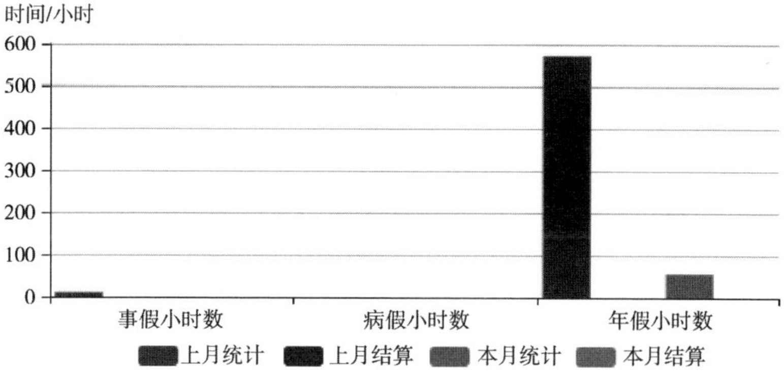

图 5-11 请假统计数据示例

图 5-12 年度缺勤统计数据示例

五、数据看板示例

以某组织为例，6 月的相关数据如下所示，相应的示意图如图 5-13 至图 5-19 所示。

班次数：13
排班数：2
签到位置范围数：15

本月已排班人数：154
本月未排班人数：2

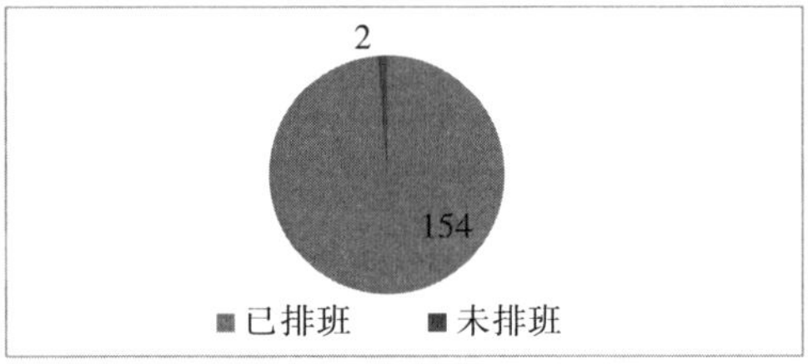

图 5-13　排班情况分析示意图

本月出勤人次数：6162
上月出勤人次数：6978
年度出勤人次数：83857

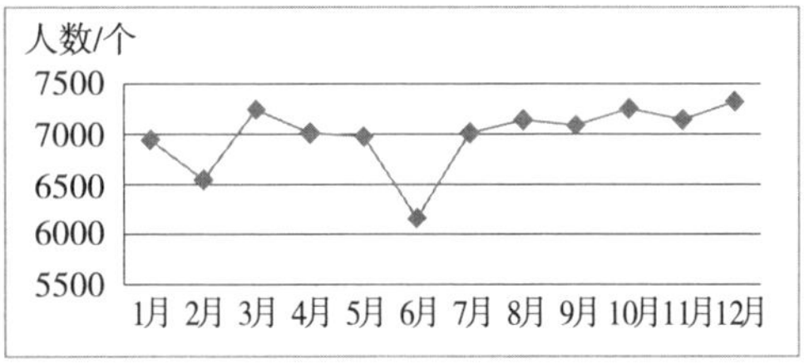

图 5-14　出勤人次数月度环比分析示意图

本月排班小时数：20944
上月排班小时数：212962
年度排班小时数：254672

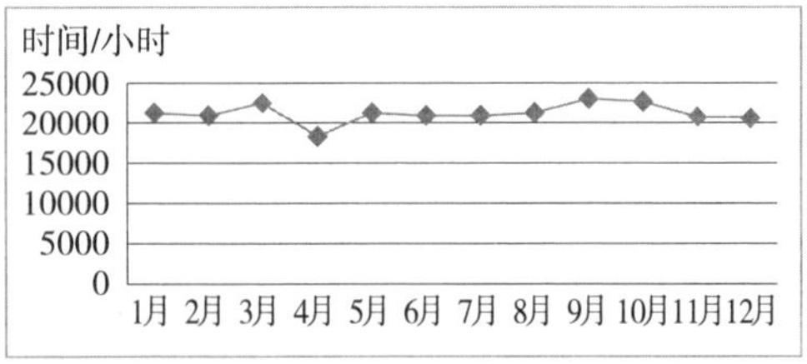

图 5-15　排班小时数月度环比分析示意图

本月班次数：49
上月班次数：54
年度班次数：599

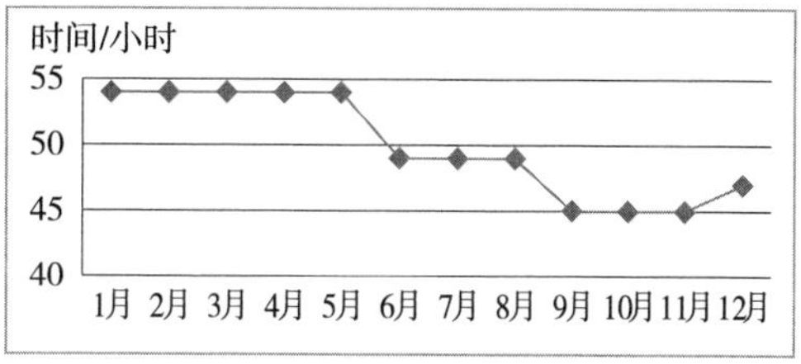

图 5-16 排班小时数月度环比分析示意图

本月平日加班小时数：371
本月公休日加班小时数：151
本月节日加班小时数：21
本月病假小时数：295
本月事假小时数：581
本月年假小时数：85
本月迟到（次）：21
本月早退（次）：35
上月平日加班小时数：312
上月公休日加班小时数：198
上月节日加班小时数：66
上月病假小时数：145
上月事假小时数：525
上月年假小时数：19
上月迟到（次）：31
上月早退（次）：29
年度平日加班小时数：3727
年度公休日加班小时数：1762
年度节日加班小时数：490
年度病假小时数：2664
年度事假小时数：7829
年度年假小时数：1818
年度迟到次数：685
年度早退次数：475

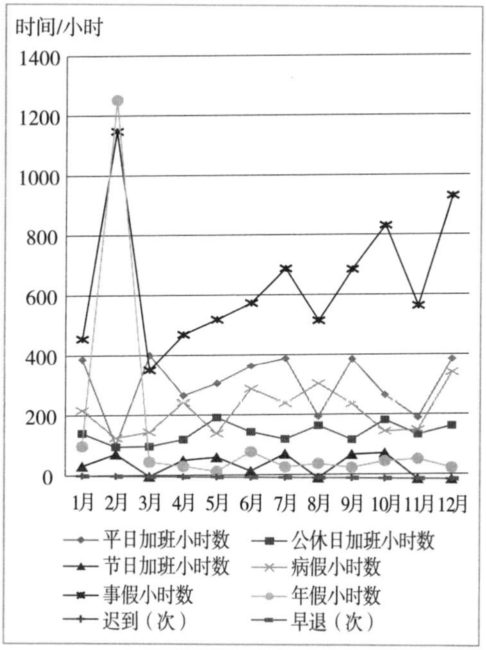

图 5-17 考勤统计数据月度环比分析示意图

本月结算平日加班小时数：351
本月结算公休日加班小时数：151
本月结算节日加班小时数：21
本月结算病假小时数：295
本月结算事假小时数：567
本月结算年假小时数：79
本月结算迟到次数：21
本月结算早退次数：35
上月结算平日加班小时数：294
上月结算公休日加班小时数：198
上月结算节日加班小时数：66
上月结算病假小时数：145
上月结算事假小时数：507
上月结算年假小时数：19
上月结算迟到次数：31
上月结算早退次数：29
年度结算平日加班小时数：3656
年度结算公休日加班小时数：1957
年度结算节日加班小时数：698
年度结算病假小时数：1758
年度结算事假小时数：6592
年度结算年假小时数：795
年度结算迟到次数：354
年度结算早退次数：297

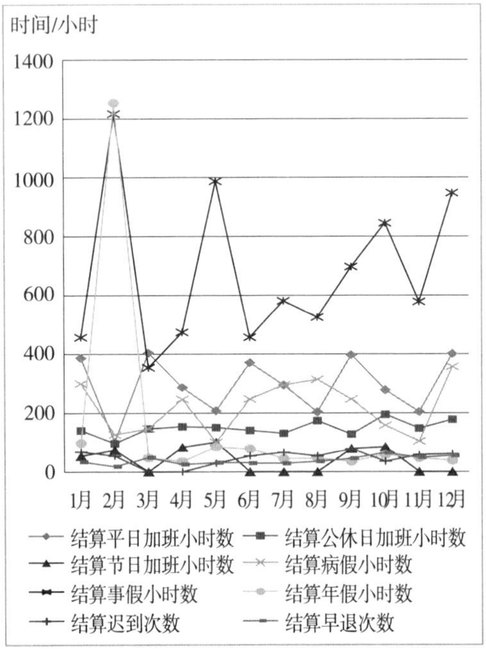

图 5-18　考勤结算数据月度环比分析示意图

本月剩余年假小时数：489
上月剩余年假小时数：495

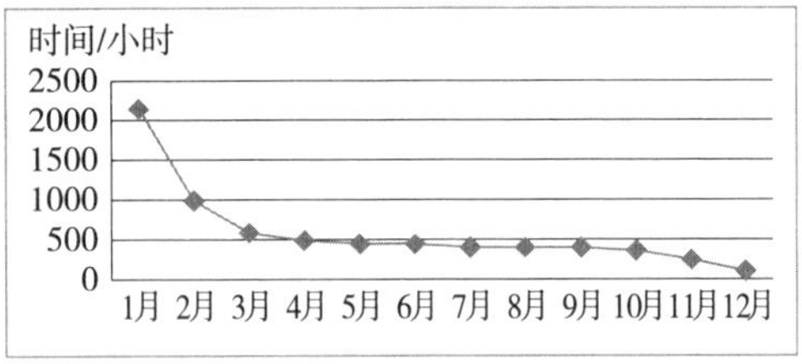

图 5-19　剩余年假数月度环比分析示意图

第六章 | 薪酬福利管理

一、薪酬管理数据分析

薪酬数据分析应基于企业的薪酬激励体系，处于不同发展阶段的企业需制定与之相匹配的薪酬策略。从薪酬管理的角度来看，企业是监督者，员工是反馈者，两者是相互作用的关系，两者的相互作用促使企业不断调整和优化薪酬管理体系。

企业要建立公平、公正、科学、合理的薪酬管理体系，需要设立客观的评价标准，包括对职位价值的衡量、对任职资格要求的明确，以及对薪酬等级、薪酬水平和薪酬结构的合理制定。

薪酬管理数据分析涉及的报表主要包括：薪资发放统计表、薪资发放差异分析表、人工成本总额环比分析表、薪酬总额环比分析表。

（一）薪资发放统计表

【功能】对指定组织（任职组织、薪资关系组织、成本中心）、指定日期所在薪资发放年的月度薪资发放详细情况进行统计分析。同时，可以通过指定一个或多个字段值自定义统计分析数据范围，如核算状态、人员类别、国籍、工作地区、职位级别、职位系列等。

【数据来源】益异 eHR—薪酬福利—薪资核算。

具体参见表 6–1。

表 6-1 薪资核算表

员工 ID	姓名	薪资关系 ID	发放年月	职位 ID	职位编号	职位名称	人员类别	入职日期
10001278	权某国	SR101806	2020-04	P0000067	T08H01	部长	正式	2018-09-13
10000289	宋某白	SR102098	2020-04	P0000488	T07H01	副部长	正式	2017-09-20
10008072	杨某年	SR102931	2020-04	P0000490	T03H07	资料员	正式	2014-09-27
10004973	宋英某	SR102832	2020-04	P0000489	T03H08	技术员	正式	2014-07-02

员工 ID	基本工资（元）	职位工资（元）	加班工资小计（元）	考勤扣款小计（元）	通信补贴（元）	餐费（元）	企业福利小计（元）	工龄补贴（元）
10001278	2640	3893.6	0	0	100	0	100	200
10000289	2640	3076.8	0	0	50	0	50	300
10008072	1760	2161.6	0	306.27	0	137.9	137.9	400
10004973	1760	3468.8	0	363.97	0	201.2	201.2	400

员工 ID	月度绩效工资小计（元）	生产奖金小计（元）	其他扣款—税前（元）	应发工资（元）	其他法定福利小计（元）	工资总额（元）	法定福利小计—个人（元）	法定福利小计—企业（元）
10001278	1633.4	0	0	8467	0	8467	542.85	336.05
10000289	1429.2	0	150	7346	0	7346	536.55	332.15
10008072	903.83	371.46	0	5428.52	0	5428.52	441.2	293.6
10004973	1216.21	756.43	0	7438.67	0	7438.67	439.5	293.5

员工 ID	累计收入额（元）	累计免税收入额（元）	累计减除费用（元）	累计专项扣除（元）	累计专项附加扣除（元）	累计其他扣除（元）
10001278	30946.07	0	20000	2091.8	0	0
10000289	27690.2	0	20000	2216.2	4000	0
10008072	19237.65	0	20000	1749.72	0	0
10004973	27084.29	0	20000	1753.12	0	0

续表

员工 ID	累计预扣预缴应纳税所得额（元）	累计减免税额（元）	累计已预扣预缴税额（元）	本期应预扣预缴税额（元）	实发工资（元）	入账金额（元）	人工成本总额（元）
10001278	8854.27	0	177.9	87.73	7836.42	7836.42	9345.9
10000289	1474	0	55.47	0	6809.45	6809.45	8214.7
10008072	0	0	0	0	4987.32	4987.32	6163.32
10004973	5331.17	0	122.35	37.59	6961.58	6961.58	8171.67

【数据解读】通过对薪资发放情况的统计分析，可以反映出企业的薪酬结构和薪酬管理特点。

一般来说，在劳动密集型企业的薪酬结构中，计件工资和生产奖金应用广泛；而技术型企业的薪酬结构中往往包含绩效工资、年终奖金、项目奖金和“十三薪”等。

【统计分析示例】以表 6–2 为例，在 A 组织中，生产奖金占应发工资的 15.89%，主要是由于该组织为电子元器件生产企业，基层操作人员占总人数的 80%，生产产量在一定程度上决定了员工的收入。

在 B 组织中，生产奖金占应发工资的 22.14%，月度绩效占应发工资的 13.01%，主要是由于该组织为药材加工企业，生产产量决定了生产奖金，生产质量决定了绩效工资。

表 6–2 薪资发放分析表

单位：元

所属组织	目标年薪	……	企业福利	月度绩效	项目奖金	生产奖金	应发工资	实发工资
A	8933369.20	……	22802.60	0.00	0.00	220143.19	1385253.09	1308655.68
B	20648301.00	……	42350.30	243294.08	0.00	413989.21	1869937.98	1781298.11
C	3913188.00	……	0.00	39066.80	0.00	0.00	340099.00	280103.84
D	64296197.16	……	161207.96	0.00	976841.01	1245050.12	6957875.74	6740424.28
合计	97791055.36	……	226360.86	282360.88	976841.01	1879182.52	10553165.81	10110481.91

（二）薪资发放差异分析表

【功能】对指定组织（任职组织、薪资关系组织、成本中心）、指定日期所在薪资发放年的月度薪资发放的概要情况进行统计分析，包括人数、税前目标月薪、应发工资、实发工资等薪酬项目的上月、下月及环比变化分析统计维度。同时，可以通过指定一个或多个字段值自定义统计分析数据范围，如核算状态、人员类别、国籍、工作地区、职位级别、职位系列等。

【数据来源】益昇 eHR—薪酬福利—薪资核算。

【公式】环比变化 = 本月金额 - 上月金额

【数据解读】在薪资发放差异分析中，主要关注的是应发工资金额、实发工资金额、工资发放人数等。通过对薪资发放的差异分析，可以反映出上月和本月工资发放的变化情况。

【统计分析示例】如表 6-3 所示，A 组织人数环比变化不大，税前目标月薪环比变化金额 252143.18 元，变化率 31.40%，主要是由于该组织重新调整薪酬结构，将部分目标月薪以年度绩效工资形式发放。

B 组织的税前目标月薪变化主要是人数变化的原因。

表 6-3 薪资发放差异分析表

所属组织	人数			目标月薪（元）			应发工资（元）			…	实发工资（元）		
	本月	上月	环比变化	本月	上月	环比变化	本月	上月	环比变化	…	本月	上月	环比变化
A	288	284	4	1055231.87	803088.69	252143.18	1932998.81	1327513.86	605484.95	…	1807873.80	1211603.76	596270.04
B	472	446	26	1730919.00	1723208.40	7710.60	2498092.57	2405313.02	92779.55	…	2368878.73	2276215.72	92663.01
C	40	40	0	326099.00	326099.00	0.00	348826.53	340099.00	8727.53	…	294356.97	283511.23	10845.74
D	1199	1218	−19	5342357.00	5372870.97	−30513.97	8350498.84	7585885.13	764613.71	…	8119131.08	7368521.31	750609.77
合计	1999	1988	11	8454606.87	8225267.06	229339.81	13130416.75	11658811.01	1471605.74	…	12590240.58	11139852.02	1450388.56

（三）人工成本总额环比分析表

【功能】对指定组织（任职组织、薪资关系组织、成本中心）、指定日期所在薪资发放年 1 月至 12 月的人工成本总额进行环比分析。同时，可以通过指定一个或多个字段值自定义统计分析数据范围，如核算状态、人员类别、国籍、工作地区、职位级别、职位系列等。

【数据来源】益昇 eHR—薪酬福利—薪资核算。

【数据解读】人工成本一般包括：应发工资、保险个人缴纳合计、保险企业缴纳合计、公积金个人缴纳合计、公积金企业缴纳合计等。

通过对人工成本的环比分析，可以反映出企业全年的人工成本变化情况。

【统计分析示例】如表 6–4 所示，A 组织在 12 月份的人工成本最高，主要是由于该月提前为春节备货，人员加班费及绩效工资高于其他月份。

B 组织在 12 月份的人工成本最高，主要是由于其为销售型企业，每年 12 月会核发年度销售奖金。

C、D 两个组织全年的变动幅度较小，主要是由于其季节、环境等的影响因素较少，利润增长平稳，人员流动率小。

表 6–4 人工成本总额月度环比分析表

单位：元

所属组织	全年每月人工成本总额						合计
	1 月	2 月	…	10 月	11 月	12 月	
A	3861465.24	2866465.90	…	3729739.19	3430598.31	4940340.11	39161865.71
B	898893.09	773452.09	…	847793.61	849893.09	1319853.81	11403774.69
C	145999854.07	140898394.05	…	142739294.98	147198384.49	145989859.31	1720397622.59
D	628939.93	627834.40	…	603454.46	623834.09	683425.41	7503890.63
合计	151389152.33	145166146.44	…	147920282.24	152102709.98	152933478.64	1778467153.62

（四）薪酬总额环比分析表

【功能】对指定组织（任职组织、薪资关系组织、成本中心）、指定日期所在薪资发放年1月至12月的薪酬总额进行环比分析。同时，可以通过指定一个或多个字段值自定义统计分析数据范围，如核算状态、人员类别、国籍、工作地区、职位级别、职位系列等。

【数据来源】益昇 eHR—薪酬福利—薪资核算。

【数据解读】薪酬总额是指用人单位在一定时期内直接支付给职工的劳动报酬总额。每个企业的薪酬结构不同，包含的薪酬项目也不同。

薪酬总额和人工成本总额存在紧密的相关性。

【统计分析示例】以表6-5为例，A、B两个组织的2月薪酬总额最低，12月薪酬总额最高，其他月份差异不大，主要是由于2月恰逢春节，企业安排员工集体休假，只发放基本工资和岗位工资。

C组织的下半年薪酬总额较上半年明显增长，主要是由于该企业在下半年扩大生产，入职了大量新员工。

表6-5 薪酬总额月度环比分析表

所属组织	全年各月薪酬总额						合计
	1月	2月	…	10月	11月	12月	
A	3861465.24	2866465.90	…	3729739.19	3430598.31	4940340.11	39161865.71
B	898893.09	773452.09	…	847793.61	849893.09	1319853.81	11403774.69
C	140999854.07	140898394.05	…	147739294.98	147198384.49	147989859.31	1720397622.59
D	608939.93	607834.40	…	603454.46	623834.09	783425.41	7503890.63
合计	146369152.33	145146146.44	…	152920282.24	152102709.98	155033478.64	1778467153.62

二、法定福利管理数据分析

社会保险包括养老保险、医疗保险、失业保险、工伤保险和生育保险。其中，养老保险、医疗保险和失业保险三个险种是由企业和个人共同缴纳的；工伤保险和生育保险完全是由企业承担的，个人不需要缴纳。社会保险是一种国家法定福利，企业应当及时、足额地为员工缴纳。

住房公积金，是指国家机关和事业单位、国有企业、城镇集体企业、外商投资企业、城镇私营企业、民办非企业单位、社会团体及其在职职工，对等缴存的长期住房储蓄。补充住房公积金制度是对住房公积金制度的一种补充，两者的基本特征是相同的，都是长期性的住房储蓄，用于职工的住房消费，属于职工个人所有。

法定福利管理数据分析涉及的报表主要包括：法定福利（保险）缴费统计表、法定福利（保险）缴费环比分析表、法定福利（保险）缴费差异分析表、法定福利（公积金）缴费统计表、法定福利（公积金）缴费环比分析表、法定福利（公积金）缴费差异分析表、保险基数调整统计表、公积金基数调整统计表。

（一）法定福利（保险）缴费统计表

【功能】对指定组织（任职组织、法定福利关系组织、成本中心）、指定日期所在保险缴费年月的保险缴纳情况进行统计分析。同时，可以通过指定一个或多个字段值自定义统计分析数据范围，如缴费状态、人员类别、缴费地区、职位级别、职位系列等。

【数据来源】益昇 eHR—薪酬福利—保险缴费。

具体如表 6-6 所示。

表 6-6 保险缴费表

员工 ID	姓名	缴费年月	职位 ID	职位编号	职位名称	人员类别	入职日期
10001081	李某燕	2019-04	PO001238	T04B05	会计	正式	2018-11-26
10001048	宋某黄	2019-04	PO000297	T08B01	部长	正式	2012-12-01
10002879	姚某岚	2019-04	PO001837	T04B06	高级出纳	正式	2011-05-01

续表

员工 ID	成本中心	法定福利关系组织	缴费地区	状态	养老保险个人缴纳（元）	医疗保险个人缴纳（元）	失业保险个人缴纳（元）
10001081	财务部	财务部	天津	已结账	272	68	17
10001048	财务部	财务部	天津	已结账	656	164	41
10002879	财务部	财务部	天津	已结账	272	68	17

员工 ID	工伤保险个人缴纳（元）	生育保险个人缴纳（元）	大额医疗保险个人缴纳（元）	养老保险个人补缴（元）	医疗保险个人补缴（元）	失业保险个人补缴（元）
10001081	0	0	21	0	0	0
10001048	0	0	21	0	0	0
10002879	0	0	21	0	0	0

员工 ID	工伤保险个人补缴（元）	生育保险个人补缴（元）	大额医疗保险个人补缴（元）	养老保险企业缴纳（元）	医疗保险企业缴纳（元）	失业保险企业缴纳（元）
10001081	0	0	0	544	340	17
10001048	0	0	0	1312	820	41
10002879	0	0	0	544	340	17

员工 ID	工伤保险企业缴纳（元）	生育保险企业缴纳（元）	大额医疗保险企业缴纳（元）	养老保险企业补缴（元）	医疗保险企业补缴（元）	失业保险企业补缴（元）
10001081	53.04	17	0	0	0	0
10001048	127.92	41	0	0	0	0
10002879	53.04	17	0	0	0	0

员工 ID	工伤保险企业补缴（元）	生育保险企业补缴（元）	大额医疗保险企业补缴（元）	养老保险补缴月数	医疗保险补缴月数	失业保险补缴月数	工伤保险补缴月数	生育保险补缴月数	大额医疗保险补缴月数
10001081	0	0	0	0	0	0	0	0	0
10001048	0	0	0	0	0	0	0	0	0
10002879	0	0	0	0	0	0	0	0	0

【数据解读】法定福利（保险）缴费的统计维度一般包括：养老保险个人缴纳人数、养老保险个人缴纳、医疗保险个人缴纳人数、医疗保险个人缴纳、失业保险个人缴纳人数、失业保险个人缴纳、工伤保险个人缴纳人数、工伤保险个人缴纳、生育保险个人缴纳人数、生育保险个人缴纳、大额医疗保险个人缴纳人数、大额医疗保险个人缴纳、养老保险个人补缴人数、养老保险个人补缴、医疗保险个人补缴人数、医疗保险个人补缴、失业保险个人补缴人数、失业保险个人补缴、工伤保险个人补缴人数、工伤保险个人补缴、生育保险个人补缴人数、生育保险个人补缴、大额医疗保险个人补缴人数、大额医疗保险个人补缴、养老保险企业缴纳人数、养老保险企业缴纳、医疗保险企业缴纳人数、医疗保险企业缴纳、失业保险企业缴纳人数、失业保险企业缴纳、工伤保险企业缴纳人数、工伤保险企业缴纳、生育保险企业缴纳人数、生育保险企业缴纳、大额医疗保险企业缴纳人数、大额医疗保险企业缴纳、养老保险企业补缴人数、养老保险企业补缴、医疗保险企业补缴人数、医疗保险企业补缴、失业保险企业补缴人数、失业保险企业补缴、工伤保险企业补缴人数、工伤保险企业补缴、生育保险企业补缴人数、生育保险企业补缴、大额医疗保险企业补缴人数、大额医疗保险企业补缴、个人缴纳合计、企业缴纳合计。

通过对社会保险各险种的缴费人数、缴纳金额统计分析，可以反映企业在职员工人数、员工薪酬水平等。

【统计分析示例】各个地区的社会保险政策不同，缴纳方式有一定差异性。如表 6-7 所示，A、B、C、D 4 个组织所在地区的工伤、生育及大额医疗保险均由企业缴纳，员工个人无须缴纳；通过大额医疗保险企业缴纳人数可以反映出当月的入职人数；补缴人数及金额均为零，主要是由于当月入职人员无须补缴社会保险。

表 6-7 法定福利（保险）缴费分析表

所属组织	养老保险个人缴纳人数	养老保险个人缴纳（元）	医疗保险个人缴纳人数	医疗保险个人缴纳（元）	失业保险个人缴纳人数	失业保险个人缴纳（元）	工伤保险个人缴纳人数	工伤保险个人缴纳（元）	生育保险个人缴纳人数	生育保险个人缴纳（元）	大额医疗保险个人缴纳人数	大额医疗保险个人缴纳（元）
A	194	64791.20	117	10144.20	194	4049.45	0	0	0	0	194	4268
B	158	45630.40	158	16033.84	158	3006.74	0	0	0	0	6	480
C	39	12295.20	39	3073.80	39	768.45	0	0	0	0	39	858
D	331	111062.24	317	32322.38	331	6930.79	0	0	0	0	5	350
合计	722	233779.04	631	61574.22	722	14755.43	0	0	0	0	244	5956

所属组织	养老保险个人补缴人数	养老保险个人补缴（元）	医疗保险个人补缴人数	医疗保险个人补缴（元）	失业保险个人补缴人数	失业保险个人补缴（元）	工伤保险个人补缴人数	工伤保险个人补缴（元）	生育保险个人补缴人数	生育保险个人补缴（元）	大额医疗保险个人补缴人数	大额医疗保险个人补缴（元）
A	0	0	0	0	0	0	0	0	0	0	0	0
B	0	0	0	0	0	0	0	0	0	0	0	0
C	0	0	0	0	0	0	0	0	0	0	0	0
D	0	0	0	0	0	0	0	0	0	0	0	0
合计	0	0	0	0	0	0	0	0	0	0	0	0

所属组织	养老保险企业缴纳人数	养老保险企业缴纳（元）	医疗保险企业缴纳人数	医疗保险企业缴纳（元）	失业保险企业缴纳人数	失业保险企业缴纳（元）	工伤保险企业缴纳人数	工伤保险企业缴纳（元）	生育保险企业缴纳人数	生育保险企业缴纳（元）	大额医疗保险企业缴纳人数	大额医疗保险企业缴纳（元）
A	197	132412	197	76350.20	197	4167.35	197	12818.54	197	4108.40	3	66
B	158	91260.80	158	52109.98	158	3006.74	158	3908.92	0	0	6	480
C	39	24590.40	39	15369	39	768.45	39	307.38	39	768.45	0	0
D	331	222124.48	317	121210.42	331	6930.79	331	9032.06	0	0	5	150
合计	725	470387.68	711	265039.60	725	14873.33	725	26066.90	236	4876.85	14	696

续表

所属组织	养老保险企业补缴人数	养老保险企业补缴（元）	医疗保险企业补缴人数	医疗保险企业补缴（元）	失业保险企业补缴人数	失业保险企业补缴（元）	工伤保险企业补缴人数	工伤保险企业补缴（元）	生育保险企业补缴人数	生育保险企业补缴（元）	大额医疗保险企业补缴人数	大额医疗保险企业补缴（元）
A	0	0	0	0	0	0	0	0	0	0	0	0
B	0	0	0	0	0	0	0	0	0	0	0	0
C	0	0	0	0	0	0	0	0	0	0	0	0
D	0	0	0	0	0	0	0	0	0	0	0	0
合计	0	0	0	0	0	0	0	0	0	0	0	0

所属组织	个人缴纳合计（元）	企业缴纳合计（元）
A	83252.85	229922.49
B	65150.98	150766.44
C	16995.45	41803.68
D	150665.41	359447.75
合计	316064.69	781940.36

（二）法定福利（保险）缴费月度环比分析表

【功能】对指定组织（任职组织、法定福利关系组织、成本中心）、指定日期所在保险缴纳年 1 月至 12 月的保险缴纳费用进行环比分析。同时，可以通过指定一个或多个字段值自定义统计分析数据范围，如缴费状态、人员类别、缴费地区、职位级别、职位系列等。

【数据来源】益昇 eHR—薪酬福利—保险缴费。

【数据解读】通过法定福利（保险）缴费的环比分析，可以反映出地区政策的变化、企业员工人数的变化和员工薪酬水平的变化。通常来说，金额的变动主要是由于人员流入流出和年度保险政策变化。

【统计分析示例】如表 6-8 所示，A 组织 1 月至 10 月的保险缴纳费用基本持平，11月缴纳金额降低，12月缴纳金额增多，主要是由于在11月份有一批员工调动至集团下属的D组织，同时，12月有大量新员工入职。

B组织10月的缴纳金额全年最多，主要是由于其所处地区规定，要于该月一次性缴纳当年的大额医疗保险。

表6-8 法定福利（保险）缴费月度环比分析表

单位：元

所属组织	全年各月法定福利（保险）缴费数额							合计
	1月	2月	3月	…	10月	11月	12月	
A	297950.25	296248.65	292430.75	…	294950.32	284185.28	313175.34	3520244.27
B	151059.64	141439.44	263875.06	…	306110.25	203033.01	215917.42	3005413.73
C	52166.40	52205.40	50901.60	…	49560.80	50901.60	58799.13	615958.13
D	209290.59	190096.99	183170.09	…	489521.81	515508.24	510113.16	4508660.46
合计	710466.88	679990.48	790377.50	…	1140143.18	1053628.13	1098005.05	11650276.59

（三）法定福利（保险）缴费差异分析表

【功能】对指定组织（任职组织、法定福利关系组织、成本中心）、指定日期所在保险缴纳年月，保险缴纳人数、金额等进行统计分析，包括上月、下月及环比变化分析统计维度。同时，可以通过指定一个或多个字段值自定义统计分析数据范围，如缴费状态、人员类别、缴费地区、职位级别、职位系列等。

【数据来源】益昇eHR—薪酬福利—保险缴费。

【数据解读】法定福利（保险）缴费差异分析的维度一般包括：人数、保险个人缴纳、保险企业缴纳、保险个人补缴、保险企业补缴。

通过对法定福利（保险）缴费上月与本月的环比变化进行分析，对比人员异动情况，可以及时发现异常，如是否存在多缴、漏缴、错缴等情况。

【统计分析示例】如表6-9所示，A组织本月较上月缴纳保险人数减少8人，是由于本月新入职了10人，上月离职了18人。B组织相较上月保险缴纳人数减少 2 人，C、D 两个组织相较上月保险缴纳人数各增加 1 人，主要是由于 B 组织中的员工调动至 C、D 组织，法人组织发生了变化，保险关系同时转出。

表 6-9 法定福利（保险）缴费差异分析表

所属组织	人数		环比变化
	上月	本月	
A	208	200	8
B	228	226	2
C	38	39	–1
D	335	336	–1
合计	809	801	8

所属组织	保险个人缴纳（元）			保险企业缴纳（元）		
	上月	本月	环比变化	上月	本月	环比变化
A	75988.50	83252.85	–7264.35	208196.78	229922.49	–21725.71
B	61147.19	65150.98	–4003.79	141885.82	150766.44	–8880.62
C	14780	16995.45	–2215.45	36121.60	41803.68	–5682.08
D	152827.26	151107.76	1719.50	364204.50	360516.10	3688.40
合计	304742.95	316507.04	–11764.09	750408.70	783008.71	–32600.01

所属组织	保险个人补缴（元）			保险企业补缴（元）		
	上月	本月	环比变化	上月	本月	环比变化
A	0	0	0	0	0	0
B	0	0	0	0	0	0
C	0	0	0	0	0	0
D	0	0	0	0	0	0
合计	0	0	0	0	0	0

（四）法定福利（公积金）缴费统计表

【功能】对指定组织（任职组织、法定福利关系组织、成本中心）、指定日期所在公积金缴纳年月的公积金缴纳情况进行统计分析，包括人数、个人缴纳、个人补缴、企业缴纳、企业补缴、个人合计、企业合计等分析维度。同时，可以通过指定一个或多个字段值自定义统计分析数据范围，如缴费状态、人员类别、缴费地区、职位级别、职位系列等。

【数据来源】益异 eHR—薪酬福利—公积金缴费。

具体如表 6-10 所示。

表 6-10　公积金缴费表

员工 ID	姓名	缴费年月	所属组织	职位 ID	职位编号	职位名称	人员类别	入职日期	成本中心
10001180	王某虎	2019-04	A	PO001216	T04G04	样品组长	正式	2015-07-01	A
10002279	刘某芽	2019-04	B	PO000678	T04F01	技术员	正式	2014-09-01	B
10004554	杨某潘	2019-04	C	PO004315	T07F02	高级工程师	正式	2011-02-01	C
10000956	王某嫲	2019-04	D	PO004315	T07F02	高级工程师	正式	2010-09-01	D

员工 ID	法定福利关系组织	缴费地区	状态	公积金个人缴纳（元）	公积金个人补缴（元）	公积金企业缴纳（元）	公积金企业补缴（元）	公积金补缴月数
10001180	A	天津	已结账	374	0	374	0	0
10002279	B	天津	已结账	374	0	374	0	0
10004554	C	天津	已结账	605	0	605	0	0
10000956	D	天津	已结账	605	0	605	0	0

续表

员工 ID	补充住房公积金个人缴纳	补充住房公积金个人补缴	补充住房公积金企业缴纳	补充住房公积金企业补缴	补充住房公积金补缴月数
10001180	0	0	0	0	0
10002279	0	0	0	0	0
10004554	0	0	0	0	0
10000956	0	0	0	0	0

【数据解读】法定福利（公积金）缴费统计的维度一般包括：公积金个人缴纳人数、公积金个人缴纳、公积金个人补缴人数、公积金个人补缴、公积金企业缴纳人数、公积金企业缴纳、公积金企业补缴人数、公积金企业补缴、公积金补缴月数、补充住房公积金个人缴纳人数、补充住房公积金个人缴纳、补充住房公积金个人补缴人数、补充住房公积金个人补缴、补充住房公积金企业缴纳人数、补充住房公积金企业缴纳、补充住房公积金企业补缴人数、补充住房公积金企业补缴、补充住房公积金补缴月数、个人缴纳合计、企业缴纳合计。

参考“法定福利（保险）缴费分析表”。

具体参见表 6-11。

表 6-11 法定福利（公积金）缴费分析表

所属组织	公积金个人缴纳人数	公积金个人缴纳（元）	公积金个人补缴人数	公积金个人补缴（元）	公积金企业缴纳人数	公积金企业缴纳（元）	公积金企业补缴人数	公积金企业补缴（元）	公积金补缴月数
A	50	27896	0	0	50	27896	0	0	0
B	109	89890	0	0	109	89890	0	0	0
C	39	14982	0	0	39	14982	0	0	0
D	42	19394	0	0	42	19394	0	0	0
合计	240	152162	0	0	240	152162	0	0	0

续表

所属组织	补充住房公积金个人缴纳人数	补充住房公积金个人缴纳（元）	补充住房公积金个人补缴人数	补充住房公积金个人补缴（元）	补充住房公积金企业缴纳人数	补充住房公积金企业缴纳（元）	补充住房公积金企业补缴人数	补充住房公积金企业补缴（元）	补充住房公积金补缴月数	个人缴纳合计（元）	企业缴纳合计（元）
A	0	0	0	0	0	0	0	0	0	27896	27896
B	0	0	0	0	0	0	0	0	0	89890	89890
C	0	0	0	0	0	0	0	0	0	14982	14982
D	42	19394	0	0	42	19394	0	0	0	38788	38788
合计	42	19394	0	0	42	19394	0	0	0	171556	171556

（五）法定福利（公积金）缴费月度环比分析表

【功能】对指定组织（任职组织、法定福利关系组织、成本中心）、指定日期所在年度，公积金缴纳年月 1 月至 12 月，各月公积金缴纳费用合计进行统计分析。同时，可以通过指定一个或多个字段值自定义统计分析数据范围，如缴费状态、人员类别、缴费地区、职位级别、职位系列等。

【数据来源】益昇 eHR—薪酬福利—公积金缴费。

【数据解读】参考“法定福利（保险）缴费月度环比分析表”。

【统计分析示例】具体参见表 6–12。

表 6–12 法定福利（公积金）缴费月度环比分析表

单位：元

所属组织	全年各月法定福利（公积金）缴费金额							合计
	1 月	2 月	3 月	…	10 月	11 月	12 月	
A	42652	41904	52904	…	58212	55792	55792	645488
B	89890	89890	89890	…	109890	109890	109890	1078680
C	29964	29964	29216	…	28468	29216	29964	349844
D	19394	19394	19394	…	19394	19394	19394	232728
合计	181900	181152	191404	…	215964	214292	215040	2306740

（六）法定福利（公积金）缴费差异分析表

【功能】对指定组织（任职组织、法定福利关系组织、成本中心）、指定日期所在公积金缴纳年月，公积金缴纳人数、缴纳金额等进行统计分析，包括人数、公积金个人缴纳、公积金企业缴纳、公积金个人补缴、公积金企业补缴的上月、下月及环比变化分析统计等维度。同时，可以通过指定一个或多个字段值自定义统计分析数据范围，如缴费状态、人员类别、缴费地区、职位级别、职位系列等。

【数据来源】益昇 eHR—薪酬福利—公积金缴费。

【公式】环比变化 = 上月金额 – 本月金额

【数据解读】法定福利（公积金）缴费差异分析的维度一般包括：人数、公积金个人缴纳、公积金企业缴纳、公积金个人补缴、公积金企业补缴。

通过对法定福利（公积金）缴费上月与本月的环比变化进行分析，对比人员异动情况，可以及时发现异常，如是否存在多缴、漏缴、错缴等情况。

参考“法定福利（保险）缴费月度环比分析表”。

【统计分析示例】具体参见表 6–13。

表 6–13　法定福利（公积金）缴费差异分析表

所属组织	人数			公积金个人缴纳（元）		
	上月	本月	环比变化	上月	本月	环比变化
A	53	50	3	27896	27896	0
B	109	109	0	89890	89890	0
C	38	39	–1	14608	14982	–374
D	42	42	0	19394	19394	0
合计	242	240	2	151788	152162	–374

续表

所属组织	公积金企业缴纳（元）			公积金个人补缴（元）			公积金企业补缴（元）		
	上月	本月	环比变化	上月	本月	环比变化	上月	本月	环比变化
A	27896	27896	0	0	0	0	0	0	0
B	89890	89890	0	0	0	0	0	0	0
C	14608	14982	–374	0	0	0	0	0	0
D	19394	19394	0	0	0	0	0	0	0
合计	151788	152162	–374	0	0	0	0	0	0

（七）保险基数调整统计表

【功能】对指定组织（任职组织、法定福利关系组织、成本中心）、指定开始日期至结束日期时间段内，保险基数调整进行统计分析，包括调整人次数、个人基数调整前总额、个人基数调整后总额、企业基数调整前总额及企业基数调整后总额等分析维度。同时，可以通过指定一个或多个字段值自定义统计分析数据范围，如缴费状态、人员类别、缴费地区、职位级别、职位系列等。

【数据来源】益昇 eHR—薪酬福利—缴费基数。

【数据解读】社会保险基数是指职工在一个社保年度的社会保险缴费基数。它是按照职工上一年度 1 月至 12 月的所有工资性收入所得的月平均额来进行确定。社会保险缴费基数是计算用人单位及其职工缴纳社保费和支付职工社会保险待遇的重要依据，设置了上限和下限。基数核定调整月份，每个地区的政策不同，要参考缴纳地区人力资源和社会保障局颁布的规定执行。

通过对保险基数调整的统计分析，可以反映出企业上一年度员工工资收入的变化情况。

【统计分析示例】具体见表 6–14。

表 6-14 保险基数调整统计表

所属组织	养老保险					医疗保险				
	调整人次数	个人基数调整前总额（元）	个人基数调整后总额（元）	企业基数调整前总额（元）	企业基数调整后总额（元）	调整人次数	个人基数调整前总额（元）	个人基数调整后总额（元）	企业基数调整前总额（元）	企业基数调整后总额（元）
A	145	797500	942500	797500	942500	145	797500	942500	797500	942500
B	20	110000	130000	110000	130000	20	110000	130000	110000	130000
C	45	202500	2362500	202500	2362500	45	202500	2362500	202500	2362500
D	13	143000	1761500	143000	1761500	13	143000	1761500	143000	1761500
合计	223	1253000	5196500	1253000	5196500	223	1253000	5196500	1253000	5196500

所属组织	失业保险					工伤保险				
	调整人次数	个人基数调整前总额（元）	个人基数调整后总额（元）	企业基数调整前总额（元）	企业基数调整后总额（元）	调整人次数	个人基数调整前总额（元）	个人基数调整后总额（元）	企业基数调整前总额（元）	企业基数调整后总额（元）
A	145	797500	942500	797500	942500	145	0	0	797500	942500
B	20	110000	130000	110000	130000	20	0	0	110000	130000
C	45	202500	2362500	202500	2362500	45	0	0	202500	2362500
D	13	143000	1761500	143000	1761500	13	0	0	143000	1761500
合计	223	1253000	5196500	1253000	5196500	223	0	0	1253000	5196500

所属组织	生育保险					大额医疗保险				
	调整人次数	个人基数调整前总额（元）	个人基数调整后总额（元）	企业基数调整前总额（元）	企业基数调整后总额（元）	调整人次数	个人基数调整前总额（元）	个人基数调整后总额（元）	企业基数调整前总额（元）	企业基数调整后总额（元）
A	145	0	0	797500	942500	145	797500	942500	797500	942500
B	20	0	0	110000	130000	20	110000	130000	110000	130000
C	45	0	0	202500	2362500	45	202500	2362500	202500	2362500
D	13	0	0	143000	1761500	13	143000	1761500	143000	1761500
合计	223	0	0	1253000	5196500	223	1253000	5196500	1253000	5196500

（八）公积金基数调整统计表

【功能】对指定组织（任职组织、法定福利关系组织、成本中心）、指定开始日期至结束日期时间段内，公积金基数调整进行统计分析，包括调整人次数、个人基数调整前总额、个人基数调整后总额、企业基数调整前总额及企业基数调整后总额等分析维度。同时，可以通过指定一个或多个字段值自定义统计分析数据范围，如缴费状态、人员类别、缴费地区、职位级别、职位系列等。

【数据来源】益昇 eHR—薪酬福利—缴费基数。

【数据解读】参考“保险基数调整统计表”。

【统计分析示例】具体参见表 6-15。

表 6-15　公积金基数调整统计表

所属组织	公积金					补充住房公积金				
	调整人次数	个人基数调整前总额（元）	个人基数调整后总额（元）	企业基数调整前总额（元）	企业基数调整后总额（元）	调整人次数	个人基数调整前总额（元）	个人基数调整后总额（元）	企业基数调整前总额（元）	企业基数调整后总额（元）
A	30	165000	195000	165000	195000	0	0	0	0	0
B	0	0	0	0	0	0	0	0	0	0
C	45	202500	2362500	202500	2362500	0	0	0	0	0
D	2	22000	271000	22000	271000	2	22000	271000	22000	271000
合计	77	389500	2828500	389500	2828500	2	22000	271000	22000	271000

三、人力资源管理指标分析

（一）人力资源管理指标分析表（薪酬管理）

【功能】对指定组织（任职组织、薪资关系组织、成本中心）、指定日期所在年度内的薪酬管理模块薪酬相关的人力资源管理指标进行统计分析，包括：年度绩效工资比率、年度加班工资比率、年度薪酬总额增长率、年度人工成本总额增长率、年度人均工资增长率。

【数据来源】益异 eHR—薪酬福利—薪资核算。

【公式】

- 年度绩效工资比率 = 年度绩效工资总额 ÷ 年度工资总额
- 年度加班工资比率 = 年度加班工资总额 ÷ 年度工资总额
- 年度薪酬总额增长率 =（本年度工资总额 – 上年度工资总额）÷ 上年度工资总额
- 年度人工成本总额增长率 =（本年度人工成本总额 – 上年度人工成本总额）÷ 上年度人工成本总额
- 年度人均工资增长率 = [（本年度每月人均工资之和 – 上年度每月人均工资之和）÷ 上年度每月人均工资之和] ÷ 12

其中，本年度每月人均工资 = 本年度每月人工成本总额 ÷ 本年度每月人数

上年度每月人均工资 = 上年度每月人工成本总额 ÷ 上年度每月人数

【数据解读】

- 年度绩效工资比率是年度绩效工资总额与年度工资总额的比率。年度绩效工资比率可以反映出企业薪酬体系中浮动性工资的比重。
- 年度加班工资比率是年度加班工资总额与年度工资总额的比率。年度加班工资比率可以反映出企业员工的劳动强度。
- 年度薪酬总额增长率是本年度工资总额减去上年度工资总额后与上年度工资总额的比率。薪酬总额增长率可以反映出员工整体薪酬变化情况。
- 年度人工成本总额增长率是本年度人工成本总额和上年度人工成本总额的差额与上年度人工成本总额的比率。通过与企业利润总额增长率进行对比，可以反映出人工成本增长是否合理，同时也是评价企业发展情况的重要指标。
- 年度人均工资增长率可以反映出员工个体薪酬增长情况。

【统计分析示例】具体参见表 6–16。

表 6–16　人力资源管理指标分析表（薪酬管理）

单位：%

所属组织	年度绩效工资比率	年度加班工资比率	年度薪酬总额增长率	年度人工成本总额增长率	年度人均工资增长率
A	15	35	3	4	3
B	0	0	5	6	5
C	31	0	9	8	7
D	0	25	8	9	8

（二）人力资源管理指标分析表（法定福利）

【功能】对指定组织（任职组织、法定福利关系组织、成本中心）、指定日期所在年度内的薪酬管理模块法定福利相关的人力资源管理指标进行统计分析，包括：社会保险覆盖率、住房公积金覆盖率。

【数据来源】益异 eHR—薪酬福利—保险缴费、公积金缴费

【公式】

- 社会保险覆盖率 = 社会保险缴纳人数 ÷ 在职人数
- 住房公积金覆盖率 = 住房公积金缴纳人数 ÷ 在职人数

【数据解读】

- 社会保险覆盖率是社会保险缴纳人数与在职人数的比率，可以反映出企业在社会保险缴纳方面的合规性。
- 住房公积金覆盖率是住房公积金缴纳人数与在职人数的比率。

【统计分析示例】具体参见表 6–17。

表 6-17 人力资源管理指标分析表（法定福利）

单位：%

所属组织	社会保险覆盖率	住房公积金覆盖率
A	98	98
B	100	100
C	89	89
D	91	91

四、员工个体数据分析

（一）我的法定福利

【功能】对指定日期、指定员工的个体数据指标进行统计分析，包括：本月保险个人缴纳、上月保险个人缴纳、年度保险个人缴纳、年度公积金个人缴纳。

【数据来源】益昇 eHR—薪酬福利—薪资核算。

【统计分析示例】具体参见图 6-1。

图 6-1 员工法定福利示例

（二）我的企业福利

【功能】对指定日期所在年度、指定员工的个体数据指标进行统计分析，包括：企业福利方案数、年度企业福利金额。

【数据来源】益昇 eHR—薪酬福利—薪资核算。

【统计分析示例】具体参见图 6-2。

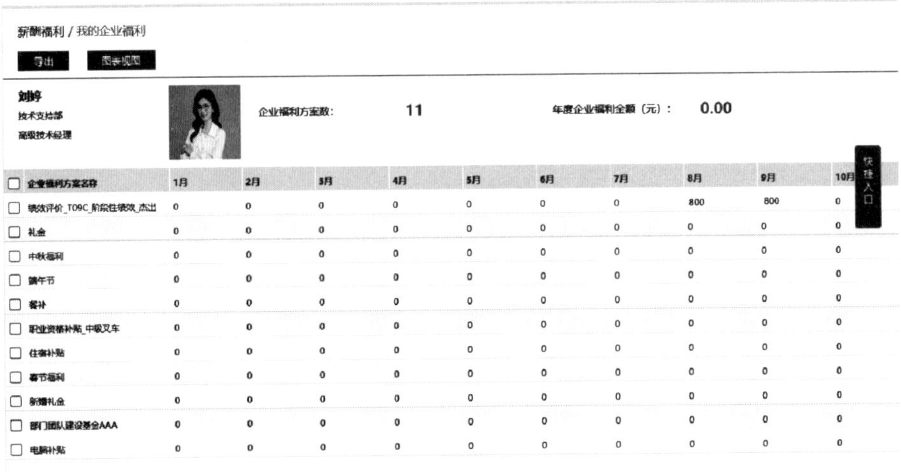

企业福利方案名称	1月	2月	3月	4月	5月	6月	7月	8月	9月	10月
绩效评价_T09C_阶段性绩效_杰出	0	0	0	0	0	0	0	800	800	0
礼金	0	0	0	0	0	0	0	0	0	0
中秋福利	0	0	0	0	0	0	0	0	0	0
端午节	0	0	0	0	0	0	0	0	0	0
餐补	0	0	0	0	0	0	0	0	0	0
职业资格补贴_中级叉车	0	0	0	0	0	0	0	0	0	0
住宿补贴	0	0	0	0	0	0	0	0	0	0
春节福利	0	0	0	0	0	0	0	0	0	0
新婚礼金	0	0	0	0	0	0	0	0	0	0
部门团队建设基金AAA	0	0	0	0	0	0	0	0	0	0
电脑补贴	0	0	0	0	0	0	0	0	0	0

图 6-2　员工企业福利示例

（三）我的工资单

【功能】对指定日期所在年度、指定员工的个体数据指标进行统计分析，包括：年度应发工资金额、年度保险个人缴纳、年度公积金个人缴纳、年度实发工资金额。

【数据来源】益昇 eHR—薪酬福利—薪资核算。

【统计分析示例】具体参见图 6-3。

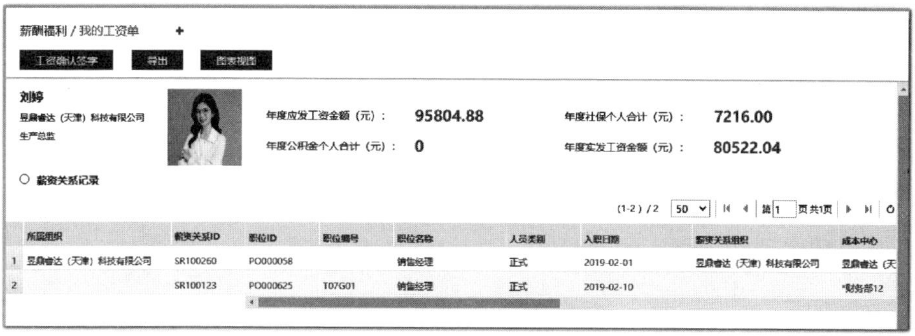

图 6-3 员工工资单示例

五、预测分析

（一）年度薪酬总额预测分析

【功能】根据指定组织的历史数据，对未来 5 年的年度薪酬总额进行预测分析。

【数据来源】益昇 eHR—薪酬福利—薪资核算。

具体参见图 6-4。

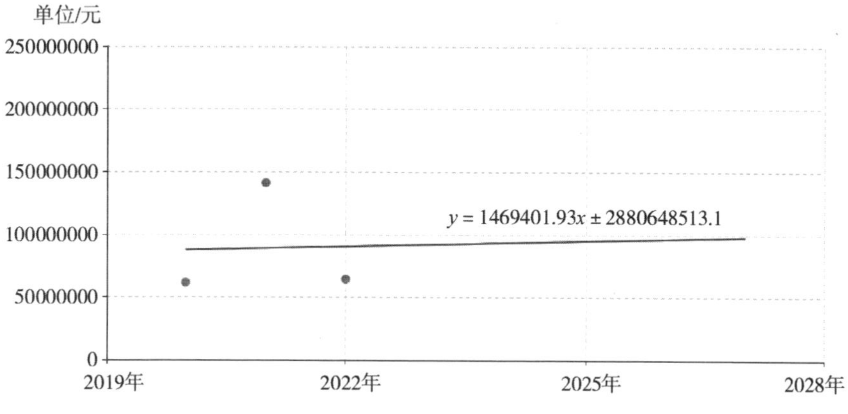

图 6-4 年度薪酬总额预测分析示例

（二）年度人工成本总额预测分析

【功能】根据指定组织的历史数据，对未来 5 年的年度人工成本总额进行预测分析。

【数据来源】益异 eHR—薪酬福利—薪资核算。

具体参见图 6-5。

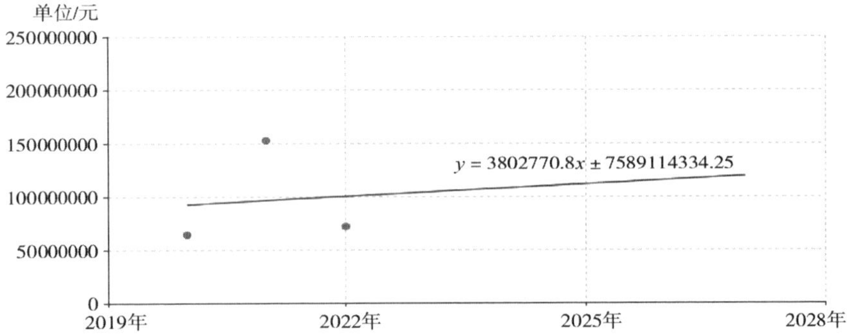

图 6-5　年度人工成本总额预测分析示例

（三）年度企业福利总额预测分析

【功能】根据指定组织的历史数据，对未来 5 年的年度企业福利总额进行预测分析。

【数据来源】益异 eHR—薪酬福利—薪资核算。

具体参见图 6-6。

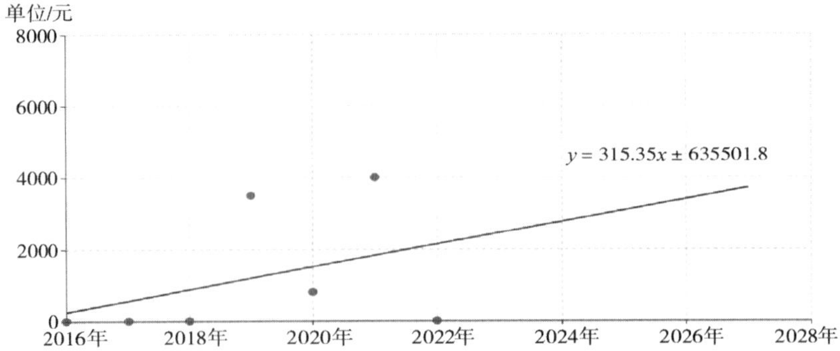

图 6-6　年度企业福利总额预测分析示例

（四）年度加班工资总额预测分析

【功能】根据指定组织的历史数据，对未来 5 年的年度加班工资总额进行预测分析。

【数据来源】益昇 eHR—薪酬福利—薪资核算。

具体参见图 6–7。

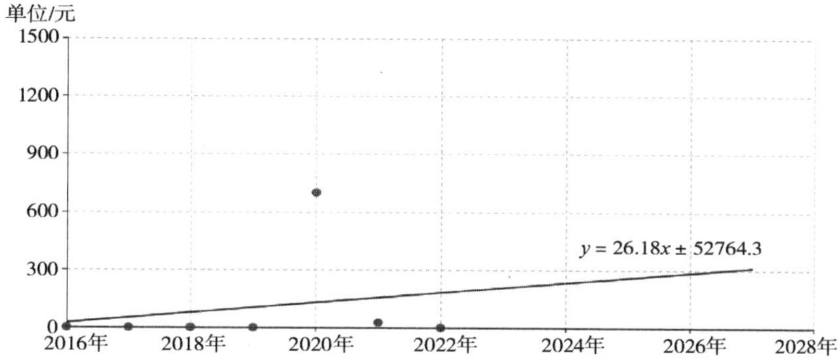

图 6–7 年度加班工资总额预测分析示例

（五）年度绩效总额预测分析

【功能】根据指定组织的历史数据，对未来 5 年的年度绩效总额进行预测分析。

【数据来源】益昇 eHR—薪酬福利—薪资核算。

具体参见图 6–8。

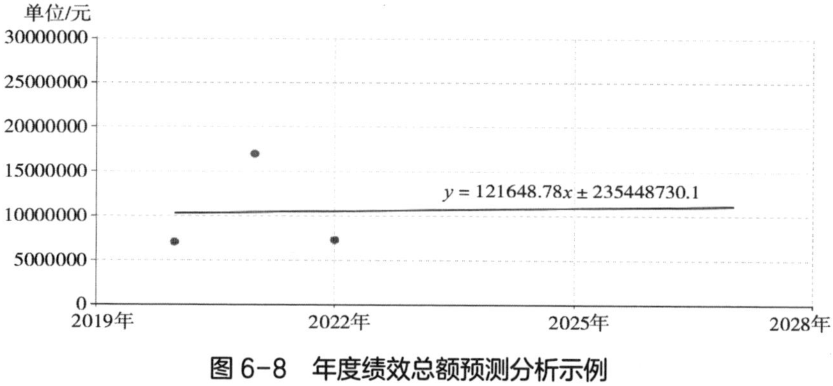

图 6–8 年度绩效总额预测分析示例

（六）年度奖金总额预测分析

【功能】根据指定组织的历史数据，对未来 5 年的年度奖金总额进行预测分析。

【数据来源】益昇 eHR—薪酬福利—薪资核算。

具体参见图 6-9。

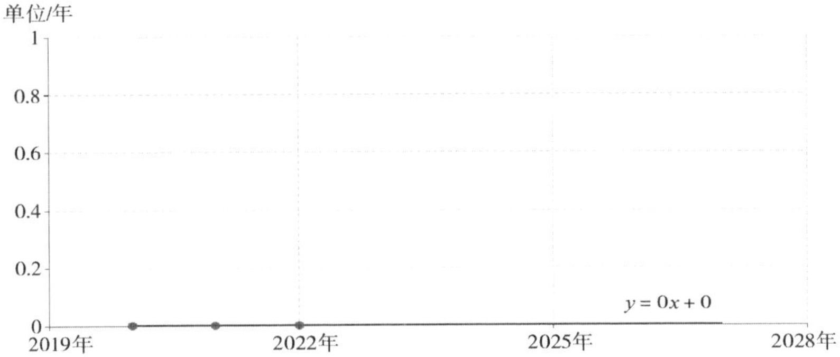

图 6-9　年度奖金总额预测分析示例

（七）年度法定福利（保险）总额预测分析

【功能】根据指定组织的历史数据，对未来 5 年的年度法定福利（保险）总额进行预测分析。

【数据来源】益昇 eHR—薪酬福利—保险缴费。

具体参见图 6-10。

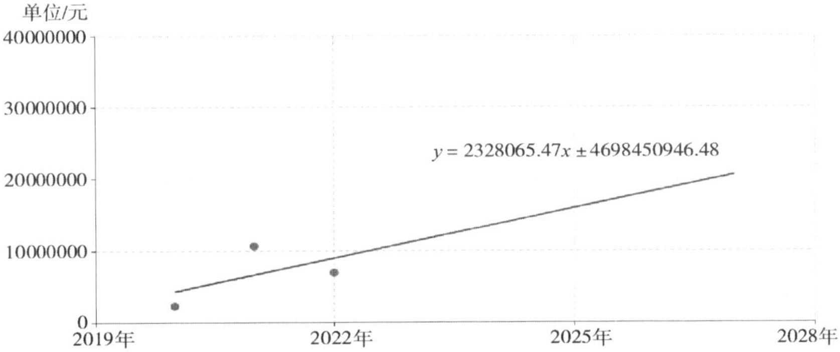

图 6-10　年度法定福利（保险）总额预测分析示例

（八）年度法定福利（公积金）总额预测分析

【功能】根据指定组织的历史数据，对未来 5 年的年度法定福利（公积金）总额进行预测分析。

【数据来源】益昇 eHR—薪酬福利—公积金缴费

具体参见图 6–11。

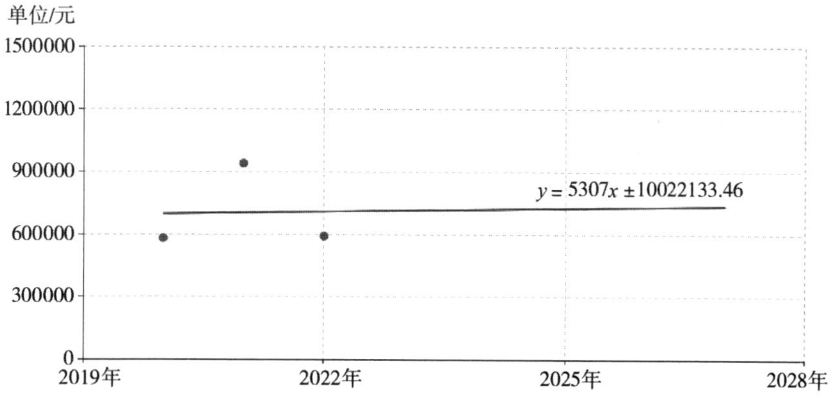

图 6–11 年度法定福利（公积金）总额预测分析示例

六、数据图表示例

（一）薪酬统计数据图表示例

具体内容参见图 6–12 至图 6–16。

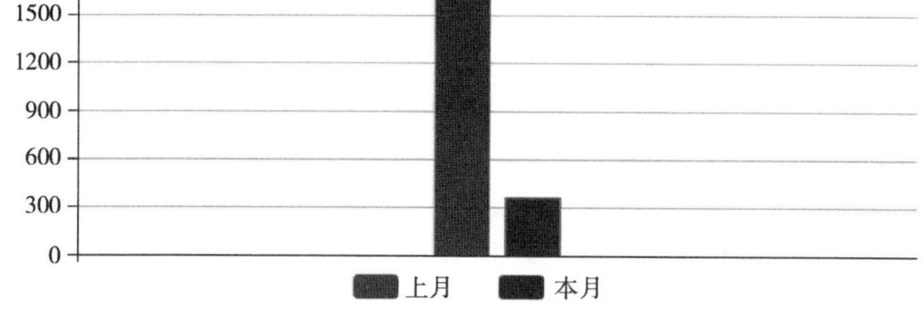

图 6–12 发薪人数统计数据示例

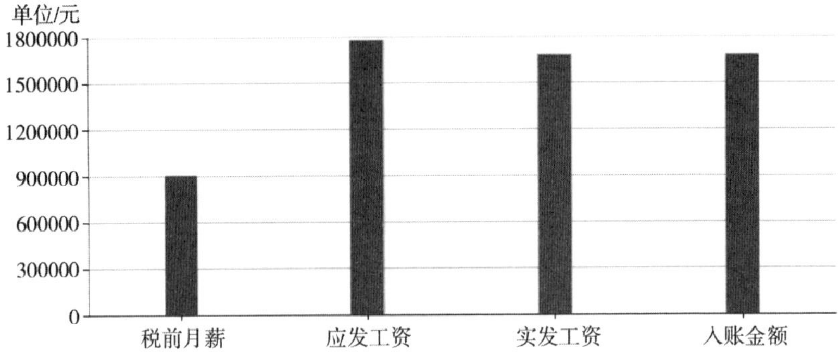

图 6-13 工资统计数据示例

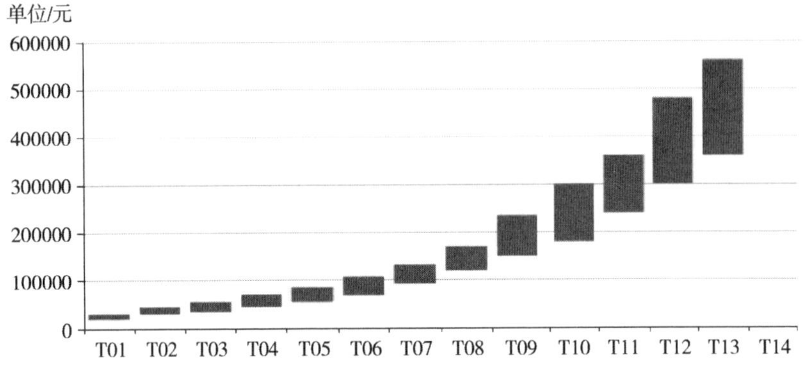

图 6-14 年度总薪酬带宽统计数据示例

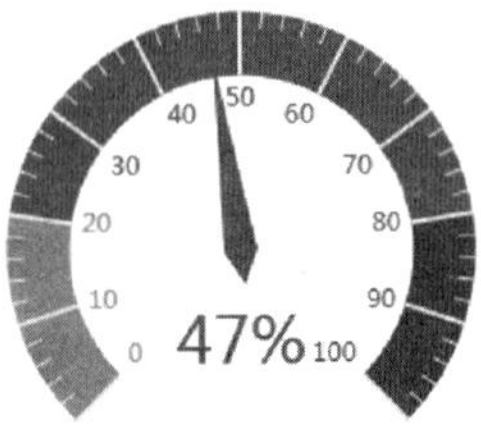

图 6-15 年度薪酬总额增长率统计数据示例

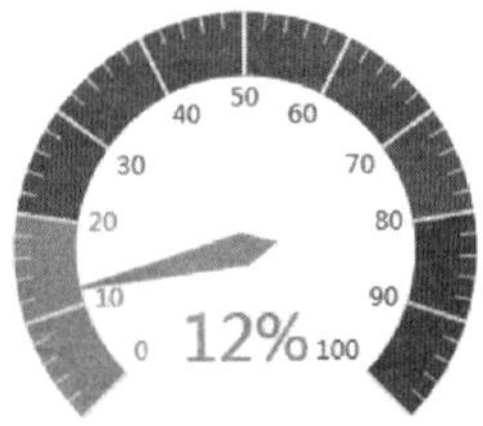

图 6-16 年度绩效工资比率统计数据示例

（二）法定福利统计数据图表示例

具体内容参见图 6–17 至图 6–21。

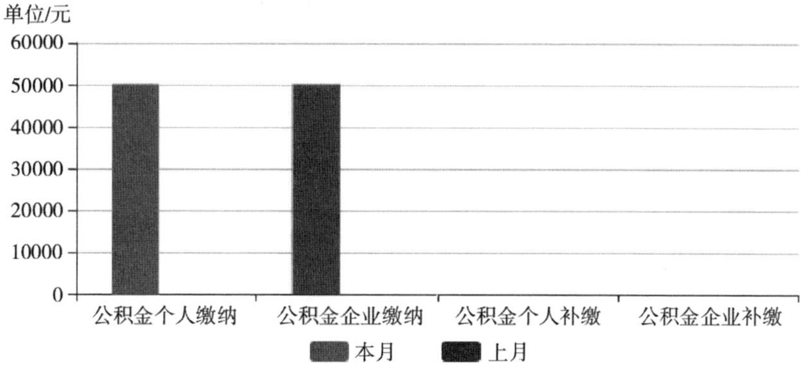

图 6–17 公积金缴纳统计数据示例

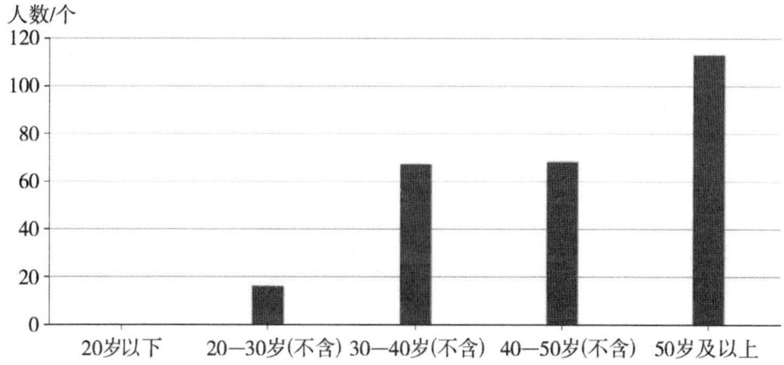

图 6–18 年龄统计数据示例

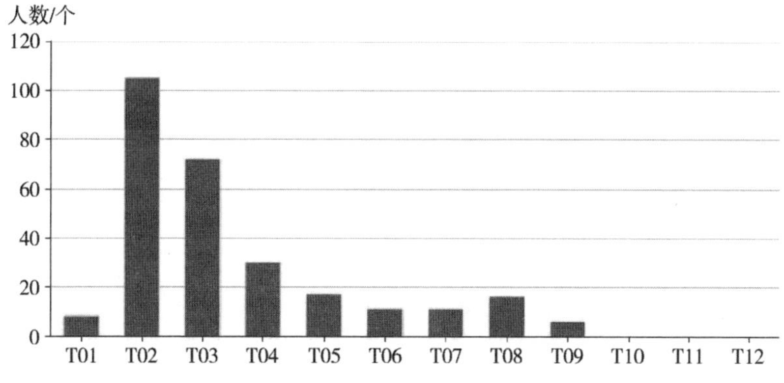

图 6–19 职位级别统计数据示例

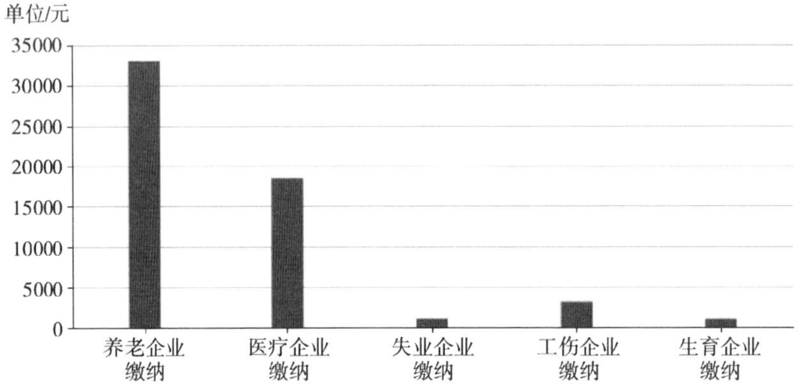

图 6-20　企业缴纳统计数据示例

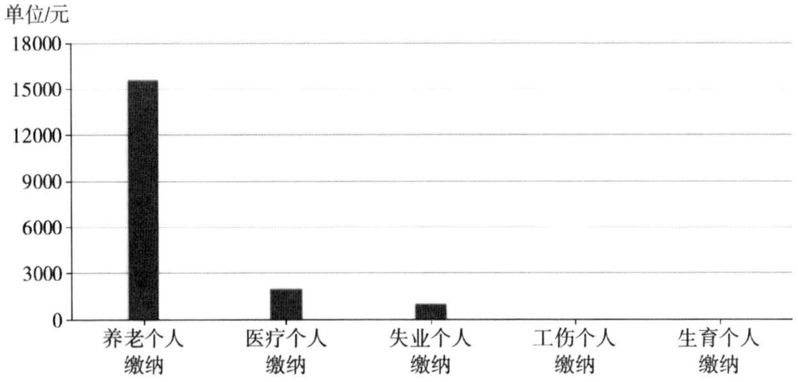

图 6-21　个人缴纳统计数据示例

七、数据看板示例

以某组织为例，6 月的相关数据如下所示，相应的示意图如图 6–22 至图 6–31 所示。

（一）薪酬管理数据看板示例

薪酬项目数：156
企业福利方案：27

本月发薪人数：179
上月发薪人数：191
年度发薪人数：2209

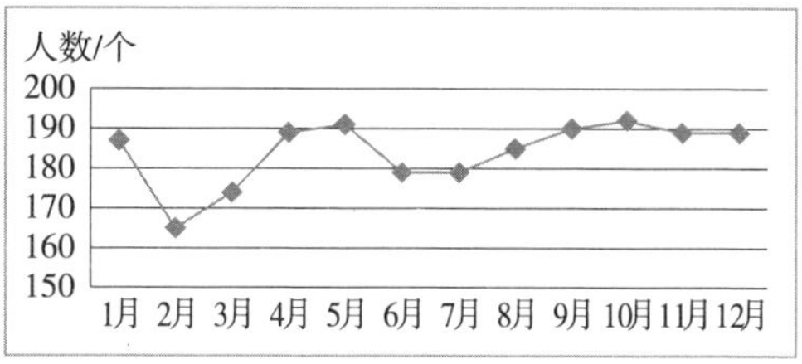

图 6-22 发薪人数月度环比分析示意图

本月税前薪酬（元）：2148000
本月应发（元）：2351461
本月实发（元）：2254791
本月人工成本（元）：2578927
上月税前薪酬（元）：2148000
上月应发（元）：2295472
上月实发（元）：2195874
上月人工成本（元）：2501478
年度税前薪酬（元）：27494400
年度应发（元）：30098700.8
年度实发（元）：28861324.8
年度人工成本（元）：33010265.6

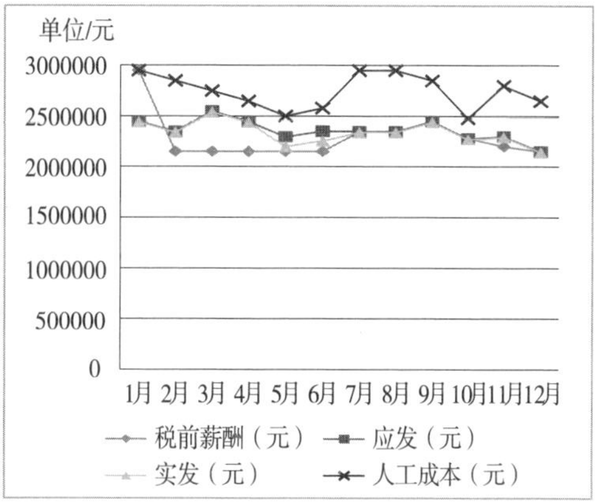

图 6-23 薪资发放月度环比分析示意图

本月薪资调整人数：21
上月薪资调整人数：12
年度薪资调整人数：91

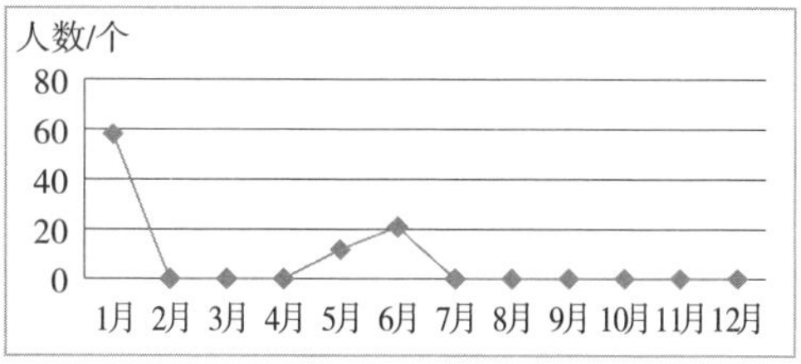

图 6-24 薪资调整人数月度环比分析示意图

本月薪资调整金额（元）：54800
上月薪资调整金额（元）：12300
年度薪资调整金额（元）：91600

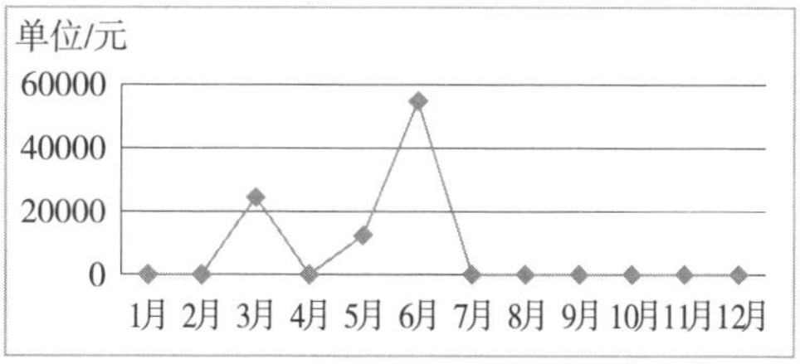

图 6-25 薪资调整金额（元）月度环比分析示意图

（二）法定福利管理数据看板示例

法定福利方案数：68

本月保险缴纳人数：179
上月保险缴纳人数：187
年度保险缴纳人数：2207

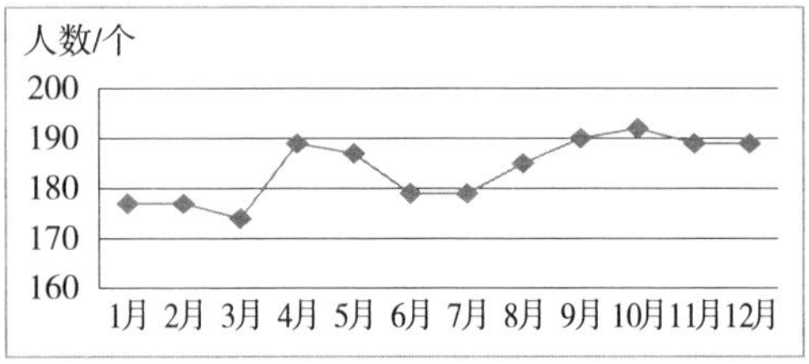

图 6-26 保险缴纳人数月度环比分析示意图

本月保险个人缴（元）：251255.74
本月保险企业缴（元）：812515.54
本月保险个人补缴（元）：0
本月保险企业补缴（元）：0
上月保险个人缴（元）：25255.74
上月保险企业缴（元）：812515.54
上月保险个人补缴（元）：0
上月保险企业补缴（元）：0
年度保险个人缴（元）：2978656.48
年度保险企业缴（元）：9624176.08
年度保险个人补缴（元）：1125.45
年度保险企业补缴（元）：3376.35

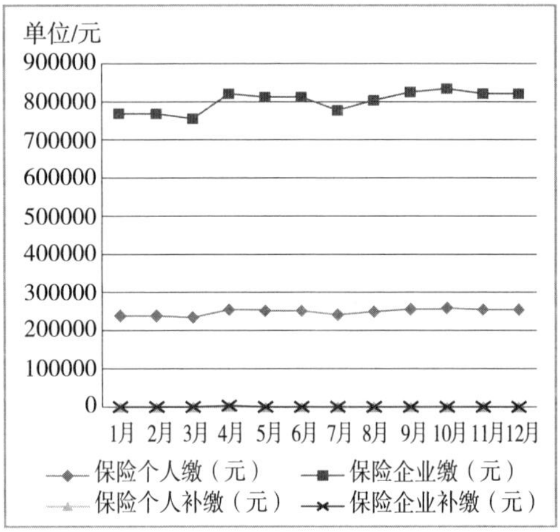

图 6-27 保险缴纳月度环比分析示意图

本月公积金缴纳人数：172
上月公积金缴纳人数：172
年度公积金缴纳人数：2201

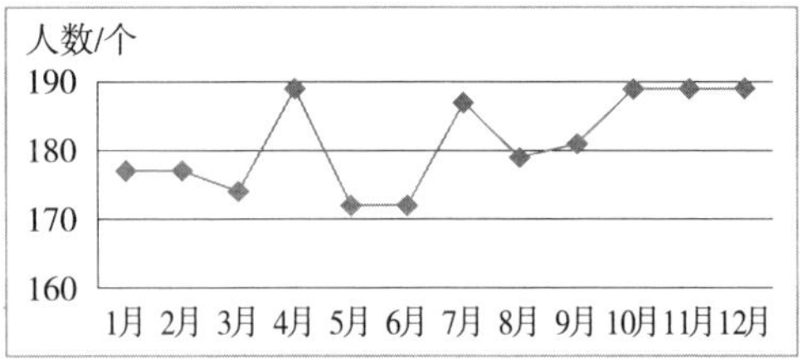

图 6-28 公积金缴纳人数月度环比分析示意图

本月公积金个人缴（元）：304886.73
本月公积金企业缴（元）：311886.73
本月公积金个人补缴（元）：0
本月公积金企业补缴（元）：0
上月公积金个人缴（元）：304886.73
上月公积金企业缴（元）：311886.73
上月公积金个人补缴（元）：0
上月公积金企业补缴（元）：0
年度公积金个人缴（元）：3728736.24
年度公积金企业缴（元）：3812736.24
年度公积金个人补缴（元）：2515
年度公积金企业补缴（元）：2515

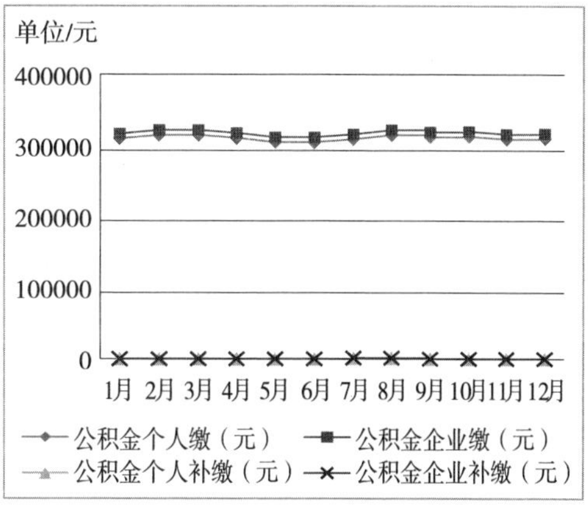

图 6-29 公积金缴纳月度环比分析示意图

本月保险基数调整人数：0
上月保险基数调整人数：0
年度保险基数调整人数：179

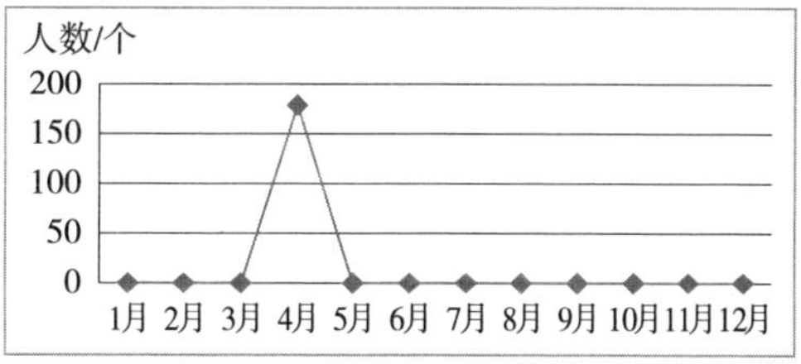

图 6-30 保险基数调整月度环比分析示意图

本月保险基数调整金额（元）：0
上月保险基数调整金额（元）：0
年度保险基数调整金额（元）：143200

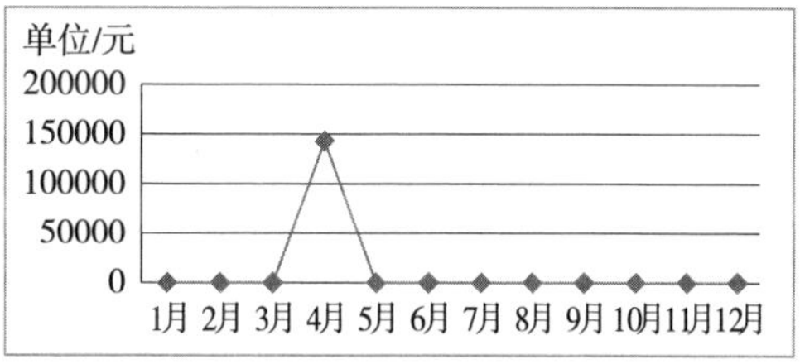

图 6-31 保险基数调整金额（元）月度环比分析示意图

本月公积金基数调整人数：176
上月公积金基数调整人数：0
年度公积金基数调整人数：176

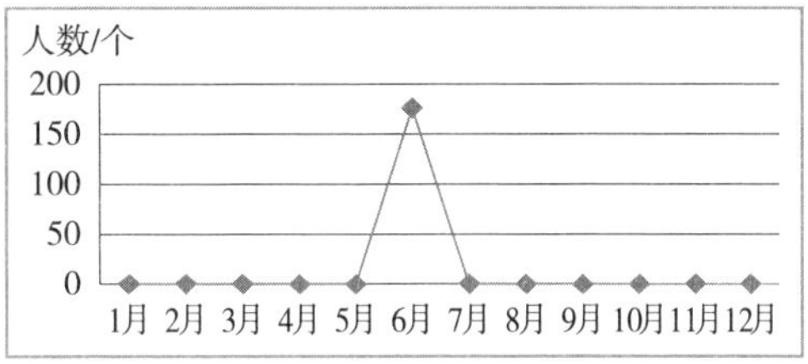

图 6-32　公积金基数调整人数月度环比分析示意图

本月公积金基数调整金额（元）：140800
上月公积金基数调整金额（元）：0
年度公积金基数调整金额（元）：140800

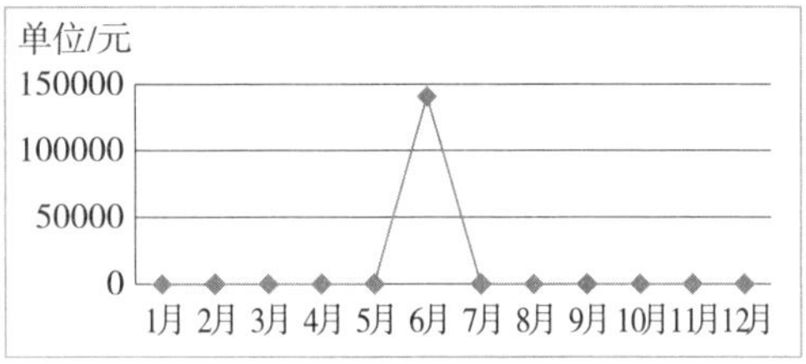

图 6-33　公积金基数调整金额（元）月度环比分析示意图

第七章 | 绩效管理

一、绩效方案数据分析

建立绩效指标体系是企业进行绩效管理的第一步。将企业战略分解到部门，再由部门分解到职位，并使各业务单元和员工都积极向着共同的组织目标努力，最终实现企业经济效益的最大化。

绩效方案数据分析涉及的报表主要包括：绩效指标汇总表、绩效指标数据来源汇总表。

（一）绩效指标汇总表

【功能】对指定绩效方案的绩效考核指标进行汇总展现，包含指标类型、权重、目标值。

【数据来源】益昇 eHR—绩效管理—绩效方案。

具体参见表 7–1。

表 7–1 绩效方案—绩效指标表

指标类型	指标名称	指标定义与说明	指标计算方式	数据来源	权重	最低值	目标值	挑战值
履职指标	销售额环比增长率	环比增长率是指某一方面（销售、利润等）的实现结果和上一期对比的增长情况	（本期数据 – 上期数据）÷ 上期数据 ×100%	销售部	60	5%	10%	15%

续表

指标类型	指标名称	指标定义与说明	指标计算方式	数据来源	权重	最低值	目标值	挑战值
守规指标	废料率	用于对生产过程中物料报废情况进行评估，考察生产综合水平及生产线的稳定性	生产产生的废料数量 ÷ 投入生产的材料总量 ×100%	生产部	20	5%	4%	3%
超越指标	账务处理及时率	用于评估账务处理的及时性	账务及时处理次数 ÷ 账务处理总次数 ×100%	财务部	20	95%	100%	110%

【数据解读】绩效指标从性质上通常分为 3 种类型，即履职指标、超越指标及守规指标。履职指标是指履行工作职责过程中的基本指标项。超越指标通常是在被考核人职责之外，或难度超出了被考核人现有能力水平的指标，达成了加分，未达成不扣分。守规指标通常是操作规范或管理制度要求的、约束员工基本行为的指标，即达成了零分，未达成扣分。

目标值应基于目前企业的运营现状，并结合对未来各项业务完成程度的预测来确定。目标值通常划分为定量目标值、定性目标值两种。能够用数字表示的目标值称为定量目标值，例如产品产量、产值、利润率等。不能用数字表现、难以量化的，应尽量具体化、可衡量。例如，对于“积极主动性”这类行为能力指标，可以用典型行为描述的方式来确定目标值。

履职指标根据指标的重要程度设定权重，合计权重为 100%。超越指标、守规指标的权重相当于在履职指标百分制的基础上，额外加分或减分。绩效指标的权重是对各项指标重要程度的体现，也反映了企业各项工作的重点、难度，以及在资源、精力投入上的差别。

【统计分析示例】具体参见表 7–2。

表 7-2 绩效指标汇总表

绩效方案名称	ZB0001—目标达成率	ZB0038—生产记录合格率	ZB0003—积极主动性	ZB0004—责任意识	ZB0002—跨部门项目合作	ZB0034—安全事故
财务部绩效考核方案	履职指标（80/100/120，80%）	—	履职指标（A/B/C，10%）	履职指标（A/B/C，10%）	超越指标（0/1/2，10%）	守规指标（0/1/2，10%）
生产统计部绩效考核方案	履职指标（80/100/120，30%）	履职指标（80/100/120，50%）	履职指标（A/B/C，10%）	履职指标（A/B/C，10%）	超越指标（0/1/2，10%）	守规指标（0/1/2，10%）
生产部绩效考核方案	—	履职指标（80/100/120，90%）	履职指标（A/B/C，5%）	履职指标（A/B/C，5%）	超越指标（0/1/2，10%）	守规指标（0/1/2，10%）

（二）绩效指标数据来源汇总表

【功能】对指定绩效方案中各指标的数据来源进行汇总展现。

【数据来源】益昇 eHR—绩效管理—绩效方案。

【数据解读】数据来源是指各项考核指标的数据提供方。企业需要特别关注考核数据的来源渠道及数据来源的真实性与准确性，这样才能得到反映实际情况的绩效结果。

企业应避免数据来源与被考核人为同一人或同一部门；避免两个部门或岗位互相提供数据，以防止出现相互包庇、数据作假的现象；避免同一绩效指标的数据来源为多个岗位或部门，或避免数据的分子或分母中有一个无明确来源的数据，以防出现数据提供方的责任不清的情况，从而降低数据的准确性。

数据提供部门的负责人作为绩效数据提供的第一责任人。企业在根据实际发生的业务、管理、技术行为执行结果或者执行程度，通过记录、汇总、调查、约谈、反馈、验证等方式获取数据的过程中，需保证数据的真实性和准确性，并提供必要的凭证支持。绩效管理负责人、人力资源部负责人作为绩效数据提供的第二责任人，主要负责核查数据来源，查验凭证、记录，核对计算方式，随机抽查汇总数据与原始数据是否存在偏差性错误。

【统计分析示例】具体参见表 7-3。

表 7-3 绩效指标数据来源汇总表

指标名称	财务部	经营部	直接负责人
账务处理及时率			○
营业收入增长率	○		
经营管理监督会议召开次数		○	
融资计划完成率	○		

二、绩效考核结果数据分析

绩效考核的结果数据通常可以在 3 个阶段得到。即评价人对绩效指标的评价阶段、部门层面进行调整的阶段、由阶段性绩效结果结合其他绩效考核指标评价结果确定年度绩效的阶段。虽然在不同阶段的分析维度相似，但对绩效考核结果进行数据分析后可以解读出的管理意义却不同。

评价人对绩效指标的评价阶段所得到的绩效结果称为绩效得分、绩效等级，是按照每个指标的定义、计算方式所得到的绩效结果，是各项绩效指标结果最直接的体现。

部门层面进行调整的阶段所得到的绩效结果，称为最终绩效得分、最终绩效等级。与绩效得分、绩效等级相比所存在的差异，通常情况是出于以下几种原因所进行的调整：其一，部门最高负责人对由于一些外部因素而影响绩效结果的个体进行调整；其二，由于预算管控，对于部门平均分偏离指导线的部分进行调整；其三，由于强制分布要求，在绩效结果的基础上再进行强制分布调整。

绩效考核结果数据分析涉及的报表主要包括：绩效方案结果汇总表、绩效等级分布统计表、绩效总分月度环比分析表、绩效申诉统计表、年度绩效总分环比分析表。

（一）绩效方案结果汇总表

【功能】对指定绩效方案的被考核人的各项绩效指标进行汇总展现。同时，可以通过指定一个或多个字段值自定义统计分析数据范围，如人员类别、工作地区、绩效方案类型、职位级别、职位系列等，包括考核结果得分、绩效总分、绩效等级、最终绩效总分、最终绩效等级。

【数据来源】益异 eHR—绩效管理—绩效管理台账。

【数据解读】通过绩效方案结果汇总表，可以更直观地看到每位被考核人的各项绩效指标结果，是一种横向的比较方法，是在同一考核周期内不同人员的相同指标进行比较。可以分析不同人员该项工作执行情况的差异性，便于企业有针对性地进行工作指导和资源调整。

绩效管理者也可以据此分析考核过程中可能存在的问题，包括被考核人绩效表现，绩效指标和标准设定的合理性。

1. 分析绩效表现

企业通过分析被考核人的绩效表现，对于如期或超额完成计划的被考核人，可以总结经验、树立典型，在一定范围内推广；对于未能按时完成计划的被考核人，对照问题找差距、对照差距找原因，有针对性地安排绩效辅导和绩效改进相关的培训课程。

2. 分析绩效指标和标准设定的合理性

被考核人同一个指标如果连续多个考核周期分数都在挑战值分数以上，说明该指标目标值、挑战值易于达到，企业可以考虑适当提高指标的目标值及挑战值；如果连续多个考核周期出现较大分数偏差，说明该项工作结果波动较大，应分析产生的原因、寻求对策；如果连续多个考核周期都在最低值分数以下，说明该指标存在目标值过高的可能，需判断是否适当降低目标值。

【统计分析示例】具体参见表 7–4。

表 7-4　绩效方案结果汇总表

员工姓名	绩效方案名称	ZB0001—目标达成率（80%）	ZB0003—积极主动性（10%）	ZB0004—责任意识（10%）	ZB0002—跨部门项目合作（10%）	ZB0034—安全事故（10%）	绩效总分	绩效等级	最终绩效总分	最终绩效等级
A	财务部绩效考核方案	96	89	88	0	0	94.5	A	94.5	A
B	财务部绩效考核方案	90	89	90	96	0	99.5	A+	100	A+
C	财务部绩效考核方案	88	89	88	0	80	80.1	B-	82	B

（二）绩效等级分布统计表

【功能】对指定组织、指定时间点所在年月的绩效等级的分布情况进行统计分析。同时，可以通过指定一个或多个字段值自定义统计分析数据范围，如人员类别、工作地区、绩效方案类型、职位级别、职位系列等。统计数据包括绩效成绩平均分、中位数、众数、极差。

【数据来源】益昇 eHR—绩效管理—绩效管理台账。

【数据解读】将绩效分数划分为不同的分数段，每个分数段对应一个绩效等级，绩效等级一般包括：A+、A、A-、B+、B、B-、C+、C、C-。通常情况下，绩效等级会与绩效薪酬系数相对应，所以在设计绩效等级时还要考虑绩效薪酬对员工的激励程度。绩效等级过多会造成差距过小，将会影响对员工的激励程度；绩效等级过少会造成差距过大，影响员工对绩效薪酬的预期，以至于使员工丧失努力向上的动力。

平均分是指一组绩效成绩中的算术平均值。中位数是指将一组绩效成绩由小到大的顺序排列，位于最中间位置的数值。众数是指绩效分数中出现次数最多的数值，体现在直方图中就是最高的组段。极差是指在一组绩效成绩中，用最高分减去最低分得到这组绩效成绩的分布范围，这个范围便被称为极差。

【统计分析示例】如表 7–5 所示，A、B 两个组织的平均分相同，B 组织的极差大于 A 组织，代表极差大的 B 组织的绩效数据的离散程度更高。两组数据的平均分相同，当中位数较低时，众数反而会相对较高。在进行组织的绩效成绩分析时，平均分、中位数、众数越接近，并且极差越大，其分布状态越接近正态分布的曲线，C 组织便属于这一类分布。

表 7–5 绩效等级分布分析表

所属组织	不同绩效等级对应人数									统计数据			
	A+	A	A–	B+	B	B–	C+	C	C–	平均分	中位数	众数	极差
A	1	1	1	22	11	6	1	1	1	86	86	91、86	11
B	1	6	12	5	7	8	3	3	1	86	82	91、96	29
C	1	3	7	11	8	6	5	4	1	86	86	86	30
合计	3	10	20	38	26	20	9	8	3				

图 7–1、图 7–2、图 7 3 分别对应 A、B、C 3 个组织的绩效等级分布。

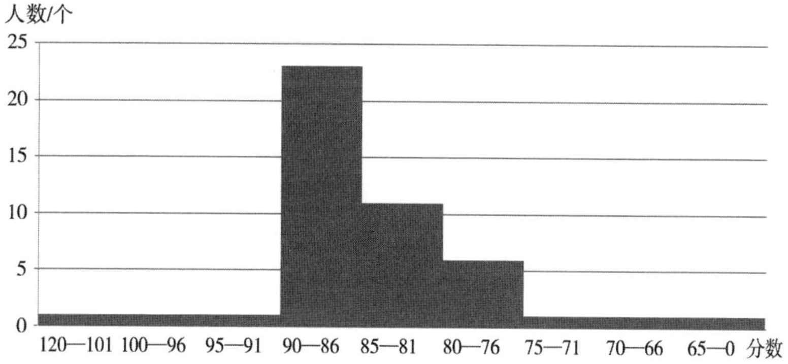

图 7–1 A 部门绩效等级分布示例

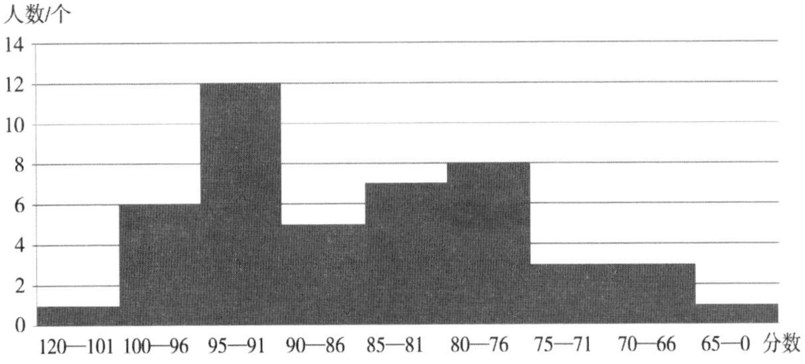

图 7-2 B 部门绩效等级分布示例

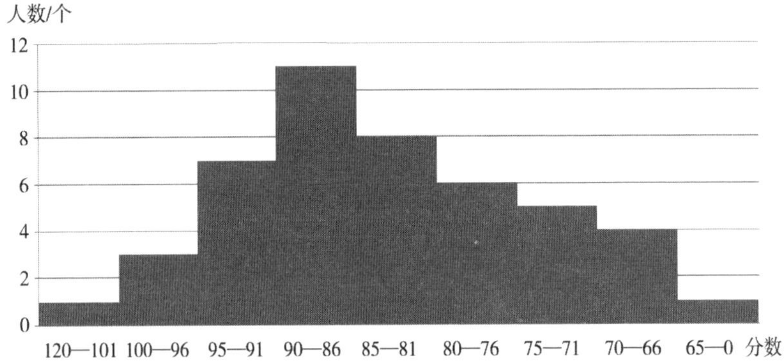

图 7-3 C 部门绩效等级分布示例

（三）绩效总分月度环比分析表

【功能】对指定组织、指定时间点所在年度的各月度的绩效平均分进行环比分析。同时，可以通过指定一个或多个字段值自定义统计分析数据范围，如人员类别、工作地区、绩效方案类型、职位级别、职位系列等。统计数据包括各月度绩效总分（最终绩效总分）平均分、中位数、众数、极差。

【数据来源】益异 eHR—绩效管理—绩效管理台账。

【数据解读】通过对各月绩效成绩的环比分析，可以反映出组织在全年各阶段的绩效表现波动性和阶段性规律。

如果某组织的绩效成绩持续高于或者低于企业整体绩效成绩，在进行绩效回顾、绩效诊断时须关注其是否存在评价虚高或虚低的情况。如已排除了评价过程中的人为因素，需要再审视绩效指标、指标目标值设置的合理性。

【统计分析示例】以表 7-6 为例，A 组织为旅游企业中的餐饮部，1 月、5 月、10 月的绩效成绩明显高于其他月份。在 A 组织的绩效方案中，业绩额、游客量是主要绩效指标，而这两个指标会直接受到业务淡旺季的影响，1 月、5 月、10 月为小长假旅游旺季，这三个月份的绩效成绩偏高相对合理。

B 组织为旅游企业中的信息部，该部门持续保持着高绩效水平，且各月度的绩效成绩均高于平均值。排除该部门连续完成阶段性挑战任务的可能，通常情况下，职能部门的绩效成绩不会持续高于企业平均绩效水平，该部门绩效执行过程中可能存在以下问题。

其一，绩效评价人的评价结果存在真实性与准确性的问题。

其二，在该部门所执行的绩效方案中，绩效指标及指标计算方法存在合理性的问题。

其三，该部门所执行的绩效方案中，存在绩效指标的目标值或挑战值偏低的问题。

表 7-6 绩效总分月度环比分析表

所属组织	1 月	2 月	3 月	4 月	5 月	…	10 月	11 月	12 月
A	91	86	87	86	92	…	93	86	87
B	90	91	90	89	93	…	90	91	91
C	87	87	87	87	87	…	87	87	90
平均值	89	88	88	87	91	…	90	88	89
中位数	90	87	87	87	92	…	93	87	90
众数	91,90,87	86,91,87	87	86,87,89	87,92,93	…	87,90,93	86,87,91	87,90,91
极差	4	5	3	3	6	…	6	4	4

（四）绩效申诉统计表

【功能】对指定组织、指定时间点所在年月的绩效申诉发生次数进行统计分析。同时，可以通过指定一个或多个字段值自定义统计分析数据范围，如人员类别、工作地区、绩效方案类型、职位级别、职位系列等。

【数据来源】益昇 eHR—绩效管理—绩效申诉管理。

具体参见表 7–7。

表 7–7 绩效申诉统计表

员工姓名	绩效方案名称	评价指标	被考核人申诉理由	直接考核人答复
A	财务部绩效考核方案	报表错误次数	错误的认定过于严苛	经与部门负责人核实，财务报表数据的准确，对企业风险的影响较高，对财务报表准确性的确有较高要求
B	财务部绩效考核方案	出勤率	本次季度内没有请假，该指标不应该存在扣分	本季度内有过两次迟到，迟到也属缺勤统计的范围

【数据解读】

绩效申诉是员工表达对绩效结果意见的重要方式。通过建立良性的申诉渠道，积极处理员工的申诉请求，能够有效疏导员工心理障碍，改善企业与员工的关系，也能帮助企业发现管理中的问题。越来越多的企业以越发开放的心态面对和处理绩效申诉问题。

【统计分析示例】如表 7–8 所示，某集团公司下设 A、B、C 3 家子公司，其中 C 公司的绩效申诉次数居高不下，引起了集团人力资源部门的高度重视，于是特建立了专门的绩效申诉评审委员会，以便弄清绩效申诉率超高的原因。经调查，C 公司的绩效管理过程中存在以下几类情况，并给予了相应的管理干预。

表 7-8 绩效申诉次数分析表

所属组织	申诉次数
A	5
B	2
C	74
合计	81

其一，在数据收集方面存在异议。主要体现在：数据统计有误、数据收集未严格按照指标定义、未剔除重复计算数据、数据收集人没有按标准收集数据等。

针对这些问题，绩效管理人员应坚持“立即处理”的原则，组织申诉员工、数据收集者、绩效委员会成员及相关部门人员，立即进行小范围会议研讨，讲事实、摆数据，如有失误，立即纠正。

其二，在考核方案方面存在异议。问题主要出现在有一定利益关联的部门或同部门员工之间，他们认为：别人的考核指标设置不合理、计分方法有问题、考核目标应当提高等。简言之，其目的是想通过更严格的考核，拉低对方的考核分数，同时希望自己能够超过他们，获得较高的评价分数。

如果申诉者能够提出充分的理由和依据，认为考核方案有待改进，则应经过绩效委员会讨论后进行调整。

其三，被考核人没有参与到绩效考核中，对许多情况并不太了解，对考核的过程存在疑问。

一般情况下，只要向员工详细说明绩效考核流程，员工就能够认同。同时企业应该鼓励员工积极参与到考核中来，因为只有这样，绩效考核才能够发挥其效力，从而对员工产生积极向上的正面引导作用。

（五）年度绩效总分环比分析表

【功能】对指定组织、指定时间点所在年度的年度绩效总分的平均值进行环比分析。同时，可以通过指定一个或多个字段值自定义统计分析数据范围，如职位级别、职位系列等。

【数据来源】益昇 eHR—绩效管理—年度绩效管理台账。

【数据解读】年度绩效结果结合了阶段性绩效考核的结果和其他绩效指标评价的结果，如果说阶段性绩效会由于考核周期短而存在一定的结果偏差，那么年度绩效则可以通过对阶段性绩效和其他绩效指标加权平均的方式进行纠偏，得到相对客观的绩效结果。其他绩效指标通常包括工作述职、多角度行为评价、任职资格知识技能测试等。

【统计分析示例】具体参见表 7–9。

表 7–9 年度绩效总分环比分析表

所属组织	近几年年度绩效总分				平均值
	2018 年	2019 年	2020 年	2021 年	
A	88	89	87	87	87.75
B	90	89	90	88	89.25
C	88	89	87	87	87.75
D	89	87	90	88	88.50

三、人力资源管理指标分析

【功能】对指定组织、指定日期所在年度内的绩效管理模块人力资源管理指标进行分析，包括：绩效方案覆盖率、年度绩效申诉率、年度绩效辅导执行率。

【数据来源】益昇 eHR—绩效管理—绩效管理台账、绩效管理—绩效申诉管理。

【公式】

- 绩效方案覆盖率 = 参与绩效考核人数 ÷ 在职人数
- 年度绩效申诉率 = 年度内每月绩效申诉人数之和 ÷ 年度内每月参与绩效考核人数之和

● 年度绩效辅导执行率＝年度内每月绩效辅导人数之和 ÷ 年度内每月参与绩效考核人数之和

【数据解读】

● 绩效方案覆盖率是参与绩效考核的人数与在职人数的比率，可以反映出绩效管理机制在企业内的覆盖情况及企业绩效管理机制的成熟度。

● 年度绩效申诉率是年度内每月绩效投诉人数之和，与年度内每月参与绩效考核人数之和的比率，可以反映出年度绩效申诉的占比。过高或过低的绩效申诉率，均有可能是绩效管理过程中还存在一定的问题。

● 年度绩效辅导执行率是年度内每月绩效辅导的人次数之和，与年度内每月参与绩效考核人数之和的比率，可以反映出绩效辅导工作的执行情况。绩效辅导执行率过低，说明绩效管理过程中工作指导和结果反馈机制落实不到位，容易导致绩效考核流于形式。

具体参见表 7-10。

表 7-10 人力资源指标分析表（绩效管理）

单位：%

所属组织	绩效方案覆盖率	年度绩效申诉率	年度绩效辅导执行率
A	88	4	98
B	90	5	90
C	88	2	87

四、员工个体数据分析

【功能】对指定年度内的员工个人绩效考核的等级分布情况进行统计分析，包括：年度最终绩效等级为 A 的次数、年度最终绩效等级为 B 的次数、年度最终绩效等级为 C 的次数、年度绩效考核次数。

【数据来源】益异 eHR—绩效管理—绩效管理台账。

【数据解读】绩效反馈是绩效管理过程中重要的一环，员工可以查阅本人在当前年度内的绩效等级分布情况，激发其改进绩效水平的意愿。

【统计分析示例】具体参见图 7–4。

图 7–4　员工绩效管理示例

五、数据图表示例

（一）绩效方案统计数据图表示例

具体内容参见图 7–5 至图 7–8。

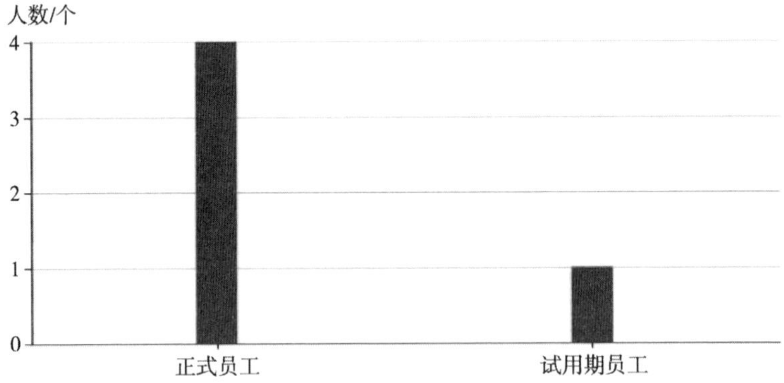

图 7–5　人员类别统计数据示例

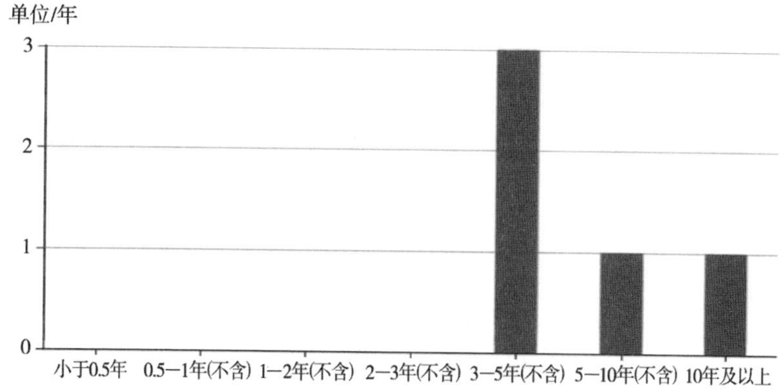

图 7-6 在职年限统计数据示例

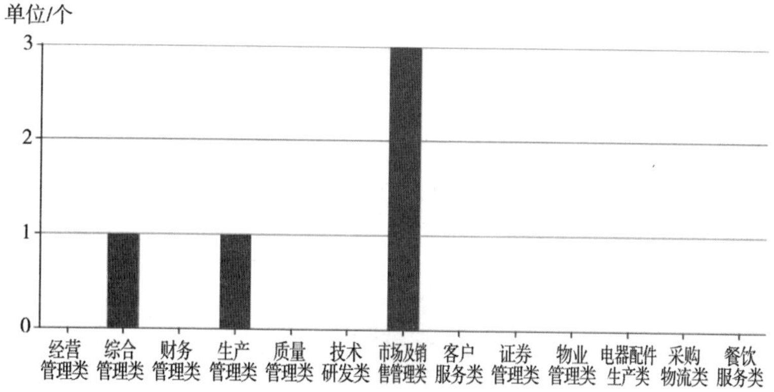

图 7-7 专业方向统计数据示例

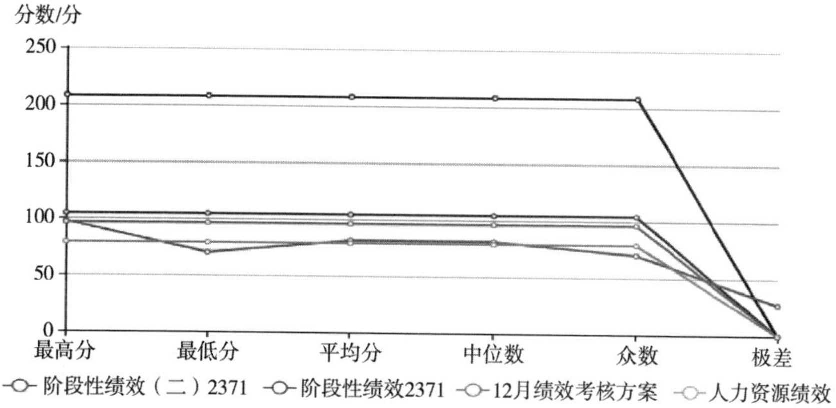

图 7-8 分数统计数据示例

（二）绩效考核结果统计数据图表示例

具体内容参见图 7-9 至图 7-13。

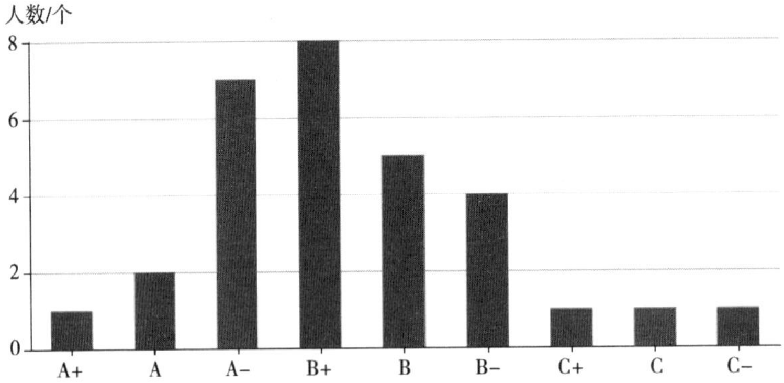

图 7-9　最终绩效等级统计数据示例

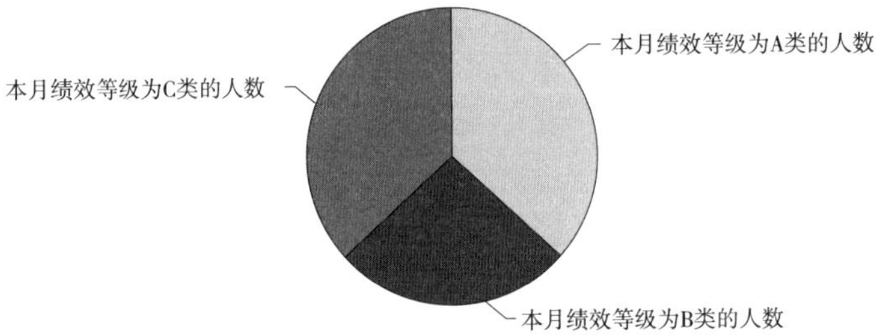

图 7-10　本月绩效等级统计数据示例

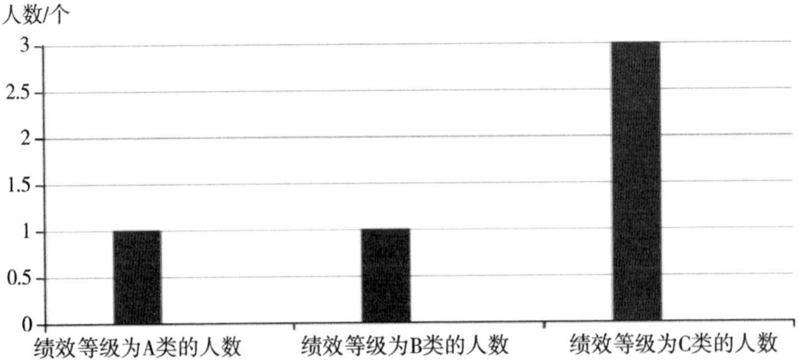

图 7-11　本月绩效等级人数统计数据示例

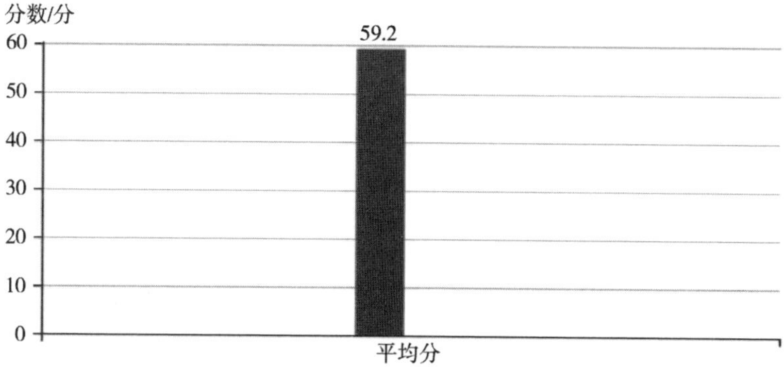

图 7-12 平均分统计数据示例

图 7-13 年度绩效申诉率统计数据示例

六、数据看板示例

以某组织为例，6 月的相关数据如下所示，相应的示意图如图 7-14 至图 7-18 所示。

绩效指标数：54
绩效方案数：12

本月被考核人数：1200
上月被考核人数：1173
年度被考核人数：14495

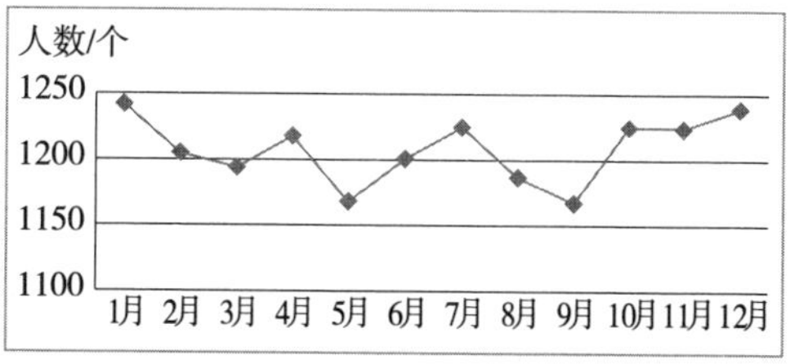

图 7-14 被考核人数月度环比分析示意图

本月平均分数：87.8
上月平均分数：88.3
年度平均分数：88.2

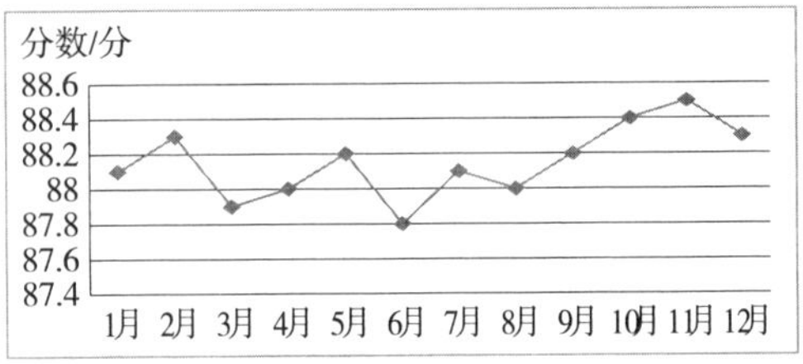

图 7-15 平均分数月度环比分析示意图

本月绩效等级为 A 的人数：170
本月绩效等级为 B 的人数：885
本月绩效等级为 C 的人数：200
上月绩效等级为 A 的人数：165
上月绩效等级为 B 的人数：880
上月绩效等级为 C 的人数：198
年度绩效等级为 A 的人数：1627
年度绩效等级为 B 的人数：10484
年度绩效等级为 C 的人数：2384

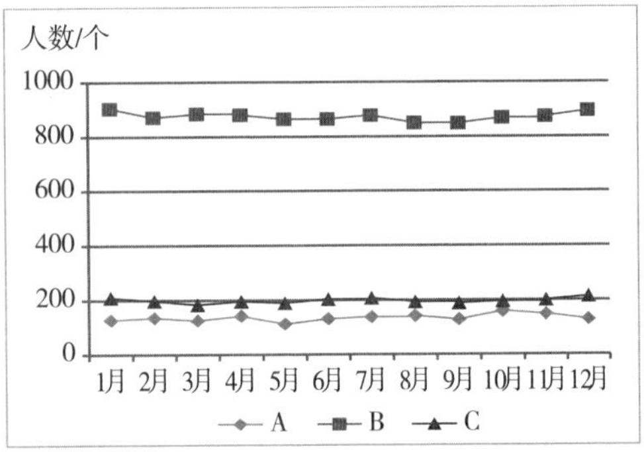

图 7-16 考核结果月度环比分析示意图

本月绩效辅导次数：4
上月绩效辅导次数：11
年度绩效辅导次数：109

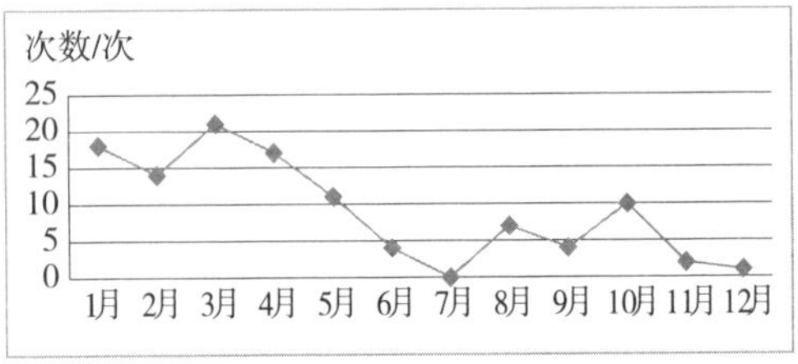

图 7-17 绩效辅导次数月度环比分析示意图

本月绩效改进课程数：4
上月绩效改进课程数：11
年度绩效改进课程数：109

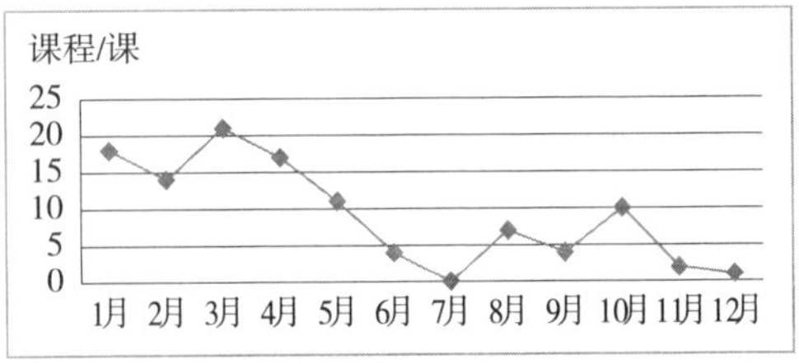

图 7-18 绩效改进课程数月度环比分析示意图

第八章 | 测评测验

一、测评试题数据分析

知识技能测评试题主要来源于任职资格知识技能教材，应用于培训效果二级评估、招聘选拔等方面；能力素质测评试题是结构化面试、情景模拟、心理测验等人才测评工具的组成元素，主要应用于招聘选拔、职位晋升、人才梯队建设等方面。

测评试题数据分析涉及的报表主要是试题统计表。

【**功能**】对不同专业方向的试题数量、试题类型、试题难度进行统计分析。同时，可以通过指定一个或多个字段值自定义统计分析数据范围，如试题类别、专业方向、试题类型、试题难度等。

【**数据来源**】益昇 eHR—测评测验—测评试题。

具体参考表 8-1。

表 8-1　测评试题表

试题 ID	题干	试题类别	专业方向	试题类型	难度	默认分值
ST000705	简述动土作业的定义	主观题	生产管理类	简答题	中	10
ST000703	受限空间的定义是进出口受限，通风不良，可能存在易燃易爆、有毒有害物质或缺氧，对进入人员的身体健康和生命安全构成威胁的封闭、半封闭设施及场所	客观题	生产管理类	判断题	中	10

续表

试题 ID	题干	试题类别	专业方向	试题类型	难度	默认分值
ST000702	危险化学品生产企业特殊作业管理规范中，特殊作业包括动火作业、有限空间作业、动土作业、吊装作业、临时用电作业、断路作业和（　）	客观题	生产管理类	单选题	中	10
ST000700	在未授权的前提下，白天二级动火作业票的审批人是（　）	客观题	生产管理类	多选题	中	10

【数据解读】试题类型一般包括：单选题、多选题、判断题、填空题和简单题。试题难度一般包括：难、中、易。

在进行试题类型设置时，能力素质测试多以客观的选择题为主，而知识技能测试通常会采用多种试题类型相结合的方式。

【统计分析示例】具体参见表 8-2。

表 8-2　测评试题—试题类型、难度分析表

专业方向	试题数量	试题类型					试题难度		
		单选题	多选题	判断题	填空题	简答题	难	中	易
经营管理类	17	10	0	0	5	2	9	6	2
行政管理类	27	6	6	0	12	3	4	16	7
生产管理类	20	5	5	5	0	5	10	8	2
人力资源管理类	45	8	8	0	24	5	11	16	18
量表类	494	494	0	0	0	0	0	0	494
认知能力类	81	81	0	0	0	0	25	25	31
合计	684	604	19	5	41	15	59	71	554

二、测评结果数据分析

知识技能类的测评试卷，通常以总得分的方式体现测评结果。能力素质类的测评试卷，通常以分项得分的方式体现测评结果，并对分项分数进行解读，形成测评报告。

测评结果数据分析涉及的报表主要包括：测评测验统计表、测评人次月度环比分析表、雷达图、作答情况分析表。

（一）测评测验统计表

1. 测评人次数、合格人次数

【功能】对指定组织、指定时间段的所有测评的人次数、合格人次数进行统计分析。同时，可以通过指定一个或多个字段值自定义统计分析数据范围，如试卷名称、是否合格、试卷类型、作答状态、职位级别、职位系列等。

【数据来源】益异 eHR—测评测验—测评方案。

表 8-3 测评方案表

测评方案ID	测评方案名称	测评方案应用方向	所属组织	试卷名称	试卷类型
FA000087	培训需求调研	培训需求调研	A	培训需求调研	培训需求调研
FA000084	FPA 性格色彩	其他	B	FPA 性格色彩测试	量表—FPA性格色彩
FA000081	MBTI 职业倾向	应聘者测评测验	B	FPA 性格色彩测试	量表—FPA性格色彩

测评方案ID	试卷总分	合格分数线	测评用时（分）	测评开始时间	测评结束时间	评判人	试题数量
FA000087	45	—	60	2022–06–25 09:00	2022–06–30 09:00	张某花	9
FA000084	100	80	10	2022–06–23 08:30	2022–06–30 08:30	李某林	30
FA000081	100	80	10	2022–06–23 09:40	2022–06–30 09:30	王某华	60

【数据解读】通过对测评人次数和合格人次数的对比分析，能够直接反映出测评的通过率。

【统计分析示例】具体参见表 8-4。

表 8-4 测评测验—测评、合格人次数分析表

所属组织	测评人次数	合格人次数
A	50	48
B	40	38
C	100	68
D	122	83
合计	312	237

2. **测评试卷分析表**

【功能】对指定组织、指定时间段内参与不同试卷的测评人次数进行统计分析。

【数据来源】益昇 eHR—测评测验—测评方案。

【数据解读】参与不同测评试卷的测评人次数主要取决于该阶段重点开展的人力资源管理工作。比如，招聘选拔以性格测试、职业倾向测试等量表为主，知识技能测试试卷为辅；培训效果二级评估则基本选用知识技能测试试卷。

【统计分析示例】具体见表 8-5。

表 8-5 测评试卷分析表

所属组织	试卷名称				合计
	SCL90 心理健康测试	DISC 性格测试	生产管理流程	办公软件基础	
A	29	15	0	0	44
B	0	0	17	8	25
C	8	2	5	5	20
D	5	0	0	5	10
合计	42	17	22	18	99

（二）测评人次月度环比分析表

【功能】对指定组织、指定年度，各月份测评人次数进行环比分析。同时，可以通过指定一个或多个字段值自定义统计分析数据范围，如是否合格、试卷类型、作答状态、职位级别、职位系列等。

【数据来源】益昇 eHR—测评测验—测评方案。

【数据解读】通过对企业各月份测评人次数进行环比分析，可以反映出企业人员招聘、员工培训等工作的开展频次。

【统计分析示例】具体见表 8-6。

表 8-6 测评人次月度环比分析表

所属组织	全年各月测评人次数							合计
	1 月	2 月	3 月	…	10 月	11 月	12 月	
A	32	30	15	…	0	5	10	99
B	2	1	1	…	1	1	1	55
C	1	0	0	…	0	0	0	6
D	4	6	5	…	8	10	50	98
合计	39	37	21	…	9	16	61	258

（三）测评进度控制表与雷达图

【功能】是能力素质多角度评价结果的一种图形展现方式。

【数据来源】益昇 eHR—测评测验—测评进度控制。

具体参见表 8-7。

表 8-7 测评进度控制表

作答 ID	姓名	员工 ID	培训 ID	简历 ID	所属组织
ZDFA0034-000001	王某佳	10002200			A
ZDFA0032-000001	李某华		TI009444		B
ZDFA0031-000001	程某佳			JL00001198	

作答 ID	招聘机构	招聘职位 ID	职位编号	职位名称	测评方案名称	试卷名称
ZDFA0034-000001		XQPO000084	T10A02	总经理助理	九型人格测试	九型人格测试
ZDFA0032-000001		XQPO000084	T10A02	总经理助理	霍兰德职业倾向测试	霍兰德职业倾向测试
ZDFA0031-000001	D	XQPO000084	T10A02	总经理助理	MBTI 职业性格测试	MBTI 职业性格测试

作答 ID	试卷类型	试卷总分	合格分数线	测评用时（分）	测评开始时间	测评结束时间
ZDFA0034-000001	量表—九型人格	108	70	45	2021-12-11 15:02	2021-12-12 15:03
ZDFA0032-000001	量表—霍兰德	192	160	60	2021-12-11 10:28	2021-12-12 10:28
ZDFA0031-000001	量表—MBTI	93	90	18	2021-12-11 10:25	2021-12-12 10:25

作答 ID	评判时间	作答结束时间	得分	是否合格	作答状态	作答通知时间
ZDFA0034-000001	2021-12-11 15:11:38	2021-12-11 15:11:38	90	是	已锁定	2021-12-11 15:11:38
ZDFA0032-000001	2021-12-11 10:29:13	2021-12-11 10:29:13	186	是	已锁定	2021-12-11 15:11:38
ZDFA0031-000001	2021-12-11 10:27:07	2021-12-11 10:27:07	87	否	已锁定	2021-12-11 15:11:38

【数据解读】能力素质多角度评价常用于人员招聘、员工绩效考核、员工职位级别晋升中。

【统计分析示例】某组织对中高级管理人员的能力素质定义如下。

谈判能力：是指对谈判中可能遇到的问题有一定的预见性，善于表达并坚持自己的观点和利益；具有相当的灵活性，在谈判中能够争取主动，并替公司争取利益。

市场分析能力：是指有卓越的信息收集、整理、分析能力，能通过大量的媒体与渠道获取信息；能通过大量的数据与材料精确地分析出市场发展动向；能够通过分析制作优秀、高品质的报告，为决策提供依据。

学习能力：是指能够深刻理解新知识、新方法和新技术对自己的工作可能产生的影响，并能够进行适当且较有成效的应用；能将总结经验作为自己在工作中学习和提高的基本功与习惯行为，持续努力使自己的知识和技能不断更新；能在自己的团队内部或整个公司内分享知识、经验和最佳实践，以帮助他人进行学习。

解决问题能力：是指能够迅速理解并把握各种重大复杂的事务的本质，快速找到问题的突破口，并制定问题预防的策略。

培养下属能力：是指有培养下属的强烈意愿和倾向，能鼓励员工与企业一起成长；关注员工的潜质与可塑性，注重分类别培养，在实际工作中不断帮助下属成长。

团队建设能力：是指通过丰富的管理活动打造团队，使团队具有较强的凝聚力和向心力，团队成员热情饱满、配合意识强、积极性高、业绩优秀。

督导能力：是指积极对下属的工作提供指导和支持，并要求其及时反馈，同时为下属提供有效对策。

责任意识：是指对工作倾情投入、一丝不苟、有始有终，经常对工作中的问题进行思考并提出建议。

具体参见表 8-8 和图 8-1。

表 8-8 某组织 4 名员工的能力素质评价

能力素质名称	各项能力素质得分			
	王某华	李某	张某松	陈某
谈判能力	5	5	4	5
市场分析能力	5	4	5	5
学习能力	4	5	4	5
解决问题能力	4	5	5	4
培养下属能力	4	4	3	4
团队建设能力	3	3	4	3
督导能力	4	3	3	4
责任意识	3	4	3	4

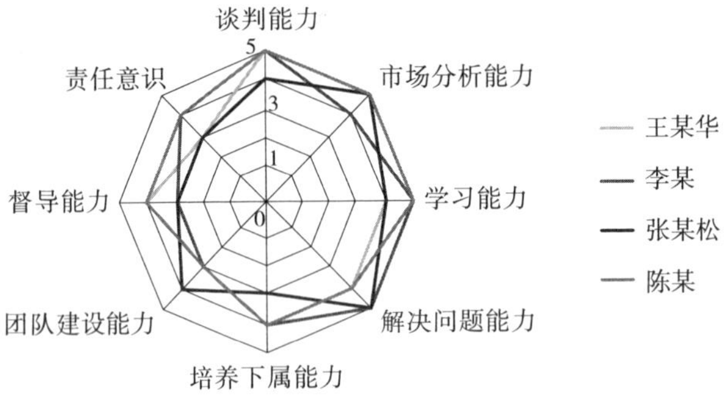

图 8-1 雷达图

（四）作答情况分析表

1. 应作答人数、已作答人数、作答率

【**功能**】对指定测评试卷的应作答人数、已作答人数和作答率进行统计分析。

【**数据来源**】益异 eHR—测评测验—测评方案—作答情况分析。

具体参见表 8-9。

表 8-9 测评方案—作答情况分析表

测评方案ID	测评方案名称	所属组织	试卷名称	应作答人数	已作答人数	作答率（%）
FA0031	MBTI	A	MBTI 职业性格测试	1	1	100
FA0030	DISC 测评	B	DISC 性格测试	2	1	50
FA0025	人格测试	A	九型人格测试	1	1	100

测评方案ID	合格人数	合格率（%）	最高分	最低分	平均分	中位数	众数	极差
FA0031	0	0	12	12	12	12	12	0
FA0030	0	0	13	13	13	13	13	0
FA0025	0	0	0	0	0	0	0	0

【**数据解读**】通过对应作答人数、已作答人数的统计分析，可以反映出该测评的人员参与情况。

【**统计分析示例**】具体见表 8-10。

表 8-10 测评测验—作答人数分析表

试卷名称	应作答人数	已作答人数	作答率（%）
九型人格测试	2	2	100
霍兰德职业倾向测试	2	2	100
MBTI 职业性格测试	15	15	100
九型人格测试	3	3	100

2. 合格人数

【**功能**】对指定测评试卷的合格人数及合格率进行统计分析。

【**数据来源**】益昇 eHR—测评测验—测评方案—作答情况分析。

【**数据解读**】通过对合格人数、合格率的统计分析，可以直接反映出测评的通过率。同时也间接反映了试卷的难易程度。

【**统计分析示例**】具体参见表 8-11。

表 8-11 测评测验—合格人数分析表

试卷名称	已作答人数	合格人数	合格率（%）
A	2	2	100
B	2	2	100
C	15	11	73
D	3	0	0

3. 分数

【功能】对指定测评试卷作答人员的最高分、最低分、平均分、中位数、众数和极差进行统计分析。

【数据来源】益异 eHR—测评测验—测评方案—作答情况分析。

【数据解读】通过对测评试卷作答人员的最高分、最低分、平均分、中位数、众数和极差的统计分析，可以反映出参与测评人员对试卷内容的掌握情况和试卷的难易程度。

【统计分析示例】以表 8-12 为例，A、B 两套试卷的作答人的平均分相同，但 B 试卷的极差大于 A 试卷，代表极差大的 B 试卷的分数离散程度更高。而中位数较小的 A 试卷，众数较大，表明 A 试卷的作答人员分数比较均衡，无太大的差异。

表 8-12 测评测验—作答分数分析表

试卷名称	最高分	最低分	平均分	中位数	众数	极差
A	98	96	90	90	92，94	2
B	98	88	90	92	90，92	10
C	96	56	79.5	79.5	94	40
D	68	45	57.7	57.7	60，45，68	23

三、员工个体数据分析

【功能】对指定日期、指定员工的个体数据指标进行统计分析，包括待作答试卷数、年度测评次数、年度测评合格次数、年度测评合格率。

【数据来源】益昇 eHR—培训管理—培训实施。

【统计分析示例】具体见图 8-2。

图 8-2　员工测评试卷示例

四、数据图表示例

（一）测评试题统计数据图表示例

具体内容参见图 8-3 至图 8-6。

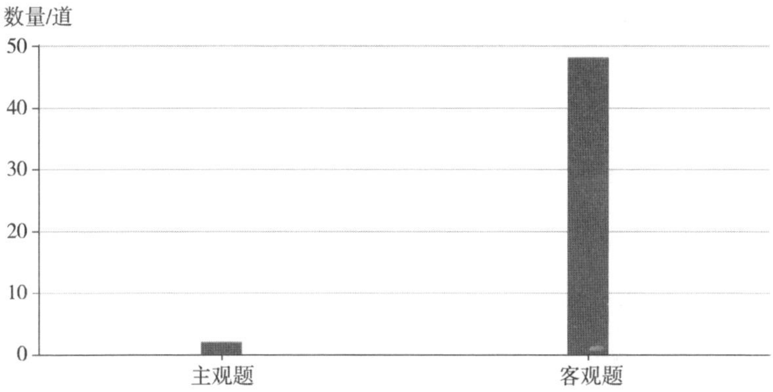

图 8-3　试题类别统计数据示例

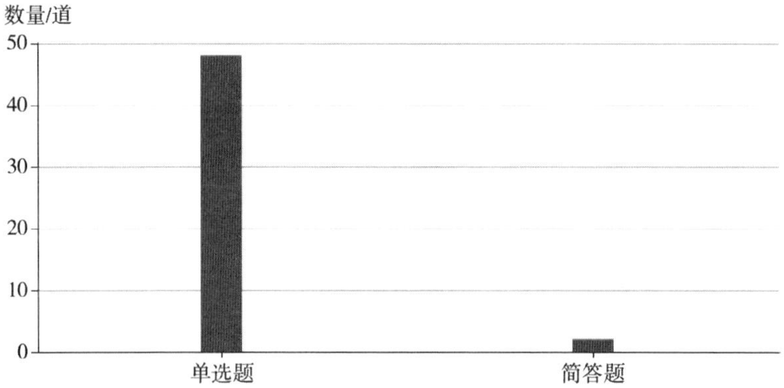

图 8-4 试题类型统计数据示例

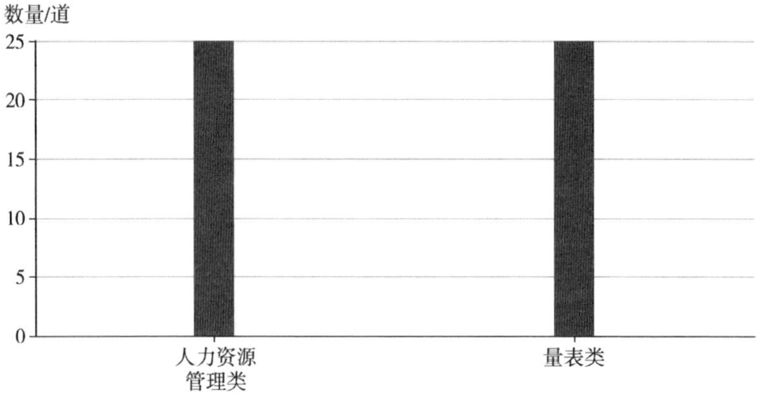

图 8-5 专业方向统计数据示例

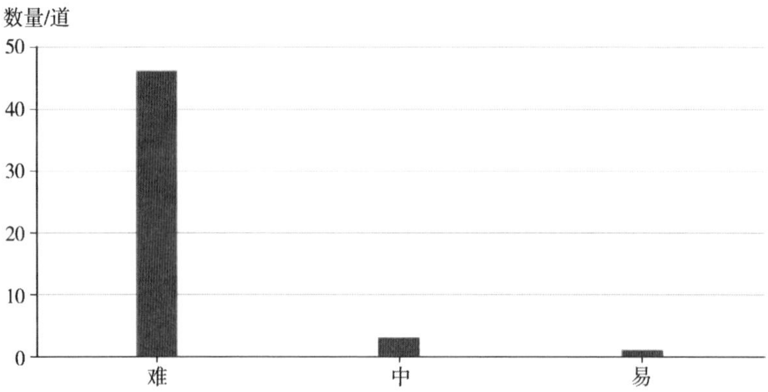

图 8-6 难度统计数据示例

（二）测评结果统计数据图表示例

具体内容参见图 8–7、图 8–8。

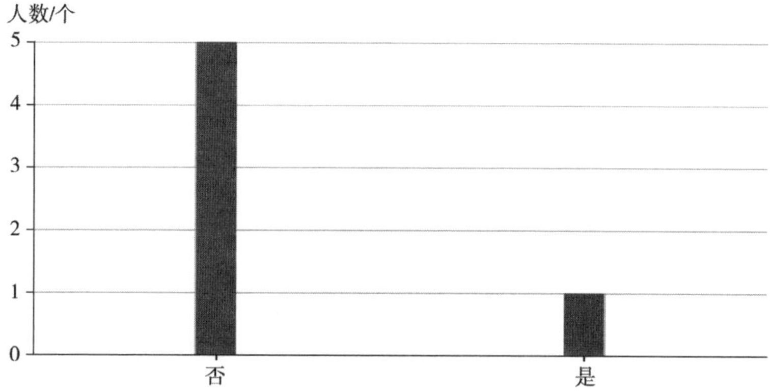

图 8–7 是否合格统计数据示例

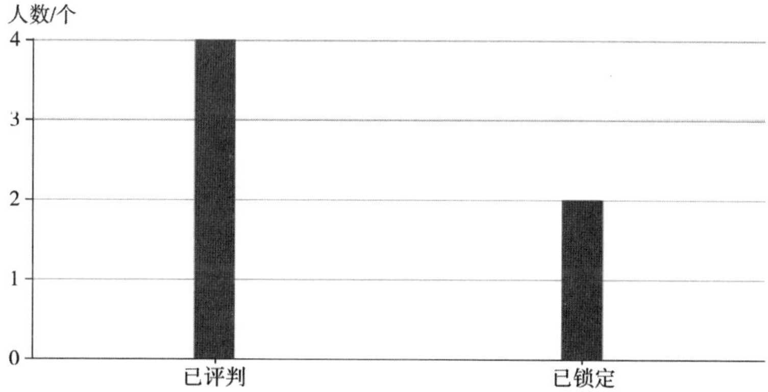

图 8–8 作答状态统计数据示例

五、数据看板示例

以某组织为例，6 月的相关数据如下所示，相应的示意图如图 8–9 所示。

试题数：1200
试卷数：30
测评方案数：80

本月测评人次数：120
本月测评合格人次数：115
上月测评人次数：280
上月测评合格人次数：210
年度测评人次数：2162
年度测评合格人次数 :1839

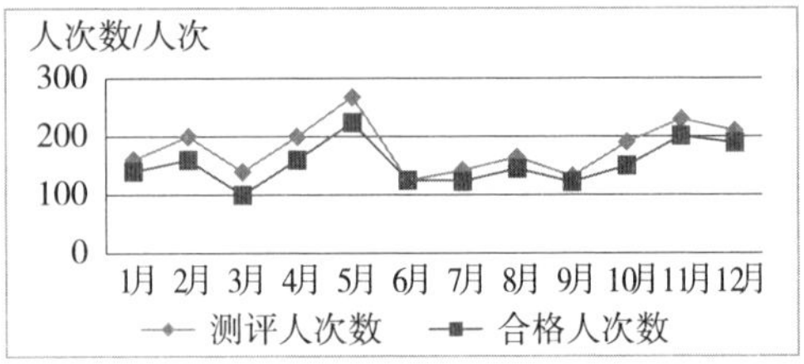

图 8-9 测评、合格人次月度环比分析示意图

第九章 | 人才盘点

一、人才盘点数据分析

人才盘点是企业人才管理的重要手段，能够起到提升企业人才发展和培养水平的作用。

企业通过人才盘点，可以为员工制订个性化的人才培养计划，使其可以基于个人优势及发展方向，向更合适自己的岗位发展，既满足了个人对薪资待遇的需要，也能够充分发挥个人价值。

人才盘点涉及的报表主要包括：人才盘点统计表、人才盘点环比分析表、加速培养计划统计表、心理契约管理统计表。

（一）人才盘点统计表

1. 盘点人次

【功能】对指定组织、指定日期所属年度的盘点人次数进行统计分析。同时，可以通过指定一个或多个字段值自定义统计分析数据范围，如人才类型、人员类别、工作地区、职位级别、职位系列等。

【数据来源】益异 eHR—人才管理—评价进度控制、成长地图。

具体参见表 9-1。

表 9-1 评价进度控制、成长地图表

人才盘点 ID	姓名	员工 ID	所属组织	职位名称	职位编号	人员类别	工作地区
PD0017-000032	林某灰	10007959	品质保证中心	质量副总监	T09E01	正式	天津
PD0017-000030	杜某齐	10007967	财务部	财务副总监	T09C01	正式	北京
PD0017-000029	刘某海	10007968	产品研发部	技术研发主管	T05F01	返聘	天津
PD0017-000021	吴某德	10007996	金融部	高级证券专员	T04I01	正式	上海
人才盘点 ID	**入职日期**	**盘点方案 ID**	**盘点方案名称**	**盘点年度**	**盘点开始日期**	**盘点结束日期**	**评价人**
PD0017-000032	2019-07-05	PD0017	年度人才盘点	2021	2021-01-01	2021-12-31	张某财
PD0017-000030	2019-09-14	PD0017	年度人才盘点	2021	2021-01-01	2021-12-31	胡某开
PD0017-000029	2019-09-15	PD0017	年度人才盘点	2021	2021-01-01	2021-12-31	马某黑
PD0017-000021	2019-09-30	PD0017	年度人才盘点	2021	2021-01-01	2021-12-31	刘某党
人才盘点 ID	**人才类型**	**绩效等级**	**潜能等级**	**优势项**	**劣势项**	**离职风险**	**离职影响**
PD0017-000032	AB	A	B	执行能力、承受压力能力、学习能力	以人为本	中	中
PD0017-000030	BB	B	B	适应能力、计算机应用能力	危机处理能力、解决问题能力	中	中
PD0017-000029	CB	C	B	感召力	执行能力	高	中
PD0017-000021	BC	B	C	以人为本、条理性、组织认同	敬业、行动力	低	中

【数据解读】通常来说，在某特定周期内进行的盘点的人次数应等于在职人数，除特殊人员外，建议对企业内全体员工进行人才盘点。

【统计分析示例】如表 9-2 所示，A、B、C、D 4 个组织结合统计周期范围内的在职人数可以看出，人员类别为试用、临时、返聘、实习的员工，未包含在人才盘点人员范围内。

表 9-2 盘点人次分析表

所属组织	盘点人次	在职人数
A	57	60
B	175	180
C	862	900
D	289	320
合计	1383	1460

2. 人才类型

【功能】对指定组织、指定日期所属年度的人才类型人次数进行统计分析。

【数据来源】益昇 eHR—人才管理—评价进度控制、成长地图。

【数据解读】人才类型一般包括：AA、AB、BA、AC、BB、CA、BC、CB、CC。

通过对人才类型的统计分析，可以准确判断人才未来的发展方向，以及所在行业对人才需求的变化，以推动人力资源管理的良性循环。通常来说，各类型的人才比例宜以 BB、BC 型居多。

具体参见图 9-1。

潜能↓ \ 绩效→	高（A）	中（B）	低（C）
高（A）	1（AA），1% 明星员工 保留	3（BA），7% 高成长员工 提拔	6（CA），2% 潜力员工 培养和辅导
中（B）	2（AB），4% 高影响力员工 提拔	5（BB），28% 中坚员工 发展	8（CB），8% 待观察员工 警告
低（C）	4（AC），5% 高效率员工 维持原位	7（BC），35% 合格员工 维持原位	9（CC），10% 问题员工 淘汰

图 9-1 人才地图示意图

【**统计分析示例**】如表 9-3 所示，在 A、B、C、D 4 个组织中，人才类型占比最高的均为 BB 型，即中坚员工，符合人才盘点的预期。

其中，在 A、B 两个组织中，AA 型人才较少，分别占总比 0.84%、0.67%，这些组织在人才培养、引进和保留上还有一定的改善空间。

在 C、D 两个组织中，CC 型人才较少，分别占总比 0.93%、0.62%，主要是由于这两个组织在人员培养上采取“一帮一带”政策，能力突出的员工带领能力较差的员工，从而实现了员工的整体进步。

表 9-3 人才盘点—人才类型分析表

所属组织	不同人才类型对应的人数									合计
	AA	AB	BA	AC	BB	CA	BC	CB	CC	
A	1	8	6	9	57	23	8	3	4	119
B	2	9	7	17	175	42	21	17	9	299
C	17	35	38	132	862	151	87	67	13	1402
D	7	9	11	21	289	101	31	12	3	484
合计	27	61	62	179	1383	317	147	99	29	2304

3. 绩效等级

【功能】对指定组织下、指定日期所属年度的绩效等级、潜能等级人次数进行统计分析。

【数据来源】益昇 eHR—人才管理—评价进度控制、成长地图。

【数据解读】绩效等级是着眼于员工的“过去”，即员工在人才盘点年度内的绩效评定结果，绩效等级直接影响员工的人才类型，包括 A、B、C 三类。

潜能等级是着眼于员工的“未来”，即员工可能的发展水平。潜能等级直接影响员工的人才类型，包括 A、B、C 三类。

高潜能人才具备高潜能因素和高潜能驱动力两大特征。其中，高潜能因素是指个体面临未知、不确定的环境和新的挑战时解决问题的能力，包括：自我学习力、多视角思考、人际敏感性、情感成熟度。高潜能驱动力是指个体是否具备迎接挑战的意愿及意愿的强度，包括：多样性、积极性、权力导向。

【统计分析示例】在表 9-4 所示的 A、B、C、D 4 个组织中，绩效等级占比最多的均为 B，分别为 67.06%、76.42%、77.03%、64.94%；潜能等级占比最多的同样为 B，分别为 72.94%、68.56%、70.42%、66.74%，可见，绝大多数员工的绩效和潜能均处于目标值，有利于企业稳定发展。

表 9-4　人才盘点—绩效、潜能等级分析表

所属组织	不同绩效等级对应的人数			不同潜能等级对应的人数			合计
	A	B	C	A	B	C	
A	9	57	19	11	62	12	85
B	32	175	22	44	157	28	229
C	81	862	176	155	788	176	1119
D	67	289	89	70	297	78	445
合计	189	1383	306	280	1304	294	1878

4. 离职风险、离职影响

【功能】对指定组织、指定日期所属年度的离职风险、离职影响人次数进行统计分析。

【数据来源】益昇 eHR—人才管理—评价进度控制、成长地图。

【数据解读】离职风险是指由于员工在企业尚未收回其人力资本投资的成本之前终止与企业的契约关系所产生的风险，它是人力资本投资人为风险中最严重的风险。

企业人力资本投资最终产品是体现或附着于人力资本承载者身上的知识或技能，也就是说企业人力资本投资的最终产品所有者不属于企业，最多是某一时期归企业使用。因此，离职风险不但是企业人力资本流动率提高的重要因素，更不可避免地会为企业带来一定的损失。

通过定期的人才盘点，我们可以获取所有参与盘点人员的离职风险分布情况，一般分为高、中、低三个等级。通过对人才盘点的统计分析，可以对离职风险高的员工进行相应对策的准备与实施。不同企业的人力资源发展程度各有不同，可以有规划地对内部可能存在的离职风险进行梳理及预防，避免高离职风险人群出现不可预知的行动，给企业利益带来损失。

通过对人才盘点的统计分析，也可以对离职影响高的员工进行针对性的管理，防范可能出现的人才流失，通过与离职影响高的员工深入接触，会搜集到很多企业内部流程不顺畅、职责不清晰、管理方法失当等问题。离职影响一般分为高、中、低三个等级。

【统计分析示例】在表 9–5 所示的 A、B、C、D 4 个组织中，离职风险高的人数占比分别为 33.33%、9.71%、1.62%、8.01%，离职影响高的人数占比分别为 14.04%、4.57%、4.99%、2.44%。相较来说，A 组织的人员稳定性较差，须提前做好员工离职预案。

A 组织中，离职影响为中的人数占比为 33.33%，离职影响为低的人数占比 52.63%，离职影响为高、中的人数之和与离职影响为低的人数几乎持平，远超过企业预期的可控范围，需要重点加强对这类人才的管理，并有针对性地改善管理体系。

表 9-5　人才盘点—离职风险、离职影响分析表

所属组织	离职风险等级分布人数			离职影响等级分布人数			合计
	高	中	低	高	中	低	
A	19	8	30	8	19	30	57
B	17	8	150	8	66	101	175
C	14	43	805	43	109	710	862
D	23	56	208	7	82	198	287
合计	73	115	1193	66	276	1039	1381

（二）人才盘点环比分析表

【功能】对指定组织、指定开始日期所属年度至结束日期所属年度的人才盘点情况进行环比分析。同时，可以通过指定一个或多个字段值自定义统计分析数据范围，如人才类型、人员类别、工作地区、职位级别、职位系列等。

【数据来源】益昇 eHR—人才管理—评价进度控制、成长地图。

【数据解读】通过定期的人才盘点，可以获取所有参与盘点人员历年人才类型分布情况。通过人才盘点的环比分析，可以有效分析人才类型分布情况及发展变化。

【统计分析示例】如表 9–6 所示，某组织 2019 年至 2022 年每年盘点人次数呈增长之势，其中 AA、AC、BA、BB 型人才呈现逐年上涨趋势，AB 型人才呈现逐年下降趋势，BC、CA、CB、CC 型人才呈现波动性变化，且以 CC 型人才 2020 年的占比 5.30% 较为突出。

值得注意的是，虽然 AA 型人才呈现逐年上升趋势，但占比情况不容乐观，2022 年占总盘点人数的 2.20%，人数较少，企业在未来人才储备过程中，需要重点关注此类人才的引进、培养与保留。

表 9-6 人才盘点年度环比分析表

人才类型	近几年人才盘点人次数			
	2019 年	2020 年	2021 年	2022 年
AA	19	21	25	35
AB	33	34	31	31
AC	21	29	37	38
BA	109	117	125	132
BB	645	697	741	874
BC	297	274	245	298
CA	71	81	79	87
CB	58	69	78	67
CC	31	74	31	28
合计	1284	1396	1392	1590

（三）加速培养计划统计表

【功能】对指定组织、指定开始日期至结束日期时间段内的加速培养计划进行统计分析。同时，可以通过指定一个或多个字段值自定义统计分析数据范围，如人才类型、人员类别、工作地区、职位级别、职位系列等。

【数据来源】益异 eHR—人才管理—加速培养计划。

具体参见表 9-7。

表 9-7 加速培养计划表

人才盘点ID	姓名	员工 ID	所属组织	职位编号	职位名称	人员类别	工作地区
PD0017-000032	林某灰	10007959	品质保证中心	T09E01	质量副总监	正式	天津
PD0017-000030	杜某齐	10007967	财务部	T09C01	财务副总监	正式	北京
PD0017-000029	刘某海	10007968	产品研发部	T05F01	技术研发主管	返聘	天津
PD0017-000021	吴某德	10007996	金融部	T04I01	高级证券专员	正式	上海

续表

人才盘点ID	入职日期	盘点方案ID	盘点方案名称	盘点年度	盘点开始日期	盘点结束日期	评价人	培训课程数	培训课程完成率（%）
PD0017-000032	2019-07-05	PD0017	年度人才盘点	2020	2021-01-01	2021-12-31	张某财	7	100
PD0017-000030	2019-09-14	PD0017	年度人才盘点	2020	2021-01-01	2021-12-31	胡某开	3	50
PD0017-000029	2019-09-15	PD0017	年度人才盘点	2020	2021-01-01	2021-12-31	马某黑	5	0
PD0017-000021	2019-09-30	PD0017	年度人才盘点	2020	2021-01-01	2021-12-31	刘某党	8	75

【数据解读】加速培养是指通过各种培养方式快速提升员工的专业技术能力。加速培养方式通常包括培训 / 教育、承担管理项目 / 任务、调职及岗位轮换、分配短期导师等。

【统计分析示例】具体参见表 9-8。

表 9-8 加速培养计划分析表

所属组织	加速培养人数	不同人才类型对应的人数						不同绩效等级对应的人数			不同潜能等级对应的人数		
		AA	AB	BA	AC	BB	CA	A	B	C	A	B	C
A	104	1	8	6	9	57	23	18	63	23	30	65	9
B	252	2	9	7	17	175	42	28	182	42	51	184	17
C	1235	17	35	38	132	862	151	184	900	151	206	897	132
D	438	7	9	11	21	289	101	37	300	101	119	298	21
合计	2029	27	61	62	179	1383	317	267	1445	317	406	1444	179

（四）心理契约管理统计表

【功能】对指定组织、指定开始日期至结束日期时间段内的心理契约管理进行统计分析。同时，可以通过指定一个或多个字段值自定义统计分析数据范围，如人才类型、人员类别、工作地区、职位级别、职位系列等。

【数据来源】益昇 eHR—人才管理—心理契约管理。

具体参见表 9-9。

表 9-9 心理契约表

心理契约ID	心理契约名称	所属组织	开始时间	结束时间	主持人	参加人数	费用预算（元）
QY000007	××××	A	2021-04-01 18:47	2021-04-30 18:47	李某静	7	200
QY000003	××××	B	2020-11-26 15:29	2020-12-18 15:30	刘某生	25	5000
QY000002	××××	C	2020-10-31 15:25	2020-11-30 15:25	刘某婷	18	800

【数据解读】心理契约是存在于组织与员工之间的一系列不成文的期望、对双方责任和义务的承诺与互惠，从内容上分为关系型心理契约和交易型心理契约。

【统计分析示例】具体参见表 9-10。

表 9-10 心理契约分析表

所属组织	参加人数	人才类型						绩效等级			潜能等级		
		AA	AB	BA	AC	BB	CA	A	B	C	A	B	C
A	104	1	8	6	9	57	23	18	63	23	30	65	9
B	252	2	9	7	17	175	42	28	182	42	51	184	17
C	1235	17	35	38	132	862	151	184	900	151	206	897	132
D	438	7	9	11	21	289	101	37	300	101	119	298	21
合计	2029	27	61	62	179	1383	317	267	1445	317	406	1444	179

二、员工个体数据分析

【功能】对指定员工的个体数据指标进行统计分析，包括：累计评价为

AA 型人才的次数、累计评价为 AB/BA 型人才的次数、累计评价为 CA/BB/AC 型人才的次数。

【数据来源】益昇 eHR—人才管理—评价进度控制、成长地图。

【统计分析示例】具体参见图 9-2。

图 9-2　员工人才成长地图示例

三、数据图表示例

（一）人才盘点统计数据图表示例

具体内容参见图 9-3 至图 9-8。

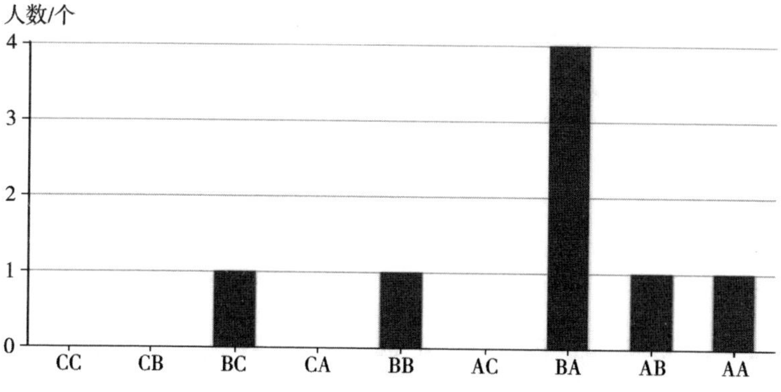

图 9-3　人才类型统计数据示例

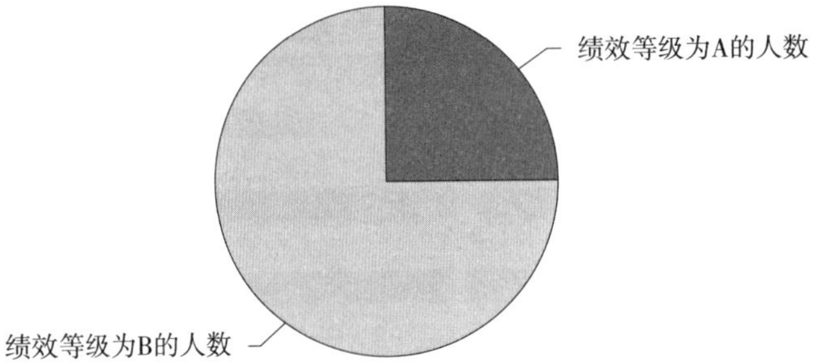

图 9-4　绩效等级统计数据示例

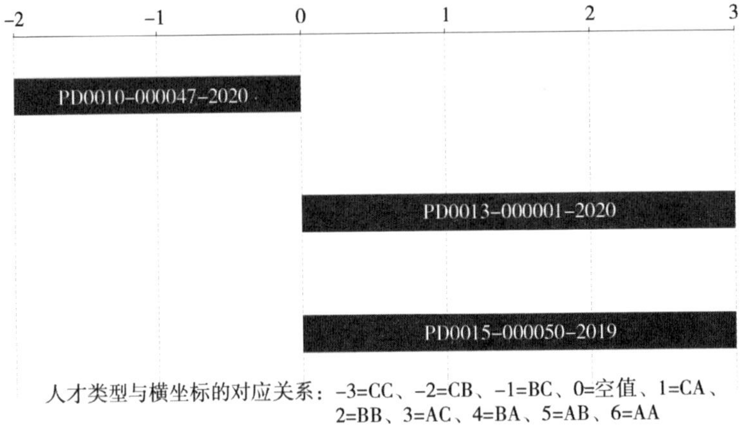

图 9-5　人才测评统计数据示例

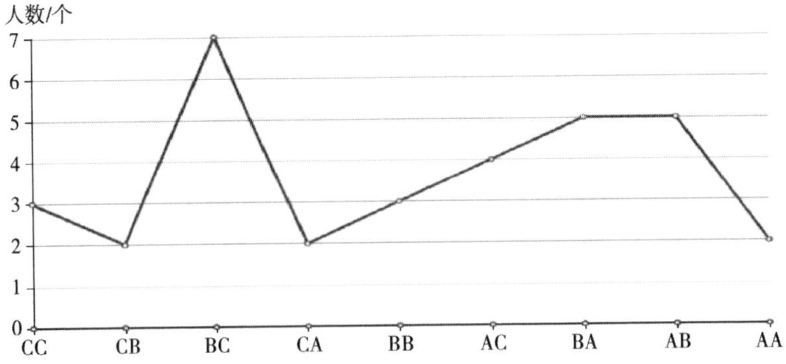

图 9-6　人才类型统计数据示例

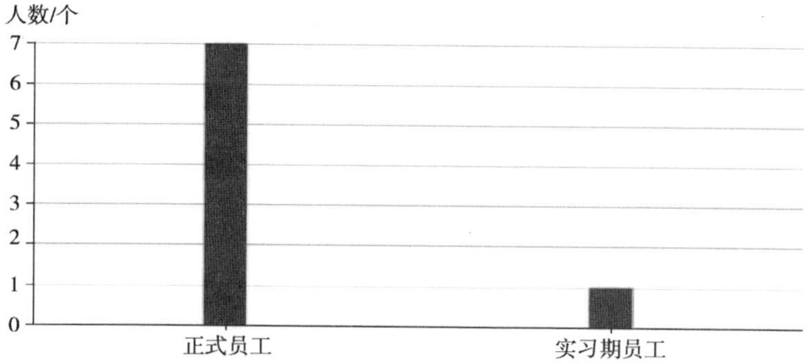

图 9-7 人员类别统计数据示例

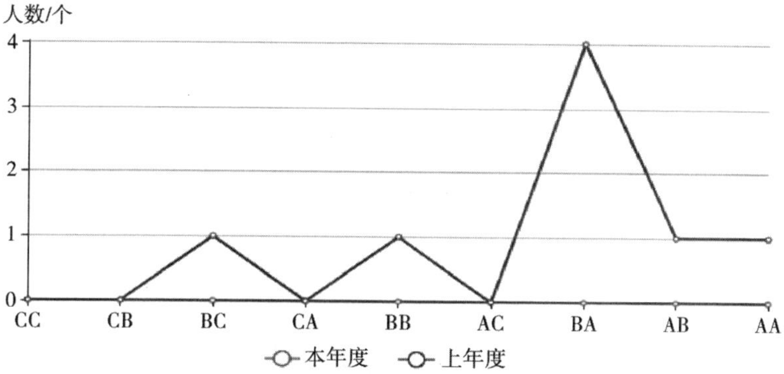

图 9-8 人才盘点统计数据示例

（二）加速培养计划统计数据图表示例

具体内容参见图 9-9、图 9-10、图 9-11。

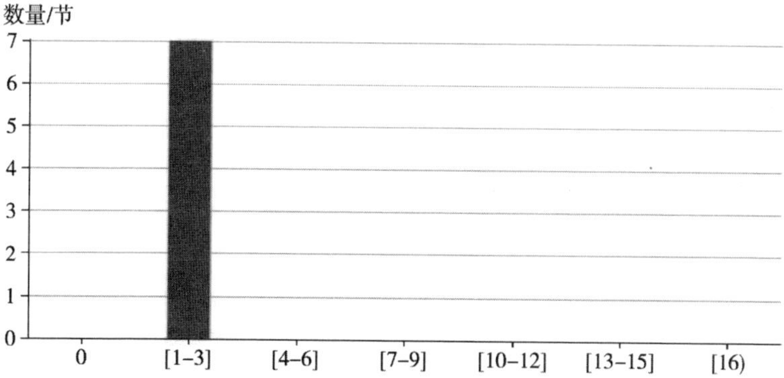

图 9-9 培训课程数统计数据示例

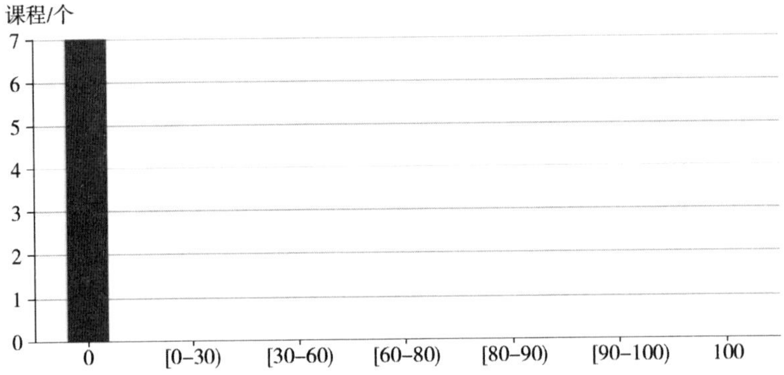

图 9-10　培训课程完成率统计数据示例

潜能↓ \ 绩效→	高（A）	中（B）	低（C）
高（A）	1（AA），1% 明星员工 保留	3（BA），7% 高成长员工 提拔	6（CA），2% 潜力员工 培养和辅导
中（B）	2（AB），4% 高影响力员工 提拔	5（BB），28% 中坚员工 发展	8（CB），8% 待观察员工 警告
低（C）	4（AC），5% 高效率员工 维持原位	7（BC），35% 合格员工 维持原位	9（CC），10% 问题员工 淘汰

图 9-11　人才地图示意图

四、数据看板示例

以某组织为例，6 月的相关数据如下所示，相应的示意图如图 9-12 至图 9-15 所示。

盘点方案数：8

本年度盘点人次数：689
本年度 AA 型人才人次数：6
本年度 AB 型人才人次数：23
本年度 BA 型人才人次数：41
本年度 AC 型人才人次数：29
本年度 BB 型人才人次数：163
本年度 CA 型人才人次数：117
本年度 BC 型人才人次数：205
本年度 CB 型人才人次数：47
本年度 CC 型人才人次数：58
上年度盘点人次数：767
上年度 AA 型人才人次数：6
上年度 AB 型人才人次数：26
上年度 BA 型人才人次数：46
上年度 AC 型人才人次数：31
上年度 BB 型人才人次数：183
上年度 CA 型人才人次数：130
上年度 BC 型人才人次数：228
上年度 CB 型人才人次数：52
上年度 CC 型人才人次数：65

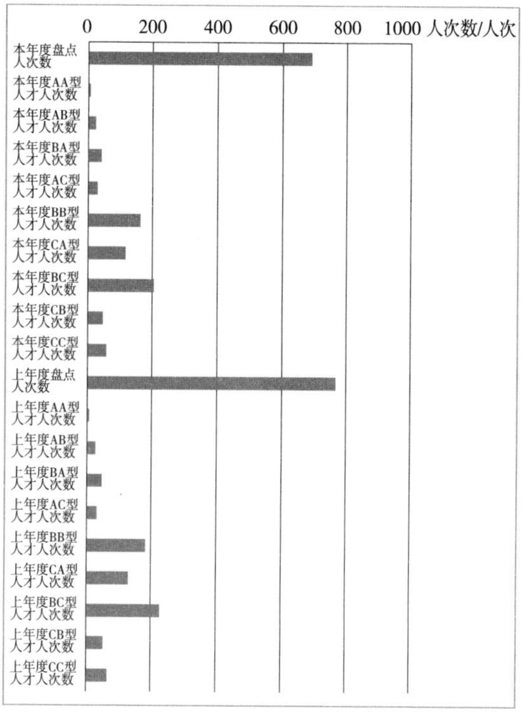

图 9-12 人才类型分布情况示意图

本年度加速培养人次数：587
上年度加速培养人次数：514

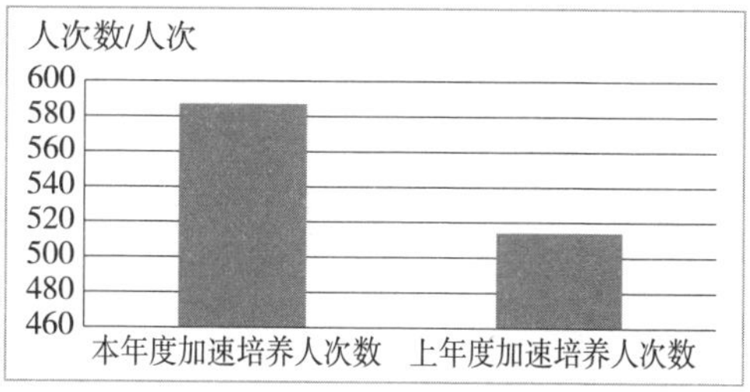

图 9-13 加速培养人次数分析示意图

本年度心理契约活动实施次数：59
上年度心理契约活动实施次数：64

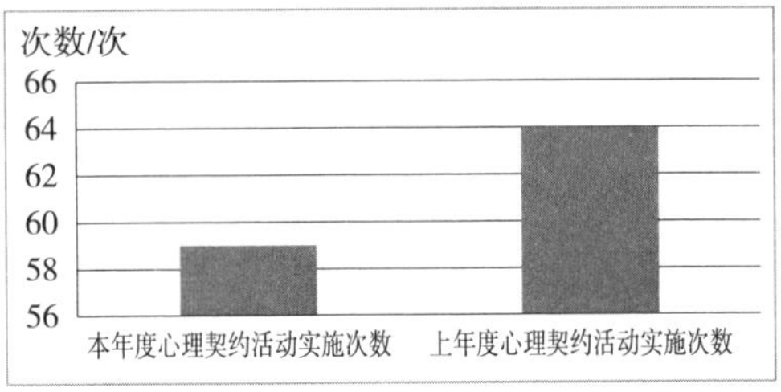

图 9-14　心理契约活动实施次数分析示意图

本年度心理契约活动参加人次数：457
上年度心理契约活动参加人次数：397

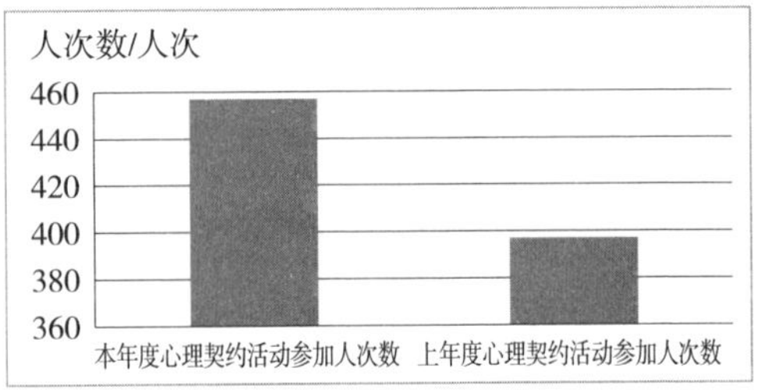

图 9-15　心理契约活动参加人次数分析示意图

第十章 | 人力资源管理审查

人力资源管理数据分析必须基于全面、准确的原始数据，因此需要建立人力资源管理数据全面性和准确性审查机制，并通过自动化工具生成人力资源管理数据审查报告，指导生成原始数据的人员进行数据补充和修正。

但是，人力资源管理数据审查中的“准确性”，也可能是违背人力资源管理规则所要求的、是形式上的。这就需要基于人力资源管理规则建立一系列管理规则执行情况审查管控点，并尽可能通过自动化工具生成人力资源管理规则执行情况审查报告，指导人力资源管理者按照人力资源管理规则的要求生成原始数据。

一、人力资源管理数据审查

人力资源管理数据审查主要包括审查项、审查依据、审查项类别、审查逻辑定义、审查结果等几个方面。其中，审查项类别通常包括完整性、及时性、关联性。完整性是指对数据是否规范、是否完整进行审查；及时性是指对数据是否及时维护进行审查；关联性是指对有关联关系的数据进行审查。

（一）组织管理数据审查

审查项主要包括以下几项。

1. 部门职责缺失

【审查依据】益昇 eHR—组织管理—部门职责。

【审查项类别】完整性。

【审查逻辑】部门职责页面，版本生效日期最大记录，页面为空。

2. 职位说明书信息完整度小于 [参数]

【审查依据】益昇 eHR—组织管理—职位说明书。

【审查项类别】完整性。

【审查逻辑】职位说明书页面，版本生效日期最大记录，信息完整度小于 [参数]。

3. 职位说明书工作职责缺失

【审查依据】益昇 eHR—组织管理—职位说明书—工作职责。

【审查项类别】完整性。

【审查逻辑】职位说明书页面，版本生效日期最大记录，对应工作职责子集无记录。

4. 职位说明书任职资格缺失

【审查依据】益昇 eHR—组织管理—职位说明书—任职资格。

【审查项类别】完整性。

【审查逻辑】职位说明书页面，版本生效日期最大记录，对应任职资格子集无记录。

5. 职位说明书工作关系缺失

【审查依据】益昇 eHR—组织管理—职位说明书—工作关系。

【审查项类别】完整性。

【审查逻辑】职位说明书页面，版本生效日期最大记录，对应工作关系子集无记录。

（二）招聘管理数据审查

审查项主要包括以下几项。

1. 职位需求完成超期 [参数] 天

【审查依据】益昇 eHR—招聘管理—职位需求。

【审查项类别】及时性。

【审查逻辑】职位需求页面，报告日期早于或等于申请日期，需求完成日期与要求到岗日期的时间差大于或等于 [参数] 的记录。

2. 简历信息完整度低于 [参数]

【审查依据】益昇 eHR—招聘管理—人才库、简历筛选、测评测验、录用。

【审查项类别】完整性。

【审查逻辑】人才库、简历筛选、测评测验、录用页面，信息完整度小于 [参数] 的记录。

3. 工作经历缺失

【审查依据】益昇 eHR—招聘管理—人才库、简历筛选、测评测验、录用。

【审查项类别】完整性。

【审查逻辑】人才库、简历筛选、测评测验、录用页面，对应工作经历子集无记录。

4. 背景调查缺失

【审查依据】益昇 eHR—招聘管理—录用。

【审查项类别】完整性。

【审查逻辑】录用页面，应聘记录子集中简历状态为“待入职”，且开始日期晚于报告日期的简历 ID，对应背景调查子集无记录。

（三）人事管理数据审查

审查项主要包括以下几项。

1. 入职手续清单完整度低于 [参数]

【审查依据】益昇 eHR—人事管理—员工履历—入职手续清单。

【审查项类别】完整性。

【审查逻辑】入职手续清单页面，生效日期最大记录中，“办理结果”有值的记录数除以所有记录数小于 [参数]。

2. 离职手续清单完整度低于 [参数]

【审查依据】益昇 eHR—人事管理—员工履历—离职手续清单。

【审查项类别】完整性。

【审查逻辑】离职手续清单页面，生效日期最大记录中，“办理结果”有值的记录数除以所有记录数小于 [参数]。

3. 员工履历信息完整度低于 [参数]

【审查依据】益昇 eHR—人事管理—员工履历。

【审查项类别】完整性。

【审查逻辑】员工履历页面，信息完整度小于 [参数] 的记录。

4. 教育经历缺失

【审查依据】益昇 eHR—人事管理—员工履历—教育经历。

【审查项类别】完整性。

【审查逻辑】员工履历页面，对应教育经历子集无记录。

5. 劳动合同创建超期 [参数] 天

【审查依据】益昇 eHR—人事管理—员工履历—劳动合同。

【审查项类别】及时性。

【审查逻辑】员工履历页面，报告日期早于或等于入职日期，对应劳动合同子集中，所有合同状态为“初签”的记录中，劳动合同开始日期最大记录的创建日期与入职日期的时间差大于或等于 [参数]。

（四）培训管理数据审查

审查项主要包括以下几项。

1. 培训讲师关联培训课程数小于 [参数]

【审查依据】益昇 eHR—培训管理—培训讲师、培训课程。

【审查项类别】关联性。

【审查逻辑】培训课程页面的培训讲师子集中，与培训讲师页面存在相同讲师 ID 的记录数小于 [参数]。

2. 培训课程课件缺失

【审查依据】益昇 eHR—培训管理—培训课程—培训课件。

【审查项类别】完整性。

【审查逻辑】培训课程页面，对应培训课件子集无记录。

3. 培训课程累计培训课时数小于 [参数]

【审查依据】益昇 eHR—培训管理—培训课程、培训实施。

【审查项类别】关联性。

【审查逻辑】在培训实施页面中，与培训课程页面存在相同课程 ID 的“培训课时”合计数小于 [参数]。

4. 培训实施准备清单缺失

【审查依据】益昇 eHR—培训实施—准备清单。

【审查项类别】完整性。

【审查逻辑】培训实施页面，报告日期早于或等于培训日期，对应准备清单子集中“确认结果”均为空的记录。

5. 一级评估超期 [参数] 天未评价

【审查依据】益昇 eHR—培训实施— 一级评估汇总。

【审查项类别】及时性。

【审查逻辑】培训实施页面，培训日期与报告日期的时间差大于或等于 [参数]，对应一级评估汇总页面“反馈时间”均为空的记录。

（五）考勤管理数据审查

审查项主要包括以下几项。

1. 公司年假规则缺失

【审查依据】益昇 eHR—考勤管理—考勤管理规则—公司年假规则。

【审查项类别】完整性。

【审查逻辑】考勤管理规则页面，对应公司年假规则子集无记录。

2. 未注册考勤设备员工

【审查依据】益昇 eHR—考勤管理—员工排班。

【审查项类别】完整性。

【审查逻辑】员工排班页面，对应“注册设备”为空的记录。

3. 工时制缺失

【审查依据】益昇 eHR—考勤管理—考勤统计。

【审查项类别】完整性。

【审查逻辑】考勤统计页面，报告日期所在年月等于考勤统计年月，对应“工时制”为空的记录。

（六）薪酬福利数据审查

审查项主要包括以下几项。

1. 法定福利关系缺失

【审查依据】益昇 eHR—人事管理—员工履历、益昇 eHR—薪酬福利—法定福利关系。

【审查项类别】完整性。

【审查逻辑】员工履历页面，报告条件日期在职的员工，对应法定福利关系页面，无报告日期生效的法定福利关系记录。

2. 缴费基数缺失

【审查依据】益昇 eHR—薪酬福利—缴费基数。

【审查项类别】完整性。

【审查逻辑】缴费基数页面，报告日期处于生效日期与失效日期之间，“个人缴费基数”“企业缴费基数”均为空的记录。

3. 薪资标准缺失

【审查依据】益昇 eHR—薪酬福利—薪资标准。

【审查项类别】完整性。

【审查逻辑】薪资标准页面，报告日期处于生效日期与失效日期之间，“薪酬结构方案”为空的记录。

4. 工资确认签字缺失

【审查依据】益昇 eHR—薪酬福利—薪资核算—工资确认签字。

【审查项类别】完整性。

【审查逻辑】薪资核算页面，报告日期所在年月等于核算年月，工资确认签字页面“确认签字日期”为空的记录。

（七）绩效管理数据审查

审查项主要包括以下几项。

1. 评价记录目标管理表缺失

【审查依据】益昇 eHR—绩效管理—评价进度控制—目标管理表。

【审查项类别】完整性。

【审查逻辑】评价进度控制页面，对应目标管理表子集无记录。

2. 评价记录超期 [参数] 天未评价

【审查依据】益昇 eHR—绩效管理—评价进度控制。

【审查项类别】及时性。

【审查逻辑】评价进度控制，考核年月等于报告日期所在年月，报告日期与考核结束日期的时间差大于等于 [参数]，“最终绩效等级”为空的记录。

3. 评价记录锁定超期 [参数] 天

【审查依据】益昇 eHR—绩效管理—绩效管理台账。

【审查项类别】及时性。

【审查逻辑】绩效管理台账，考核年月等于报告日期所在年月，锁定日期与考核结束日期的时间差大于或等于 [参数] 的记录。

4. 年度绩效统计缺失

【审查依据】益昇 eHR—绩效管理—年度绩效统计。

【审查项类别】完整性。

【审查逻辑】年度绩效统计页面，考核年度等于报告日期所在年，“最终年度绩效等级”为空的记录。

（八）人才盘点数据审查

审查项主要包括以下几项。

1. 人才盘点评价超期 [参数] 天

【审查依据】益昇 eHR—人才管理—盘点进度控制。

【审查项类别】及时性。

【审查逻辑】盘点进度控制页面，盘点年度等于报告日期所在年，锁定状态为未锁定，评价日期与盘点结束日期的时间差大于或等于 [参数] 的记录。

2. 培训课程完成率小于 [参数]

【审查依据】益昇 eHR—人才管理—加速培养计划—培训课程。

【审查项类别】完整性。

【审查逻辑】加速培养计划页面，盘点年度等于报告日期所在年，“培训课程完成率”小于 [参数] 的记录。

3. 心理契约参与人员缺失

【审查依据】益昇 eHR—人才管理—心理契约管理—参加人员。

【审查项类别】完整性。

【审查逻辑】心理契约管理页面，报告日期在开始时间所在年月与结束时间所在年月之间，对应参加人员子集无记录。

（九）工作日志管理数据审查

审查项主要包括以下几项。

1. 项目管理结项超期 [参数] 天

【审查依据】益昇 eHR—工作日志—项目管理。

【审查项类别】及时性。

【审查逻辑】项目管理页面，报告日期在立项日期与计划结项日期之间，实际结项日期与计划结项日期时间差大于或等于 [参数] 的记录。

2. 项目成员缺失

【审查依据】益昇 eHR—工作日志—项目管理—项目成员。

【审查项类别】完整性。

【审查逻辑】项目管理页面，报告日期在立项日期和计划结项日期之间，对应项目成员子集无记录。

（十）测评测验管理数据审查

审查项主要包括以下几项。

1. 测评试卷测评试题缺失

【审查依据】益昇 eHR—测评测验—测评试卷。

【审查项类别】完整性。

【审查逻辑】测评试卷页面，对应测评试题子集无记录。

2. 测评方案启动超期

【审查依据】益昇 eHR—测评测验—测评方案。

【审查项类别】及时性。

【审查逻辑】测评方案页面，报告日期在测评开始时间和测评结束时间之间，启动日期与测评开始时间的时间差大于或等于 [参数] 的记录。

3. 作答通知发送超期

【审查依据】益昇 eHR—测评测验—测评进度控制。

【审查项类别】及时性。

【审查逻辑】测评进度控制页面，报告日期在测评开始时间和测评结束时间之间，作答通知发送日期与测评开始时间的时间差大于或等于 [参数] 的记录。

（十一）流程管理数据审查

审查项主要包括以下几项。

1. 流程定义缺失

【审查依据】益昇 eHR—流程管理—流程定义。

【审查项类别】完整性。

【审查逻辑】流程定义页面，“启用”状态的流程，对应流程子集无记录。

2. 流程发起时限超期 [参数] 天

【审查依据】益昇 eHR—流程管理—流程监控。

【审查项类别】及时性。

【审查逻辑】流程监控页面，所有管理类流程，报告日期早于或等于业务日期（转正日期、调动日期等），流程发起时间与业务日期的时间差大于或等于 [参数] 的记录。

人力资源管理数据审查报告示例如下：

人力资源管理数据审查报告

报告日期：2022-05-31　审查组织：昱鼎睿达（天津）科技有限公司

1. 组织管理数据审查

（1）部门职责缺失

【审查依据】益昇 eHR—组织管理—部门职责。

【审查项类别】完整性。

【审查结果】审查合格。

（2）职位说明书信息完整度低于 [80%]

【审查依据】益昇 eHR—组织管理—职位说明书。

【审查项类别】完整性。

【审查结果】审查不合格共 4 项。具体明细见下表：

职位说明书信息完整度不合格汇总表

职位 ID	职位名称	职位编号	所属组织	职责数	信息完整度
P0001362	QA 专员	T03E02	E	0	50%
P0001356	研发工程师	T07F02	F	5	65%
P0001355	运营经理	T08B03	B	0	35%
P0001328	销售文员	T02G01	G	0	40%

（3）职位说明书工作职责缺失

【审查依据】益昇 eHR—组织管理—职位说明书—工作职责。

【审查项类别】完整性。

【审查结果】审查不合格共 3 项。具体明细见下表：

职位说明书工作职责缺失汇总表

职位 ID	职位名称	职位编号	所属组织	职责数	信息完整度
P0001362	QA 专员	T03E02	E	0	50%
P0001355	运营经理	T08B03	B	0	35%
P0001328	销售文员	T02G01	G	0	40%

（4）职位说明书任职资格缺失

【审查依据】益昇 eHR—组织管理—职位说明书—任职资格。

【审查项类别】完整性。

【审查结果】审查不合格共 2 项。具体明细如下：

职位说明书任职资格缺失汇总表

职位 ID	职位名称	职位编号	所属组织	职责数	信息完整度
PO001356	研发工程师	T07F02	F	5	65%
PO001355	运营经理	T08B03	B	0	35%

（5）职位说明书工作关系缺失

【审查依据】益昇 eHR—组织管理—职位说明书—工作关系。

【审查项类别】完整性。

【审查结果】审查不合格共 1 项。具体明细见下表：

职位说明书工作关系缺失汇总表

职位 ID	职位名称	职位编号	所属组织	职责数	信息完整度
PO001355	运营经理	T08B03	B	0	35%

2. 招聘管理数据审查

（1）职位需求完成超期 [5] 天

【审查依据】益昇 eHR—招聘管理—职位需求。

【审查项类别】及时性。

【审查结果】审查不合格共 4 项。具体明细见下表：

职位需求完成超期汇总表

招聘职位 ID	职位名称	职位编号	招聘类型	招聘机构	招聘人数	申请日期	要求到岗日期	需求完成日期
XQPO000098	行政总监	T10B01	社会招聘	A	1	2022-06-01	2022-07-31	2022-08-17
XQPO000097	财务总监	T09C01	社会招聘	A	1	2022-06-01	2022-07-31	2022-08-06
XQPO000096	保洁员	T02B01	社会招聘	B	1	2022-06-15	2022-06-31	2022-07-15
XQPO000093	销售助理	T03A02	校园招聘	C	10	2022-06-03	2022-07-03	2022-07-29

（2）简历信息完整度低于 [60%]

【审查依据】益昇 eHR—招聘管理—人才库、简历筛选、测评测验、录用。

【审查项类别】完整性。

【审查结果】审核合格。

（3）工作经历缺失

【审查依据】益昇 eHR—招聘管理—人才库、简历筛选、测评测验、录用。

【审查项类别】完整性。

【审查结果】审核合格。

（4）背景调查缺失

【审查依据】益昇 eHR—招聘管理—录用。

【审查项类别】完整性。

【审查结果】审查不合格共 2 项。具体明细见下表：

背景调查缺失汇总表

简历 ID	姓名	招聘机构	所属组织	职位编号	职位名称	人员类别	入职日期	简历状态
JL00001219	张某伟	A	B	T10B01	人力行政总监	试用	2022-06-26	待入职
JL00001199	李某建	A	A	T10A02	总经理助理	试用	2022-06-01	已入职

3. 人事管理数据审查

（1）入职手续清单完整度低于 [100%]

【审查依据】益昇 eHR—人事管理—员工履历—入职手续清单。

【审查项类别】完整性。

【审查结果】审查不合格共 4 项。具体明细见下表：

入职手续清单完整度不合格汇总表

员工 ID	姓名	所属组织	职位编号	职位名称	入职日期	入职手续清单完整度
10010180	张某力	C	T09C01	财务副总监	2022-06-15	85%
10010182	王某星	A	T10A02	总经理助理	2022-07-04	0%
10010177	宋某海	H	T10H01	客服总监	2022-06-25	60%
10010172	王某梦	G	T04G01	高级销售专员	2022-06-24	95%

（2）离职手续清单完整度低于 [100%]

【审查依据】益昇 eHR—人事管理—员工履历—离职手续清单。

【审查项类别】完整性。

【审查结果】审查合格。

（3）员工履历信息完整度低于 [80%]

【审查依据】益昇 eHR—人事管理—员工履历。

【审查项类别】完整性。

【审查结果】审查不合格共 2 项。具体明细见下表：

员工履历信息完整度不合格汇总表

员工 ID	姓名	所属组织	职位编号	职位名称	入职日期	信息完整度
10010182	王某星	A	T10A02	总经理助理	2022-07-04	35%
10010177	宋某海	H	T10H01	客服总监	2022-06-25	50%

（4）教育经历缺失

【审查依据】益昇 eHR—人事管理—员工履历—教育经历。

【审查项类别】完整性。

【审查结果】审查不合格共 1 项。具体明细见下表：

教育经历缺失汇总表

员工 ID	姓名	所属组织	职位编号	职位名称	入职日期	信息完整度
10010182	王某星	A	T10A02	总经理助理	2022-07-04	35%

（5）劳动合同创建超期 [5] 天

【审查依据】益昇 eHR—人事管理—员工履历—劳动合同。

【审查项类别】及时性。

【审查结果】审查合格。

4. 培训管理数据审查

（1）培训讲师关联培训课程数小于 [1]

【审查依据】益昇 eHR—培训管理—培训讲师。

【审查项类别】关联性。

【审查结果】审查合格。

（2）培训课程课件缺失

【审查依据】益昇 eHR—培训管理—培训课程—培训课件。

【审查项类别】完整性。

【审查结果】审查不合格共 6 项。具体明细见下表：

培训课程课件缺失汇总表

课程 ID	课程名称	所属组织	课程类别	培训方法	培训课件数量
TL000125	办公软件基础培训	A	其他	在线学习	0
TL000087	商务礼仪培训	A	管理	演讲式授课 / 教学式授课	0
TL000052	人事管理软件操作	B	管理	案例分析	0
TL000027	职业礼仪测试	A	管理	在线学习	0
TL000021	品质提高的实施对策	D	管理	演讲式授课 / 教学式授课	0
TL000017	有效会议管理	A	管理	演讲式授课 / 教学式授课	0

（3）培训课程累计培训课时数小于 [10]

【审查依据】益昇 eHR—培训管理—培训课程。

【审查项类别】关联性。

【审查结果】审查合格。

（4）培训实施准备清单缺失

【审查依据】益昇 eHR—培训实施—准备清单。

【审查项类别】完整性。

【审查结果】审查合格。

（5）一级评估超期 [5] 天未评价

【审查依据】益昇 eHR—培训实施— 一级评估汇总。

【审查项类别】及时性。

【审查结果】审查合格。

5. 考勤管理数据审查

（1）公司年假规则缺失

【审查依据】益昇 eHR—考勤管理—考勤管理规则—公司年假规则。

【审查项类别】完整性。

【审查结果】审查合格。

（2）未注册考勤设备员工

【审查依据】益昇 eHR—考勤管理—员工排班。

【审查项类别】完整性。

【审查结果】审查不合格共 6 项。具体明细见下表：

未注册考勤设备员工汇总表

员工 ID	姓名	薪资关系 ID	薪资关系组织	排班名称	排班年月
10010081	李某艳	SR100861	A	2022 年正常班次	2022-07
10010075	侯某娜	SR100851	B	2022 年正常班次	2022-07
10002200	王某佳	SR100781	A	2022 年三班倒	2022-07
10007925	袁某侠	SR100771	A	2022 年正常班次	2022-07
10010034	王某芳	SR100682	D	2022 年正常班次	2022-07
10010029	王某丫	SR100678	E	2022 年正常班次	2022-07

（3）工时制缺失

【审查依据】益昇 eHR—考勤管理—考勤统计。

【审查项类别】完整性。

【审查结果】审查不合格共 6 项。具体明细见下表：

工时制缺失汇总表

员工 ID	姓名	薪资关系 ID	薪资关系组织	职位编号	职位名称	考勤统计年月
10010081	李某艳	SR100861	E	T05E01	车间文员	2022-07
10010075	侯某娜	SR100851	D	T04D02	QC 专员	2022-07
10002200	王某佳	SR100781	F	T06F02	招商主管	2022-07
10007925	袁某侠	SR100771	C	T04C01	金融专员	2022-07
10010034	王某芳	SR100682	C	T05C01	高级金融专员	2022-07
10010029	王某丫	SR100678	C	T05C02	高级资金专员	2022-07

6. 薪酬福利数据审查

（1）法定福利关系缺失

【审查依据】益昇 eHR—人事管理—员工履历、益昇 eHR—薪酬福利—法定福利关系。

【审查项类别】完整性。

【审查结果】审查合格。

（2）缴费基数缺失

【审查依据】益昇 eHR—薪酬福利—缴费基数。

【审查项类别】完整性。

【审查结果】审查不合格共 9 项。具体明细见下表：

缴费基数缺失汇总表

员工 ID	姓名	法定福利关系 ID	法定福利关系组织	生效日期	失效日期
10010165	张某生	LR100460	A	2022-07-01	9999-12-31
10010166	王某业	LR100461	B	2022-07-01	9999-12-31
10010167	李某力	LR100462	C	2022-07-01	9999-12-31
10010168	李某莹	LR100463	A	2022-06-01	9999-12-31
10010169	杨某英	LR100464	B	2022-06-01	9999-12-31
10010170	赵某白	LR100465	D	2022-06-01	9999-12-31
10010171	李某铁	LR100466	E	2022-07-01	9999-12-31
10010172	张某北	LR100467	B	2022-07-01	9999-12-31
10010173	刘某通	LR100468	A	2022-07-01	9999-12-31

（3）薪资标准缺失

【审查依据】益昇 eHR—薪酬福利—薪资标准。

【审查项类别】完整性。

【审查结果】审查合格。

（4）工资确认签字缺失

【审查依据】益昇 eHR—薪酬福利—薪资核算—工资确认签字。

【审查项类别】完整性。

【审查结果】审查合格。

7. 绩效管理数据审查

（1）评价记录目标管理表缺失

【审查依据】益昇 eHR—绩效管理—评价进度控制—目标管理表。

【审查项类别】完整性。

【审查结果】审查合格。

（2）评价记录超期 [15] 天未评价

【审查依据】益昇 eHR—绩效管理—评价进度控制。

【审查项类别】及时性。

【审查结果】审查不合格共 3 项。具体明细见下表：

评价记录超期未评价汇总表

评价 ID	姓名	员工 ID	所属组织	绩效方案名称	绩效方案类型	考核年月	考核开始日期	考核结束日期	未评价人
PJ202207-000146	张某忠	10005601	F	职能管理考核	阶段性绩效	202207	2022-05-01	2022-07-31	王某佳
PJ202207-000156	齐某坛	10005615	I	销售管理考核	阶段性绩效	202207	2022-05-01	2022-07-31	陈某莹
PJ202206-000049	刘某生	10002257	G	试用期考核	试用期绩效	202206	2022-06-01	2022-06-31	张某智

（3）评价记录锁定超期 [15] 天

【审查依据】益昇 eHR—绩效管理—绩效管理台账。

【审查项类别】及时性。

【审查结果】审查合格。

（4）年度绩效统计缺失

【审查依据】益昇 eHR—绩效管理—年度绩效统计。

【审查项类别】完整性。

【审查结果】审查不合格共 8 项。具体明细见下表：

年度绩效统计缺失汇总表

员工 ID	姓名	所属组织	职位编号	职位名称	人员类别	入职日期	考核年度	状态
10010185	陈某静	E	T05E01	车间文员	正式	2022-04-20	2022	未锁定
10010180	张某芳	D	T04D01	QA 专员	正式	2022-03-15	2022	未锁定
10010173	赵某莹	D	T06D02	注册主管	正式	2022-02-25	2022	未锁定
10010175	顾某珍	D	T04D01	注册专员	正式	2022-02-03	2022	未锁定
10010174	张某固	H	T05H01	华南大区销售主管	正式	2022-01-30	2022	未锁定
10010211	耿某欣	H	T05H02	华中大区销售主管	正式	2022-01-01	2022	未锁定
10010144	贾某丽	H	T05H03	华北大区销售主管	正式	2021-11-23	2022	未锁定
10010137	李某海	H	T05H04	华东大区销售主管	正式	2021-11-23	2022	未锁定

8. 人才管理数据审查

（1）人才盘点评价超期 [30] 天

【审查依据】益昇 eHR—人才管理—盘点进度控制。

【审查项类别】及时性。

【审查结果】审查合格。

（2）培训课程完成率小于 [85%]

【审查依据】益昇 eHR—人才管理—加速培养计划—培训课程。

【审查项类别】完整性。

【审查结果】审查不合格共 3 项。具体明细见下表：

培训课程完成率不合格汇总表

人才盘点 ID	姓名	员工 ID	所属组织	职位编号	职位名称	人员类别	入职日期	盘点年度	培训课程数	培训课程完成率（%）
PD0017-000030	杜某齐	10007967	C	T09C01	财务副总监	正式	2019-09-14	2022	7	80
PD0017-000029	刘某海	10007968	F	T05F01	技术研发主管	正式	2018-09-15	2022	3	50
PD0017-000021	吴某德	10007996	I	T04I01	高级证券专员	正式	2015-04-14	2022	5	0

（3）心理契约参与人员缺失

【审查依据】益昇 eHR—人才管理—心理契约管理。

【审查项类别】完整性。

【审查结果】审查合格。

9. 工作日志管理数据审查

（1）项目管理结项超期 [30] 天

【审查依据】益昇 eHR—工作日志—项目管理。

【审查项类别】及时性。

【审查结果】审查不合格共 2 项。具体明细见下表：

项目管理结项超期汇总表

项目 ID	项目名称	薪资关系组织	项目经理	立项日期	计划结项日期	实际结项日期	状态
PR00013	新厂址实地调研	A	全某菁	2022-01-08	2022-06-31	2022-08-31	已结项
PR00001	信息化项目验收	C	刘某婷	2022-04-01	2022-04-30	2022-06-15	已结项

（2）项目成员缺失

【审查依据】项目管理—项目成员。

【审查项类别】完整性。

【审查结果】审查合格。

10. **测评测验管理数据审查**

（1）测评试卷测评试题缺失

【审查依据】益昇 eHR—测评测验—测评试卷。

【审查项类别】完整性。

【审查结果】审查不合格共 2 项。具体明细见下表：

测评试卷测评试题缺失汇总表

试卷 ID	试卷名称	试卷类型	试卷状态	试卷总分	试题数量
SJ000083	大五人格测试	量表—大五人格	启用	65	0
SJ000033	霍兰德职业倾向测试	量表—霍兰德	启用	192	0

（2）测评方案启动超期

【审查依据】益昇 eHR—测评测验—测评方案。

【审查项类别】及时性。

【审查结果】审查合格。

（3）作答通知发送超期

【审查依据】益昇 eHR—测评测验—测评进度控制。

【审查项类别】及时性。

【审查结果】审查合格。

11. 流程管理数据审查

（1）流程定义缺失

【审查依据】益异 eHR—流程管理—流程定义。

【审查项类别】完整性。

【审查结果】审查合格。

（2）流程发起时限超期 [3] 天

【审查依据】益异 eHR—流程管理—流程监控。

【审查项类别】及时性。

【审查结果】审查不合格共 4 项。具体明细见下表：

流程发起时限超期汇总表

流水号	流程 ID	流程名称	处理进度	创建人	创建时间
L0021_00005986	L0021	部门调动	刘某婷，发起	刘某婷	2022-07-01 14:48:11
L0057_00005545	L0057	其他合同续签	陈某莹，发起	刘某婷	2022-06-03 14:57:53
L0015_00005002	L0015	人员录用	王某佳，发起	刘某婷	2022-06-14 21:40:36
L0080_00004894	L0080	薪资调整	李某静，发起	刘某婷	2022-06-16 16:02:05

二、人力资源管理规则执行情况审查

人力资源管理规则执行情况审查，是以人力资源管理制度、规则和执行要求为基础，对各项人力资源管理工作执行情况中的“合规性”进行审查。

（一）组织管理规则审查

审查项主要包括以下几项。

1. **组织最高管理职位缺失**

【审查依据】益昇 eHR—组织管理—汇报关系图。

【审查逻辑】组织图页面，开始日期处于报表开始日期和报表结束日期之间，组织图中最高职位为“空”。

2. **部门职责覆盖率低于管理规则 [参数] 要求**

【审查依据】益昇 eHR—组织管理—部门职责。

【审查逻辑】部门职责覆盖率 = 有职能职责描述的部门职责总数 ÷ 部门总数。

3. **职位说明书覆盖率低于管理规则 [参数] 要求**

【审查依据】益昇 eHR—组织管理—职位说明书。

【审查逻辑】职位说明书覆盖率 = 有工作职责的职位说明书总数 ÷ 汇报关系职位总数。

4. **职位知识技能达成率低于管理规则 [参数] 要求**

【审查依据】益昇 eHR—组织管理—职位说明书。

【审查逻辑】职位知识技能达成率 = 所有职位知识技能达成率的平均值。

5. **年度部门编制使用率未符合管理规则 [参数] 要求**

【审查依据】益昇 eHR—组织管理—部门编制。

【审查逻辑】年度部门编制使用率 =[（1 月部门在职人数 + … +12 月部门在职人数）÷ 12] ÷ [（1 月部门编制数 + … +12 月部门编制数）÷ 12]。

6. **年度职位编制使用率未符合管理规则 [参数] 要求**

【审查依据】益昇 eHR—组织管理—职位编制

【审查逻辑】年度职位编制使用率 =[（1 月职位在职人数 + … +12 月职位在职人数）÷ 12] ÷ [（1 月职位编制数 + … +12 月职位编制数）÷ 12]。

（二）招聘管理规则审查

审查项主要包括以下几项。

1. 招聘渠道未符合管理规则 [参数] 要求

【审查依据】益昇 eHR—招聘管理—招聘渠道。

【审查逻辑】招聘渠道页面，渠道状态为“启用”的所有记录。

2. 拟录用候选人未进行结构化面试

【审查依据】益昇 eHR—招聘管理—人才库。

【审查逻辑】录用页面，状态为“已入职”“待入职”的简历，测评测验子集中，测评工具名称未存在“结构化面试”的简历记录。

3. 拟录用候选人未进行背景调查

【审查依据】益昇 eHR—招聘管理—人才库。

【审查逻辑】录用页面，状态为“已入职”“待入职”的简历，其背景调查子集中，无背景调查数据的简历记录。

4. 拟录用候选人未注明录用条件

【审查依据】益昇 eHR—招聘管理—人才库。

【审查逻辑】录用页面，状态为“已入职”“待入职”的简历，其录用条件的子集中，无录用条件数据的简历记录。

5. 拟录用候选人未进行审批

【审查依据】益昇 eHR—招聘管理—人才库。

【审查逻辑】录用页面，状态为“已入职”的简历，其“流水号”字段有数据的记录。即通过工作流程审批完成后自动写入的记录。

6. 年度招聘需求完成率低于管理规则 [参数] 要求

【审查依据】益昇 eHR—招聘管理—人才库。

【审查逻辑】年度招聘需求完成率 = 年度录用人数 ÷ 年度招聘需求人数。

7. 年度招聘需求到位率低于管理规则 [参数] 要求

【审查依据】益昇 eHR—招聘管理—人才库。

【审查逻辑】年度招聘需求到位率 = 年度入职人数 ÷ 年度招聘需求人数。

（三）人事管理规则审查

审查项主要包括以下几项。

1. 试用期到期未转正

【审查依据】益昇 eHR—人事管理—任职经历、劳动合同。

【审查逻辑】劳动合同中试用期结束日期时间点，人事模块员工履历页面人员类别为“试用期”的记录。

2. 劳动合同未签订

【审查依据】益昇 eHR—人事管理—劳动合同。

【审查逻辑】人员类别为“正式”“试用期”的员工，劳动合同子集中无合同签订的记录。

3. 返聘协议未签订

【审查依据】益昇 eHR—人事管理—其他合同。

【审查逻辑】人员类别为“返聘”的员工，其他合同子集中无返聘协议无签订的记录。

4. 实习协议未签订

【审查依据】益昇 eHR—人事管理—其他合同。

【审查逻辑】人员类别为“实习生”的员工，其他合同子集中无实习协议签订的记录

5. 保密协议未签订

【审查依据】益昇 eHR—人事管理—其他合同。

【审查逻辑】其他合同子集中无保密协议签订的记录。

6. **竞业限制协议未签订**

【审查依据】益昇 eHR—人事管理—其他合同。

【审查逻辑】所在职位的职位系列为 × 系列的技术类岗位员工，其他合同子集中无竞业限制签订的记录。

7. **劳动合同到期未续签**

【审查依据】益昇 eHR—人事管理—劳动合同。

【审查逻辑】劳动合同子集中最后一份签署的劳动合同，结束日期晚于等于系统当前时间的记录。

8. **返聘协议到期未续签**

【审查依据】益昇 eHR—人事管理—其他合同。

【审查逻辑】人员类别为“返聘”的员工，其他合同子集中最后一份签署的返聘协议，结束日期晚于等于系统当前时间的记录。

9. **实习协议到期未续签**

【审查依据】益昇 eHR—人事管理—其他合同。

【审查逻辑】人员类别为“实习生”的员工，其他合同子集中最后一份签署的实习协议，结束日期晚于等于系统当前时间的记录。

10. **证件证书过期未更新**

【审查依据】益昇 eHR—人事管理—证件证书。

【审查逻辑】身份证、执业资格证书等存在有效期限的证件证书，失效日期晚于等于系统当前时间的记录。

11. **入职手续清单未完成**

【审查依据】益昇 eHR—人事管理—入职手续办理清单、任职经历。

【审查逻辑】审查条件时间范围内入职的员工，无入职手续办理清单或入职手续办理清单完成率不等于 100% 的记录。

12. **离职手续清单未完成**

【审查依据】益昇 eHR—人事管理—离职手续办理清单、任职经历。

【审查逻辑】审查条件时间范围内离职的员工，无离职手续办理清单或离职手续办理清单完成率不等于 100% 的记录。

13. **离职面谈清单未完成**

【审查依据】益昇 eHR—人事管理—离职面谈清单、任职经历。

【审查逻辑】审查条件时间范围内离职的员工，无离职面谈清单或离职面谈清单完成率不等于 100% 的记录。

14. **入职体检未完成**

【审查依据】益昇 eHR—人事管理—证件证书。

【审查逻辑】审查条件时间范围内入职的员工，证件证书子集中无入职体检的记录。

15. **人员知识技能达成率低于管理规则 [参数] 要求**

【审查依据】益昇 eHR—人事管理—知识技能。

【审查逻辑】人员知识技能达成率 = 所有人员知识技能达成率的平均值。

（四）考勤管理规则审查

审查项主要包括以下几项。

1. **排班未分配**

【审查依据】益昇 eHR—考勤管理—排班表。

【审查逻辑】审查条件时间范围内，排班表中未进行排班分配的记录。

2. **考勤统计年月未结账**

【审查依据】益昇 eHR—考勤管理—考勤统计表。

【审查逻辑】审查条件时间范围内，考勤统计页面，未进行结账操作的记录。

3. 考勤统计结账超期

【审查依据】益昇 eHR—考勤管理—排班表。

【审查逻辑】审查条件时间范围内，考勤统计页面，执行结账操作的时间点晚于结账年月 +[×]天管理规则[参数]要求的时间点。

4. 请假、加班、补签到未通过审批

【审查依据】益昇 eHR—考勤管理—出勤记录、请假加班。

【审查逻辑】员工的请假、加班、补签到申请，未通过工作流模块的审批。即请假加班表中“流程编号”字段为空。

5. 考勤异常未处理

【审查依据】益昇 eHR—考勤管理—考勤统计。

【审查逻辑】审查条件时间范围内,考勤统计页面“统计状态”为“已结账”的员工,其当月考勤处理中存在“考勤异常”的记录。

（五）薪酬福利管理规则审查

审查项主要包括以下几项。

1. 在职员工未缴纳社保、公积金

【审查依据】益昇 eHR—薪酬福利—保险缴费、公积金缴费。

【审查逻辑】审查条件时间范围内，人员类别为“正式”“试用期”的员工，社保缴费页面无缴费记录，或公积金缴费页面无缴费记录。

2. 离职员工社保、公积金未减少

【审查依据】益昇 eHR—薪酬福利—保险缴费、公积金缴费。

【审查逻辑】审查条件时间范围内，处于离职状态的员工，社保缴费页面存在缴费记录，或公积金缴费页面存在缴费记录。

3. 在职员工未发放薪资

【审查依据】益昇 eHR—薪酬福利—薪酬核算。

【审查逻辑】审查条件时间范围内，处于在职状态的员工，薪资核算页面无薪资发放记录。

4. **离职员工薪资未减少**

【审查依据】益昇 eHR—薪酬福利—薪酬核算。

【审查逻辑】审查条件时间范围内，处于离职状态的员工，薪资核算页面存在薪资发放记录。

5. **社会保险覆盖率低于管理规则 [参数] 要求**

【审查依据】益昇 eHR—薪酬福利—社保缴费。

【审查逻辑】社会保险覆盖率 = 社会保险缴纳人数 ÷ 在职人数。

6. **住房公积金覆盖率低于管理规则 [参数] 要求**

【审查依据】益昇 eHR—薪酬福利—公积金缴费。

【审查逻辑】住房公积金覆盖率 = 住房公积金缴纳人数 ÷ 在职人数。

7. **薪资高于或低于所在职位级别薪酬带宽**

【审查依据】益昇 eHR—薪酬福利—薪资标准。

【审查逻辑】员工薪资标准中各项薪酬项目合计数，高于其所在职位级别薪酬带宽顶薪点，或低于其所在职位级别起薪点。

（六）绩效管理规则审查

审查项主要包括以下几项。

1. **绩效申诉管理未答复**

【审查依据】益昇 eHR—绩效管理—绩效申诉。

【审查逻辑】员工进行绩效申诉后，[参数] 要求回复时限内，无答复记录。

2. **绩效方案覆盖率低于管理规则 [参数] 要求**

【审查依据】益昇 eHR—薪酬福利—薪资标准。

【审查逻辑】绩效覆盖率 = 绩效考核人数 ÷ 在职人数。

（七）培训管理规则审查

审查项主要包括以下几项。

1. 新入职员工未参加新员工培训

【审查依据】益昇 eHR—培训管理—培训记录。

【审查逻辑】审查条件时间范围内，入职员工培训记录中无新员工培训记录。

2. 年度培训计划完成率低于管理规则 [参数] 要求

【审查依据】益昇 eHR—培训管理—培训实施。

【审查逻辑】年度培训计划完成率 = 年度实际培训次数 ÷ 年度计划培训次数。

3. 年度培训人次完成率低于管理规则 [参数] 要求

【审查依据】益昇 eHR—培训管理—培训实施。

【审查逻辑】年度培训人次完成率 = 年度实际培训人次 ÷ 年度计划培训人次。

4. 年度培训覆盖率低于管理规则 [参数] 要求

【审查依据】益昇 eHR—培训管理—培训实施。

【审查逻辑】年度培训覆盖率 = 每月培训已参加人数之和 ÷（每月在职人数之和 ÷12）。

5. 学习地图达成率低于管理规则 [参数] 要求

【审查依据】益昇 eHR—培训管理—培训实施。

【审查逻辑】学习地图达成率 = 已参加培训课程数 ÷ 应参加培训课程数。

人力资源管理规则执行情况审查报告示例如下：

人力资源管理规则执行情况审查报告

报告日期：2022-01-01 至 2022-12-31 审查组织：昱鼎睿达（天津）科技有限公司

1. 组织管理规则审查

（1）组织最高管理职位缺失

【审查依据】益昇 eHR—组织管理—汇报关系图。

【审查结果】审查合格。

（2）部门职责覆盖率低于 [100%]

【审查依据】益昇 eHR—组织管理—部门职责。

【审查结果】审查不合格共 2 项。具体明细见下表：

部门职责覆盖率不合格汇总表

组织 ID	所属组织	最高职位	最高负责人	部门职责覆盖率（%）
OR1001559	A	总经理	王某歆	95
OR1001341	B	执行总经理	张某辉	92

（3）职位说明书覆盖率低于 [90%]

【审查依据】益昇 eHR—组织管理—职位说明书。

【审查结果】审查不合格共 2 项。具体明细见下表：

职位说明书覆盖率不合格汇总表

组织 ID	所属组织	最高职位	最高负责人	职位说明书覆盖率（%）
OR1001577	C	执行总经理	刘某	68
OR1001321	D	执行总经理	李某磊	80

（4）职位知识技能达成率低于 [60%]

【审查依据】益昇 eHR—组织管理—职位说明书。

【审查结果】审查不合格共 1 项。具体明细见下表：

职位知识技能达成率不合格汇总表

组织 ID	所属组织	最高职位	最高负责人	职位知识技能达成率（%）
OR100165	E	执行总经理	宫某	54

2. 招聘管理规则审查

（1）有效招聘渠道不低于 [5]

【审查依据】益昇 eHR—招聘管理—招聘渠道。

【审查结果】审查合格。

（2）拟录用候选人未进行结构化面试

【审查依据】益昇 eHR—招聘管理—人才库。

【审查结果】审查不合格共 3 项。具体明细见下表：

拟录用候选人未进行结构化面试汇总表

简历 ID	姓名	招聘机构	所属组织	职位编号	职位名称	简历状态	入职日期
JL00001223	张某娟	A	A	T09C01	财务副总监	已入职	2022-04-05
JL00001222	解某士	B	B	T10B01	人力行政总监	已入职	2022-08-01
JL00001220	侯某娜	D	D	T04D01	生产班长	待入职	2022-10-08

（3）拟录用候选人未进行背景调查

【审查依据】益昇 eHR—招聘管理—人才库。

【审查结果】审查不合格共 2 项。具体明细见下表：

拟录用候选人未进行背景调查汇总表

简历 ID	姓名	所属组织	职位编号	职位名称	简历状态	入职日期
JL00012834	侯某	C	T05C01	财务主管	已入职	2022-06-01
JL00001921	刘某	B	T6B01	高级行政主管	已入职	2022-05-01

（4）拟录用候选人未注明录用条件

【审查依据】益昇 eHR—招聘管理—人才库。

【审查结果】审查合格。

（5）拟录用候选人未进行审批

【审查依据】益昇 eHR—招聘管理—人才库。

【审查结果】审查合格。

（6）年度招聘需求完成率低于 [80%]

【审查依据】益昇 eHR—招聘管理—人才库。

【审查结果】审查不合格共 1 项。具体明细见下表：

年度招聘需求完成率不合格汇总表

组织 ID	所属组织	年度录用人数	年度招聘需求人数	年度招聘需求完成率（%）
OR1001577	C	241	500	48.2

3. **人事管理规则审查**

（1）试用期到期未转正

【审查依据】益昇 eHR—人事管理—任职经历、劳动合同。

【审查结果】审查合格。

（2）劳动合同未签订

【审查依据】益昇 eHR—人事管理—劳动合同。

【审查结果】审查合格。

（3）返聘协议未签订

【审查依据】益昇 eHR—人事管理—其他合同。

【审查结果】审查合格。

（4）证件证书过期未更新

【审查依据】益昇 eHR—人事管理—证件证书。

【审查结果】审查不合格共 5 项。具体明细见下表：

证件证书过期未更新汇总表

员工 ID	姓名	所属组织	职位编号	职位名称	证件类型	名称	失效日期
100002238	张某	A	T07C01	财务经理	身份证	身份证	2022-04-05
100002272	李某	B	T04B01	法务专员	身份证	身份证	2022-02-01
10004512	侯某	E	T04E01	生产班长	职业资格证书	叉车证	2022-02-08
10004653	夏某	E	T04E01	生产班长	职业资格证书	电工证	2022-03-01
10008682	张某	E	T04E01	生产班长	职业资格证书	消防安全证	2022-03-14

（5）入职手续清单未完成

【审查依据】益昇 eHR—人事管理—入职手续办理清单、任职经历。

【审查结果】审查不合格共 2 项。具体明细见下表：

入职手续清单未完成汇总表

员工 ID	姓名	所属组织	职位编号	职位名称	入职日期	入职手续清单完成率（%）
100002238	张某	C	T05C01	财务经理	2022-04-05	89
100002272	李某	B	T06B01	法务专员	2022-02-01	90

（6）入职体检未完成

【审查依据】益昇 eHR—人事管理—证件证书。

【审查结果】审查合格。

（7）人员知识技能达成率低于 [80%]

【审查依据】益昇 eHR—人事管理—知识技能。

【审查结果】审查不合格共 2 项。具体明细见下表：

人员知识技能达成率不合格汇总表

组织 ID	所属组织	在职人数	知识技能达成率（%）
OR1001577	C	11	68
OR1001321	E	142	80

4. 考勤管理规则审查

（1）排班未分配

【审查依据】益昇 eHR—考勤管理—排班表。

【审查结果】审查合格。

（2）请假、加班、补签到未通过审批

【审查依据】益昇 eHR—考勤管理—出勤记录、请假加班。

【审查结果】审查不合格共 52 项。具体明细见下表：

请假、加班、补签到未通过审批汇总表

员工 ID	姓名	所属组织	职位编号	职位名称	开始时间	结束时间	特殊考勤类型
10002238	张某	A	T07C01	财务经理	2022-04-01 13:00	2022-04-01 17:00	事假
10002272	李某	B	T04B01	法务专员	2022-04-01 08:00	2022-04-01 17:00	事假
10004512	侯某	E	T04E01	生产班长	2022-04-01 17:00	2022-04-01 20:00	平日加班

续表

员工 ID	姓名	所属组织	职位编号	职位名称	开始时间	结束时间	特殊考勤类型
10004653	夏某	E	T04E01	生产班长	2022-04-01 08:00	2022-04-01 12:00	病假
10008682	张某	E	T04E01	生产班长	2022-04-01 08:00	2022-04-01 17:00	事假
……	……	……	……	……	……	……	……

（3）考勤异常未处理

【审查依据】益昇 eHR—考勤管理—考勤统计。

【审查结果】审查不合格共 32 项。具体明细见下表：

考勤异常未处理汇总表

员工 ID	姓名	所属组织	职位编号	职位名称	日期	异常原因
10002272	李某	B	T04B01	法务专员	2022-04-03	出勤记录缺失，或出勤记录与请假加班记录不匹配
10004512	侯某	E	T04E01	生产班长	2022-04-12	出勤记录缺失，或出勤记录与请假加班记录不匹配
10008682	张某	E	T04E01	生产班长	2022-04-12	出勤记录缺失，或出勤记录与请假加班记录不匹配
……	……	……	……	……	……	……

5. **薪酬福利管理规则审查**

（1）在职员工未缴纳社保、公积金

【审查依据】益昇 eHR—薪酬福利—保险缴费、公积金缴费。

【审查结果】审查不合格共 5 项。具体明细见下表：

在职员工未缴纳社保、公积金汇总表

员工 ID	姓名	所属组织	人员类别	入职日期	未缴纳项目	未缴纳月份
10002238	张某	A	正式	2022-01-01	保险	2022-01
10002272	李某	B	试用	2022-02-01	公积金	2022-02、2022-03
1004512	侯某	E	试用	2022-03-01	公积金	2022-03、2022-04
10004653	夏某	E	试用	2022-03-01	公积金	2022-03、2022-04
10008682	张某	E	试用	2022-03-01	公积金	2022-03、2022-04

（2）离职员工社保、公积金未减少

【审查依据】益昇 eHR—薪酬福利—保险缴费、公积金缴费。

【审查结果】审查合格。

（3）在职员工未发放薪资

【审查依据】益昇 eHR—薪酬福利—薪酬核算。

【审查结果】审查合格。

（4）离职员工薪资未减少

【审查依据】益昇 eHR—薪酬福利—薪酬核算。

【审查结果】审查合格。

（5）社会保险覆盖率低于 [100%]

【审查依据】益昇 eHR—薪酬福利—社保缴费。

【审查结果】审查不合格共 2 项。具体明细见下表：

社会保险覆盖率不合格汇总表

组织 ID	所属组织	在职人数	缴纳人数	社会保险覆盖率（%）
OR1001572	A	51	50	98
OR1001339	B	142	121	85

（6）薪资高于或低于所在职位级别薪酬带宽

【审查依据】益昇 eHR—薪酬福利—薪资标准。

【审查结果】审查不合格共 8 项。具体明细见下表：

薪资高于或低于所在职位级别薪酬带宽汇总表

员工 ID	姓名	所属组织	职位编号	职位	薪酬总额（元）	职位级别	薪酬带宽起薪点（元）	薪酬带宽顶薪点（元）
10002272	李某	A	T04B01	法务专员	7500	T05	5100	7200
10004512	侯某	E	T04E03	高级钳工	4000	T04	4200	6000
10008682	张某	E	T06E01	工艺主管	9400	T06	6300	8900
……	……	……	……	……	……			

6. **绩效管理规则审查**

（1）绩效申诉管理未答复

【审查依据】益昇 eHR—绩效管理—绩效申诉。

【审查结果】审查合格。

（2）绩效方案覆盖率低于 [100%]

【审查依据】益昇 eHR—薪酬福利—薪资标准。

【审查结果】审查不合格共 2 项。具体明细见下表：

绩效方案覆盖率不合格汇总表

组织 ID	所属组织	在职人数	绩效考核人数	绩效方案覆盖率（%）
OR1001278	F	28	20	71
OR1001031	E	142	121	85

7. 培训管理规则审查

（1）新入职员工未参加新员工培训

【审查依据】益昇 eHR—培训管理—培训记录。

【审查结果】审查合格。

（2）年度培训计划完成率低于 [90%]

【审查依据】益昇 eHR—培训管理—培训实施。

【审查结果】审查不合格共 2 项。具体明细见下表：

年度培训计划完成率不合格汇总表

组织 ID	所属组织	年度实际培训次数	年度计划培训次数	年度培训计划完成率（%）
OR1001255	A	22	28	79
OR1001092	B	12	18	67

（3）年度培训覆盖率低于 [60%]

【审查依据】益昇 eHR—培训管理—培训实施

【审查结果】审查不合格共 2 项。具体明细见下表：

年度培训覆盖率不合格汇总表

组织 ID	所属组织	每月培训已参加人数	每月在职人数	年度培训覆盖率（%）
OR1001278	F	62	142	44
OR1001031	E	756	1291	59